项目编号:19JYB019
项目名称:产教融合背景下江苏高职院校产业教授选聘管理机制研究
项目主持人:王红梅

从兼职教师到产业教授

——江苏高职院校兼职教师队伍建设实践创新

王红梅 著

东南大学出版社
SOUTHEAST UNIVERSITY PRESS
·南京·

内容提要

本书介绍了国内外职业教育企业兼职教师队伍发展的历程、建设经验，以及江苏高职院校产业教授选聘工作的探索与实践，通过对江苏高职院校产业教授选聘工作的调查分析，提出了江苏高职院校产业教授选聘工作存在的问题及政策建议。

本书为职业院校兼职教师队伍建设开拓了一个研究的新视角，是一次实践先于理论的再研究，是政、行、校、企共同开展项目研究的新实践。

本书可作为教育行政管理者和职业院校领导制定有关产教融合、校企合作尤其是职业院校师资队伍建设政策的理论与实践依据，也可作为职业院校教师、企业管理者和工程技术人员密切企校关系、谋求共同发展的参考资料。

图书在版编目(CIP)数据

从兼职教师到产业教授：江苏高职院校兼职教师队伍建设实践创新/王红梅著.—南京：东南大学出版社,2022.2

ISBN 978-7-5766-0051-3

Ⅰ.①从… Ⅱ.①王… Ⅲ.①高等职业教育—兼职教师—师资培养—研究—江苏　Ⅳ.①G718.5

中国版本图书馆 CIP 数据核字(2022)第 042700 号

东南大学出版社出版发行
(南京四牌楼 2 号　邮编 210096)
责任编辑：张绍来　封面设计：顾晓阳　责任校对：李成思　责任印制：周荣虎
全国各地新华书店经销　江苏凤凰数码印务有限公司印刷
开本：787mm×1092mm　1/16　印张：12.25　字数：310 千字
2022 年 2 月第 1 版　2022 年 2 月第 1 次印刷
ISBN 978-7-5766-0051-3
定价：29.00 元
本社图书若有印装质量问题，请直接与营销部调换。电话(传真)：025-83791830

前　　言

本书通过借鉴国外兼职教师队伍建设的经验做法,梳理了自20世纪80年代以来国家层面有关兼职教师队伍建设的文件、政策28个,剖析了学者、专家关于兼职教师队伍建设的相关研究文献600多篇,探析了国内各地政府及高职院校在兼职教师队伍建设方面的实践探索,系统分析了2017—2019年江苏高职院校产业教授申报的全部741份材料,尤其是就江苏高职院校产业教授聘用现状对全省26所不同类型的高职院校进行了现场调研,通过召开座谈会、个别访谈和问卷调研、"问卷星"网络问卷调研等方式,收集了大量第一手资料,指出了江苏高职院校产业教授选聘工作存在的"无系统化的选拔、聘用、管理、考核、激励等操作性的制度安排"等6个方面的问题,就进一步完善江苏高职院校产业教授选聘、管理、激励与考核机制,提出了建立高职类产业教授选聘、管理、考核、激励全流程的制度体系等7个方面的建议。

美国芝加哥大学教授福斯特1965年在《发展规划中的职业学校谬误》中提出,技术缺失是职业院校的"天然缺陷",必须重视企业在人才培养中的作用;德国等国家的"双元制"人才培养模式,核心是企业师傅、学校教师双方共同参与人才的培养。在我国,从1983年中共中央、国务院《关于加强和改革农村学校教育若干问题的通知》中提出"可选调一部分科技人员担任专职或兼职教师",到十八届三中全会"产教融合"、十九大"产教融合、校企合作"的出现,直至2020年10月,中共中央、国务院印发的《深化新时代教育评价改革总体方案》,要求职业学校走产教融合、校企合作之路,重视"双师型"教师队伍建设,要把引进企业兼职教师作为提高师资队伍水平和能力的重要途径。国内外有关企业兼职教师的研究与实践很多,但主要关注的问题是兼职教师的任职条件、聘用考核方式、薪酬标准等,聘请的兼职教师主要职责是授课或指导实验实训,涉及"产业教授"或者说关于高层次的企业人才深度参与职业院校人才培养的专门研究与实践很少。作为兼职教师高级形式的产业教授,必须通过严格的选聘流程方可受聘。同时,产业教授的主要职责已不再是单纯的教学,更多的是作为校企合作的桥梁,整合企校资源,密切校企关系;作为院校教师实践能力提升的导师,参与学校教师尤其是青年教师实践指导;作为学校建设发展的顾问,参与学校专业建设、人才培养方案制定的同时,参加学校重要事项的讨论;作为学生就业创业的教练,为学生进行创新创业咨询,支持优秀项目产业化,推荐学生实习和毕业生就业;作为技术研发的战略伙伴,与学校人员一道申报、承接有关课题、技术攻关项目。因此,作为兼职教师的产业教授,不论是形式还是内容,都与一般意义上的兼职教师有了大的变化:任职要求更高、聘用流程更严、服务范围更广、实施效果更好。因此,通过产业教授选聘的研究,在丰富职业教育理论的同时,将为兼职教师队伍建设研究开拓一个新视角,使江苏这一原创性的改革成果,成为一种高层次兼职教师队伍建设的系统方案,为我国职业院校高水平兼职教师队伍建设提供江苏经验。

本书从兼职教师到产业教授——江苏高职院校兼职教师队伍建设实践创新视角入手,通过利用已有的选聘实践,进一步厘清江苏高职院校产业教授的选聘指标、聘任资质、过程管理和考核、进修培训、续聘办法等,通过实践—理论—再实践的循环,在完善选聘管理机制、推动江苏高职院校产业教授评聘工作顺利进行的基础上,丰富我国产教融合、校企合作工作内涵,真正使兼职教师队伍成为新时代高职教育改革发展的重要力量。

本书研究内容涉及政、行、企、校,参与该项目的团队成员既有学校、企业人员,也有政府机关和行业协会人员。项目团队在政策的梳理、相关资料的获取和调研工作的开展上得到了教育厅、工信厅等有关部门的大力支持。省内许多高职院校对该项目表现出浓厚的兴趣,为本研究提供了许多一手材料。接受调研的 90 名产业教授和 69 名企业管理者对我们发放的调查问卷进行了认真、负责的填写。2020 年,江苏现代职业教育研究院(职教智库)将该研究列为研究院的重点课题,并委托江苏经贸职业技术学院原院长王兆明、南京信息职业技术学院原党委书记张旭翔等职教专家参与其中。本书提供的调研数据和分析报告均为第一手资料,真实可信,可作为现有产业教授选聘政策完善的原始依据。同时,本书分别从政府、院校、企业和产业教授个人的角度审视产业教授的聘任、管理、考核、培训及激励等问题,由利益相关方共同探讨江苏高职院校产业教授评聘、管理中存在的不足,分析其原因,并提出针对性的解决对策,更能趋近问题的本质,对未来出台更具操作性与实用性的办法提供支撑,使江苏高职院校产业教授选聘成为改变高职院校师资队伍"数量不足、质量不高、专业不深、结构不全、缺乏特色"现状的新实践。

王红梅
2021 年 11 月

目　录

第一部分　背景与概念 ··· 1
　一、背景 ·· 1
　二、研究的意义 ·· 2
　三、基本概念界定 ·· 3

第二部分　国外职业教育企业兼职教师队伍建设实践 ···························· 6
　一、德国 ·· 7
　　（一）准入机制 ·· 7
　　（二）发展机制 ·· 9
　　（三）保障机制 ·· 9
　二、澳大利亚 ·· 9
　三、美国 ·· 11
　　（一）美国企业兼职教师队伍建设的主要举措 ···························· 11
　　（二）美国社区学院兼职教师队伍建设的特色 ···························· 12
　四、日本 ·· 13
　五、新加坡 ·· 16
　　（一）NYP"双师型"师资队伍建设核心理念 ································ 17
　　（二）NYP"双师型"师资队伍建设制度保障 ································ 18
　六、英国 ·· 20
　　（一）英国兼职教师队伍建设现状 ·· 21
　　（二）英国继续教育学院（职教）兼职教师队伍建设的特点 ······ 22
　七、国外职业教育师资队伍中的产业教授 ·· 24

第三部分　我国职业院校兼职教师队伍建设 ··· 26
　一、我国兼职教师队伍建设政策回眸 ·· 26
　　（一）初始阶段（1983—1999年） ··· 26
　　（二）逐步发展阶段（2000—2010年） ······································· 29
　　（三）不断完善阶段（2011—2014年） ······································· 35

（四）体系构建阶段（2015年至今） ……………………………… 38
　二、我国兼职教师队伍建设的理论研究与具体实践 …………………… 44
　　（一）兼职教师队伍建设的理论研究 …………………………… 44
　　（二）兼职教师队伍建设的具体实践 …………………………… 57
　　（三）职业教育师资队伍建设成就 ……………………………… 63
　　（四）兼职教师队伍建设存在的不足之处 ……………………… 66

第四部分　江苏高职院校产业教授选聘探索与实践 ……………………… 70
　一、江苏高职院校产业教授选聘探索 …………………………………… 70
　　（一）江苏高职院校产业教授选聘溯源 ………………………… 70
　　（二）江苏高职院校产业教授选聘办法 ………………………… 72
　　（三）江苏高职院校产业教授选聘工作特点 …………………… 75
　二、江苏高职院校产业教授申报分析与案例简介 ……………………… 77
　　（一）申报材料主要指标分析 …………………………………… 77
　　（二）申报材料案例与总体情况介绍 …………………………… 83

第五部分　江苏高职院校产业教授选聘工作调查分析 …………………… 98
　一、高职院校产业教授选聘工作调查说明 ……………………………… 98
　　（一）背景与目的 ………………………………………………… 98
　　（二）调查数据分析 ……………………………………………… 99
　二、高职院校产业教授选聘工作调查结果分析 ………………………… 99
　　（一）产业教授选聘工作调查结果分析（产业教授卷） ……… 99
　　（二）产业教授选聘工作调查结果分析（院校卷） …………… 120
　　（三）产业教授选聘工作调查结果分析（企业卷） …………… 139

第六部分　江苏高职院校产业教授选聘工作存在的问题及政策建议 …… 165
　一、江苏高职院校产业教授选聘工作存在的问题 ……………………… 165
　　（一）无系统化的选拔、聘用、管理、考核、激励等操作性的制度安排 … 165
　　（二）产教融合生态建设涉及面较小，对企业的激励尚显不足 … 166
　　（三）在层次设计与院校指标分配方面，仍需进一步优化 …… 166
　　（四）任职条件较高，人选难找 ………………………………… 167
　　（五）任职前岗位培训不够，对教师资质缺乏制度设计 ……… 167
　　（六）产业教授的日常管理架构有待进一步规范，管理职责有待进一步细化 … 168

二、江苏高职院校产业教授选聘工作政策建议 ……………………………… 168
  （一）建立高职类产业教授选聘、管理、考核、激励全流程的制度体系 ……… 169
  （二）深化产教融合、校企合作,构建良好的校企合作生态 ………………… 169
  （三）科学规划选聘规模,构建产业教授层级选拔制度体系 ……………… 169
  （四）优化职责要求,力求取得实效 ……………………………………… 170
  （五）强化立德树人,构建德技双修教育机制 …………………………… 171
  （六）强化岗前培训,逐步实行产业教授从业资格制度 ………………… 171
  （七）重新设置管理架构,明确部门责任 ………………………………… 172

附录1 关于开展江苏省第五批产业教授（兼职）选聘工作的通知 …………… 173

附录2 2017年江苏省高校产业教授（高职类）遴选工作评审办法 …………… 178

附录3 关于印发《江苏省产业教授（高职类）选聘办法》的通知 ……………… 180

参考文献 ……………………………………………………………………… 184

后记 …………………………………………………………………………… 187

第一部分 背景与概念

一、背景

自20世纪80年代改革开放后,我国经济的迅猛发展对技术技能人才的需求大量增加,这为我国职业教育的快速发展创造了良好的外部条件。20世纪90年代,我国做出关于大力发展高等职业教育的战略决策,推动了高等职业教育进入发展的黄金时期。据全国教育事业发展统计公报显示,2020年全国职业高校有1 489所,占高校总数的54.38%,其中高职(专科)院校1 468所、本科层次职业学校21所。据2019年全国教育事业发展统计公报显示,当年高等职业院校招生人数483.6万(含社会扩招100万),占高校招生总数的52.86%。高等职业教育已占据我国高等教育的"半壁江山"。高等职业教育的迅速发展,带来了很多亟待解决的问题,其中极其突出的一个就是高职院校师资队伍建设问题。一方面办学条件并未随着学校数量的急剧增加和招生规模的不断扩张获得与之匹配的改善,特别是师资力量的短缺现象十分突出;另一方面,高等职业教育的人才培养目标是培育高技能型人才,对于技术技能型课程有着较高的需求,要求其任课教师有较强的技术实践能力,熟悉行业企业的工艺流程、规范制度、用人标准等,而实际情况是这种既懂理论又懂实践的"双师型"教师与学生的比例依然很低。"双师型"教师的缺乏直接影响到我国同期高职人才培养质量,迫使政府、高职院校寻求解决对策。

为了弥补"双师型"教师的不足,优化高职教师队伍结构,源于行业企业等一线的兼职教师成为重要选择。他们既有一定的理论知识,又有很强的专业实践能力,加入高职院校教师队伍,在优化现有师资队伍结构的同时,加强了学校、企业与社会三者之间的沟通与联系,提高了高职院校办学与社会、市场接轨程度,强化了学生实践能力的培养,增强了学生培养的针对性与适用性,有利于学生进入职场后顺利实现角色的转换。中共中央、国务院及教育部等相关部门为此出台了系列政策文件。例如,2002年颁布的《关于加强高职(高专)院校师资队伍建设的意见》(教高厅〔2002〕5号)明确提出了兼职教师在高职教育中的重要地位和作用,认为兼职教师的聘任能够改善高职院校师资队伍结构,强化实践教学环节。《教育部关于全面提高高等职业教育教学质量的若干意见》(教高〔2006〕16号)将加强"专兼结合的专业教学团队"作为建设高职师资队伍的重要手段和全面提高高职教学质量的重要措施。该意见还特别针对高职教育对实践性的特殊要求提出"由具有相应高技能水平的兼职教师担任实践技能课程的讲授"。由此看出,无论是从学校的发展需要还是从国家相关的政策规定出发,兼职教师的存在对办好高等职业教育都十分必要。

近年来,为了提升我国高等职业教育的办学质量和办学特色,在国家层面下发关于强调兼职教师地位重要的政策文件,各地方政府大胆探索兼职教师队伍建设有效路径的同时,高职院校对兼职教师存在的必要性和重要作用的认识也越来越深刻,为建设一支专兼结合的"双师型"教师队伍积极努力。但经过 30 多年尤其是近 20 年的探索,兼职教师队伍在建设实践层面目前仍存在诸多问题:如何确立兼职教师的法律地位?高职院校如何聘请到最适宜的兼职教师?如何才能保证兼职教师队伍相对稳定?如何管理这样一支学校体制外的教师队伍并充分发挥其效用?如何解决普遍存在的兼职教师队伍建设政府实施性政策供给不足、院校工作不平衡、"兼职"身份不明确、需求激励不充分?等等。

这些问题背后,是如何破解高职院校兼职教师队伍管理难题,构建科学高效的高职院校兼职教师队伍管理制度,逐步将兼职教师队伍建设引入规范化、制度化的轨道,使其效能得到最大的发挥,更好地实现高职人才培养目标。2017 年,江苏将原本在本科院校博士、硕士培养中的"产业教授"项目延展到了高职院校,启动了高职类兼职教师的一种创新类型——"产业教授"的选聘工作。4 年来,每年分别有 136、173、150 和 148 位来自企业的高技术技能人才成为了高职院校的产业教授。产业教授的选聘受到了广大高职院校的欢迎和企业的认可,对高职院校兼职教师工作的开展起到了引领、示范作用。然而,在产业教授选聘中也发现,由于聘用行为是实践先于理论,目前仍存在系统性制度设计缺失、产教融合生态建设考虑较少、任职条件针对性不强等问题。本书从"从兼职教师到产业教授——江苏高职院校兼职教师队伍建设实践创新"视角入手,旨在通过进一步厘清江苏高职院校产业教授的选聘指标、聘任资质、过程管理和考核、续聘办法等,在完善选聘管理机制、推动江苏高职院校产业教授评聘工作顺利进行的基础上,丰富我国产教融合、校企合作工作内涵,真正使兼职教师队伍成为新时代高职教育改革发展的重要力量,全面提升高职院校高技能人才培养质量。

二、研究的意义

国内外实践证明,兼职教师作为职业教育教师的特殊组成部分,在人才培养目标的实现和教育教学过程中具有不可替代的地位和作用。在我国职业教育发展与改革过程中,兼职教师队伍的管理问题已成为高职师资队伍建设的实践性课题,无论从政策实施还是从学校管理看,兼职教师队伍建设、管理方向的研究都具有重要的现实意义。首先,本研究提供的实证材料等能够作为现有政策改进的原始资料,丰富兼职教师队伍建设这一专门范畴的师资政策;本研究所涉及的产业教授这一新视角,对于兼职教师队伍建设政策的完善和实施具有现实意义。其次,从产业教授的聘任、教学管理、考核、培训及激励培养等管理环节的现状出发,探讨江苏高职院校产业教授评聘、管理中存在的问题,分析其原因,并提出针对性的解决对策,从而改善江苏高职院校产业教授队伍聘用、管理工作,在建设一支为高职教育教学服务的高水平兼职教师队伍的同时,真正改变高职院校师资队伍"数量不足、质量不高、专业不深、结构不全、缺乏特色"的现象,也为我国高职教育"双师型"教师团队建设提供江苏方案。

本研究基于国外职业教育兼职教师队伍建设经验、国内高职院校兼职教师队伍相关政策文件,结合政策实施层面的高职院校兼职教师队伍管理现状及问题,特别是江苏作为兼职教师的创新类型的产业教授选聘情况,剖析学者、专家关于兼职教师队伍建设相关研究的文献资料,分析国内各地政府及高职院校在兼职教师队伍方面的实践探索,着重对江苏省高职院校产业教授现状进行了院校与企业走访、问卷调查,参照《国家职业教育改革实施方案》等国家层面的政策文件,就进一步完善江苏产业教授选聘、管理、激励与考核机制提出建议,在丰富完善职业教育理论的同时,提高高等职业教育的人才培养质量及社会适应性。

三、基本概念界定

1. 高等职业教育

高等职业教育简称高职,是职业教育的一种层次。我国对高等职业教育的广泛关注始于20世纪80年代初,其内涵和外延尚未得到明确的界定。根据我国高等职业教育发展经验,可以总结出高等职业教育具有两层含义:一是高等职业教育是在完成高级中等教育基础上实施的职业教育,和普通高等教育一样是高等教育的组成部分,是高等教育的一种类型;二是高等职业教育教学内容及课程设置应根据技术领域和职业岗位(群)的任职要求并参照相关的职业资格标准。在《国家职业教育改革实施方案》中,开宗明义"职业教育与普通教育是两种不同教育类型,具有同等重要地位",高等职业教育的含义可概括为:高等职业教育是高等教育的一个重要组成部分,是职业教育的高级阶段。它以培养高级应用型人才为根本任务,以满足社会生产、管理、服务等第一线对人才的需求为目标,以技术应用能力为主线来科学地设计学生的知识与能力结构,强化实践技能训练,使学生成为既具有一定的基础理论知识和专门知识,又重点掌握从事本专业领域实际工作的基本能力和基本技能,并具有良好职业道德的专门人才。其实施机构为高等职业技术学院。

2. 兼职教师

"兼职"一词在《现代汉语词典》中的定义为"在本职之外兼任的职务"。根据《教育大辞典》,"兼职教师"是指兼任某学校课程教学或其他工作的教师。他们不占学校编制,不定教学工作量,以兼任工作量取酬。这里所指的"兼职教师"与人们常说的"外聘教师"很难区分,不仅包括社会和企业中的非教育工作者(如企业的专业技术人员、高技能人才、能工巧匠),还包括其他教育机构的教育工作者(如其他学校的在岗或退休教师),甚至包括那些未参加工作的高校在读研究生。根据高职人才培养状态数据库对教师类型的划分,高职院校教师可依次划分为校内专任、校内兼课、校外兼课、校外兼职4种类型。可以认为,校内专任教师是学校师资队伍的主体部分,校内兼课教师是师资队伍的有益组成,校外兼课教师是师资队伍的必要补充,校外兼职教师是师资队伍的重要构成部分。显然,来自其他学校的教师(含在职、离退休、研究生等)属于"校外兼课",而来自非教学单位(有非教师的职业)的人员属于"校外兼职"。

3. 高职院校兼职教师

高职院校"兼职教师"的概念与通常所指的"兼职教师"或"外聘教师"存在不同之处。高职院校"兼职教师"属于广义的"兼职教师"中的一种类型，伴随着政府文件的不断出台，其概念越来越清晰。据《教育部办公厅关于加强高等职业（高专）院校师资队伍建设的意见》（教高厅〔2002〕5号），"兼职教师是指能够独立承担一门专业课教学或实践教学任务、有较强实践能力或较高教学水平的校外专家。兼职教师主要应从企业及社会上的专家、高级技术人员和能工巧匠中聘请"。兼职教师在教育部《高职高专院校人才培养工作水平评估方案（试行）》（教高司〔2004〕16号）中的定义是：学校正式聘任的，已独立承担某一门专业课教学或实践教学任务的校外企业及社会中实践经验丰富的名师专家、高级技术人员或技师及能工巧匠。2012年，教育部等三部门出台的《职业教育兼职教师管理办法》对兼职教师的定义是：高职院校根据自身学校发展规划和专业建设等需要，从各行各业聘请的不占学校正式编制的能工巧匠、专家和高级技术技能型专业人员，担任学校的专业课和实践指导教学任务。2019年，教育部等四部委印发的《深化新时代职业教育"双师型"教师队伍建设改革实施方案》（教师〔2019〕6号），要求"聘请一大批企事业单位高技能人才、能工巧匠、非物质文化遗产传承人等到学校兼职任教"。显然，高等职业教育的"兼职教师"有其专指内涵：高职院校从保证人才培养质量这一根本目的出发，在特定师资条件下，从企业及社会上的专家、高技能人员和能工巧匠中正式聘请的、承担不少于一门专业课或实习（实训）指导课教学任务的人员。

4. "双师型"教师

"双师型"教师概念最早出现在1988年。王义澄、苏汀林认为，"为培养高级工艺技术人才"，"学校的专业教师也须具备二年以上生产实践经验，成为'双师型'教师"。1995年，原国家教委《关于开展建设示范性职业大学工作的通知》明确提出，申请试点建设示范性职业大学的基本条件之一是师资队伍中"有1/3以上的'双师型'教师"。从此，"双师型"教师日益成为理论界尤其是高等职业教育界的研究重点。什么是"双师型"教师？从360百科搜索到的解释是："双师型"教师是高职教育教师队伍建设的特色和重点，大力加强"双师型"教师队伍建设，已经成为社会和教育界的共同呼声。可以看出，时至今日，究竟什么是"双师型"教师，还没有一个权威性的科学解释。"双师型"教师的概念演变大致经历了"双证"说、"双能（双素质）"说、"叠加"说、"双职称"说、"双层次"说、"特定"说等阶段，观点众多。经历30多年的实践，人们发现要求每个教师既有很强的理论教学能力，又有很强的实践教学能力，最后成为"双师型"教师，这是一种理想状态，在实践层面很难实现。很多学者提出应该从团队上认识"双师"这个概念，即"双师"并不是一个教师个体（对个体而言，不少学者认为是提高"双师"素质），而是有两种类型的职业人群的组合，其中一部分人强于理论教学，另一部分人更擅长实践教学，理论和实践都能够兼顾的教师队伍就是"双师"结构教学团队。2019年教育部等四部委联合印发的《深化新时代职业教育"双师型"教师队伍建设改革实施方案》指出，"双师型"教师是指"同时具备理论教学和实践教学能力"的教师，在对"双师型"教师的认定维度上，由专业技术或职业资格维度变为了能力维度，同时提出"双师型"是对职业教育教师个体和教学团队能力结构的共性要求。因此,"双师型"对职业院校教师个体而言,应该"同时具备理论教学和实践教学能力"的"双师"素质;对教学团队而言,其成员应"同时具备理论教学和实践教学能力"的"双师"结构。江苏省教育厅等四部门印发的《深化新时代江苏职业教育"双师型"教师队伍建设改革实施办法》(苏教师〔2020〕12号)提出了分层分类的"双师型"教师标准体系,要求"分别建立覆盖公共课、专业课、实践课等各类课程的'双师素质'教师建设标准,专业课'双师型'教师建设标准和专兼结合'双师结构'教师队伍建设标准"。从这里看出,"双师型"教师队伍对于公共课、专业课、实践课的一般教师要求的是"双师素质";对于专业课教师要求更高的是"双师型",显然,"双师型"的标准高于"双师素质";对于教学团队而言,要求的是"双师结构",而实现这种结构的途径是专兼结合队伍建设。这一"双师型"教师队伍建设办法的设计,使院校在开展工作时目标更加清晰。

5. 产业教授

2010年,江苏省为大力实施人才强省战略,加快创新型省份建设,更好地推进产学研合作,探索高校与企业联合培养人才的新机制,决定选聘一批科技企业家到具有硕士及以上学位授予权的普通本科高校担任江苏产业教授。2017年,江苏在进行第五批产业教授选聘时,将实施范围从本科院校扩展到了高职院校,要求每年"从省内企业选聘一批科技型企业家、技术能手(含文化、金融、服务业等领域)担任我省高职院校产业教授"。因此,高职院校产业教授是指高职院校从企业选聘的承担兼职教师工作的科技型企业家、技术能手等高层次人才。截至2021年,江苏已实施了4年的高职类产业教授选聘,共评聘了607位产业教授。湖北、山东也先后启动了高校产业教授计划。

第二部分
国外职业教育企业兼职教师队伍建设实践

  高素质的教师队伍是提高教育质量的基本条件。职业教育要做到最好,意味着必须有对产业、商业和贸易机会变化的敏锐性;课程内容、传授技能具有适应技术发展的灵活性。职业院校的教师必须为学习者快速融入职场做好准备,培养他们具备从事当下技术技能岗位所需的能力,也就是要教授与培训最新知识和技能,这就对职业院校教师队伍建设提出了不同于普通院校的要求。

  发达国家如德国、美国、日本、英国、加拿大、瑞士、澳大利亚等,为提高职业教育质量,保持本国在经济竞争中的人才优势,都十分重视职业教育师资队伍建设,特别是企业兼职教师队伍的建设。总体上看,各国对职业教育教师的具体任职资格和培训存在些许差异,但共同之处很多,如职业教育教师除需具备基本的学历条件,都必须具备相关专业职业资格任职证书,都强调教师的实践工作经历,对那些来自企业的兼职教师可适当放宽学历和证书的要求,但必须在入职后通过培训或选修等途径完成相应的教育学、教育方法等内容的学习,从而督促其达到职业教育教师的基本条件。

  目前,我国高职院校师资管理还比较保守,处于一种传统管理状态。而国外许多发达国家在建设具有高资历的师资队伍、运用竞争激励机制来管理师资队伍、采取灵活多样的形式来培训师资队伍等方面,积累了不少成功的经验。例如,日本、美国、加拿大等国家,师资管理制度都比较严格,这些国家都实行教师任期制,大量聘用兼职教师。美国职业院校专职教师越来越少,而兼职教师人数逐年递增;日本兼职教师人数大大高于专职教师人数;在加拿大,职业院校教师实行任期制,兼职教师数量同样占有很大的比例。美国根据教研经费的情况以及学校需要,对于职业院校教师实行短期合同制,这样可以根据教师的工作量以及学校需求决定每年教师的去留。这些经验对我国高职院师资队伍建设有着积极的借鉴意义。在"双师型"师资队伍建设上,由于国外"双师型"教师不仅社会地位比较高,且工资待遇、社会福利也比较好,普通学校的教师很难与之相比,甚至有些大学教授、国家公务员的工资待遇都不如职业院校"双师型"教师,如德国职业学院"双师型"教师身份等同于公务员,不仅工资高,社会地位也比较高;日本对职业课程企业兼职教师的待遇也比较高,原则上工资一年提升一级,工资待遇的提高、职级晋升与期末考核直接挂钩。因此,国外"双师型"教师队伍相对稳定。这些"双师型"教师队伍方面的成功建设经验,也值得我国职业教育师资队伍建设借鉴。

一、德国

德国的职业教育全球领先。在第二次世界大战之后,面对一片废墟,德国用了不到50年的时间就成为世界经济强国。究其原因,与德国重视职业教育息息相关。在师资队伍建设方面,德国的主要特点是:进门难、要求严、待遇高。在德国,职业院校的教师由专职教师和兼职教师组成,专职教师通常比较少,往往低于教师总数的20%,部分学校兼职教师比例超过80%,如德国莫斯巴核市职业大学只有30名专职教师,常年聘用400～500名兼职教师;维尔兹堡市科技大学有160名专职教师,兼职教师却有800名。职业院校的兼职教师多为普通大学教师及技术领域的专业人员,从这里看出,在德国其职业院校兼职教师是一个广义的概念;在德国,作为实习指导的兼职教师,偏重实践技能教育,大部分直接来自企业,有的甚至就是一线的产业工人,相比专业理论教师,他们有更多的实践经验,更强的解决实际问题的能力。

在德国,从事职业教育教学工作的教师分为两大类,即职业学校教师和企业兼职教师,职业学校教师又分为普通文化课教师、专业理论课教师和专业实践课教师。专业实践课教师在校内从事教学活动,主要对学生基本技术和技能操作进行指导,帮助学生更好地理解专业理论课所传授的知识,因此承担的课时量较少。由于"双元制"培养模式,企业兼职教师既可以到职业学校承担专业实践课程,也可以在企业承担培训任务,实施职业教育教学。因此,德国职业学校的教学工作,特别是专业类、实践类课程的教学任务,主要由企业兼职教师担任。他们不仅有扎实的专业知识、丰富的实践经验,而且能把企业的生产、经营、管理及技术改进等方面的最新动态与学生所学内容紧密、及时地结合起来,真正实现工学结合,使学生所学与企业所用无缝对接。他们既要负责学生基本技术和技能操作的培养训练,也要负责学生(徒)的工作岗位培训,还要负责学生(徒)在企业学习的过程管理和安全。可以说,企业兼职教师承担了德国经济社会发展技术技能人才培养一半以上的教学任务。

(一)准入机制

德国职业教育的企业兼职教师由企业提供,他们都是企业的雇员,但同时"作为一个被'教育企业'聘用并专职从事'职业教育'的施教者,在本质上是一个以育人为目的,又归属于企业的'教师'"。"作为企业雇员的施教者——不只是短暂地从事'实训',不只是临时地参与'培训',而是从事一种专职的职业活动——'教育'"。这表明,在德国,其企业兼职教师与国内的兼职教师有所不同,前者的"兼职"是一种职业,而后者的"兼职"却是真正的其第一职业以外的兼做的职业。因此,德国企业兼职教师必须具备必要的个人素质和技术资格(执教资质和技能等级)才能从事相关的职业教育教学活动。

德国在20世纪50年代逐渐形成较为系统的企业师傅资格认证机制。

1. 德国企业兼职教师的工作性质要求他们,在从事国家认可的职业教育教学时,教师本人的个人品行必须端正,具备精深的专业能力。2005年修订的德国《职业教育法》第28条第1款规定,只有具备相应人品资质者,才能招收受教育者;只有具备相应人品和专业资质者,才能教育受教育者。在这些方面,对专职、兼职教师的要求是相同的。在德国想要成为职业教育教师(不论是专职教师还是兼职教师),首先要在大学接受4～5年的基础教育,在这期间必须学习一个职业教育的主修专业,选修一个辅修专业,大学毕业时参加职业学校教师第一次国家考试。考试合格后,进入教育学院学习2年,主要学习与教育活动相关的理论课程。学习结束后参加第二阶段国家考试。只有通过了两次国家考试,才能获得职业教育教师资格。由此可见,其大学接受4～5年的基础教育目的是具备专业知识,教育学院学习2年是为了掌握教育学理论。因此,在德国要想成为一名职业教育教师是要经过长期学习和多重考核才能实现的,绝对是高标准、严要求的培养模式。即使这样,前两个阶段的国家选拔只是从事职业教育事业的开始,"第三个阶段"的继续教育培训会覆盖教师的整个职业生涯。德国法律明确规定,教师每2年必须脱产进修一次,每年每位教师有5个工作日可脱产带薪参加继续教育,像国内医务工作者要求每年参加规定学时进修一样,这是必须履行的义务。为避免继续教育培训流于形式,很多职业院校成立了教师参与的专门管理小组,对教师进修的效果进行监督,并可根据进修的效果改变教师职务。继续教育使职业教育教师的知识、技能不断得到强化和提高,体现了终身学习理念的职业教师教育特点,适应了现代技术和工艺的快速发展,整个培养过程中充分利用了学校和企业两种不同的教育环境和教育资源。教育学方法和理论的进修学习,主要解决教师如何将知识传授给学生的问题,而更关键的是如何保证教师传授的内容,即相关专业技术技能的时代性。为保证教师具有较高的实践能力,特别是对新技术、新工艺、新材料、新方法的掌握,在政府的鼓励下,企业培训机构和自由经济组织都积极参与职业教育师资的培训工作,这使德国职业教育师资培训自始至终都与企业生产活动密切相连,参训的教师能直接参与企业的生产活动。

2. 德国企业兼职教师需要专业资质合格,即具备《德国企业教师资质条例》所规定的职业教育学和劳动教育学的技能、知识和能力,具体体现在以下4个行动领域。

(1) 核查实施职业教育的前提条件,并制定职业教育计划。

(2) 做好实施职业教育的准备,在制定计划时吸收受教育者参加。

(3) 实施职业教育。

(4) 完成职业教育。

3. 德国大多数职业教育师资原先都是具有3～5年企业工作经验的工程师、技术人员等,他们通过再进修学习后,转岗到企业兼职教师岗位。按照德国《职业教育法》的有关规定,企业兼职教师可通过以下途径取得资质:一是考取师傅证书并通过相关部门的认定;二是参加并考取培训师资格证书;三是特例操作,即具有特殊技能的人经过有关评估机构或行业协会直接认定。这些企业兼职教师都是企业配备的专职进行职业院校学生实践教学的员工,由企业负责支付他们工资和社会保险费。从这里看出,企业兼职教师其"兼职"只是对学校而言,在企业,他们就是"专职"。企业兼职教师是德国"双元制"教学任务的主要承担者,负责的实践教学任务占学生整个职业教育学时的一半以上,是职业教育质量的直接影响者。在传授技能的同时,企业兼职教师也要负责培养学生的职业道德和个性品质。由于德国企业兼职教师具有"进门难、要求严"的资格条件,资质含金量很高,在德国全境乃至欧盟境内都获得认可。

（二）发展机制

在德国职业学校，无论是理论教师还是实训教师，无论是专职教师还是兼职教师，都必须参加各种形式的与职业相关的活动（或培训），包括研讨会、学术会议、经验交流会、小组学习、远程教育、新技术（产品）推广培训（进修）班等。这些活动（培训）涉及普通教育和学校教育、专业教学法、专业学习等主题。通过这些措施，能够使教师保持和拓展自身的专业技能，帮助其满足教学的现实需求，更好地完成学校的教学任务。根据德国《职业教育法》和《教师培养法》的规定，德国企业兼职教师和职业学校专职教师一样，可以带薪参加各种形式的继续教育。企业兼职教师通常会定期参加由州教育主管部门举办的企业兼职教师进修班和相应的研讨会，提高自身教育教学管理、人力资源管理和技术创新、开发与应用等方面的能力，以适应行业发展、技术革新和教学能力提高的要求。企业一般会根据继续教育的内容承担全部或部分学费，政府相关部门或行业协会等也会酌情给予学费资助。当前，德国紧缺专业的企业兼职教师进修得到了德国政府的大力支持，被视为推动经济发展的重要举措之一，且是一项长期的任务。德国政府还积极倡导建立欧洲培训师进修中心，从欧盟整体的角度强化企业兼职教师的国际意识与国际视野，强化他们在职业教育发展中的作用。常态化、规范化和制度化的企业兼职教师继续教育体系以及具体有效的激励措施，是促进德国企业兼职教师队伍长盛不衰的法宝。

（三）保障机制

德国政府在职业教育的发展历程中扮演了非常重要的角色。历史上，奥古斯堡于1726年颁布的《城市法》中就有关于学徒制度的规定。1969年，德国制定职业教育基本法——《联邦职业教育法》，2005年整合《联邦职业促进法》，出台了新的《职业教育法》，并在2007年再次修订。《职业教育法》等法律法规从法律层面对德国各行业的企业教师资质考试和认证做出了明确规定。此外，多数州的《公务员法》还将企业兼职教师与公立学校的教师一样赋予公务员身份，享有教育官员同等的社会地位，并且可以终身不被解雇并免交劳动保险费。在德国，企业兼职教师还往往是私营企业主等，是一个社会地位和工资收入都较高，且相对稳定的职业，多数人收入可达到工程师或者大学教授的水平，获得较高的社会认可度。以法律的形式促进、保障职业教育发展，并由此形成企业与法律之间的良性互动，是德国职业教育走向卓越的重要原因之一。另外需要特别指出的一点是，根据公法建立的各种行业协会，对企业和职业院校都具有很强的号召力与资源整合力，在德国职业教育发展过程中所起的作用不亚于政府。

二、澳大利亚

澳大利亚设有专门从事职业教育的"技术与继续教育学院"（TAFE学院），规模非常庞大，体系比较完整，发展相当迅速。TAFE之所以取得成功，得益于它具有一支与生产密切结合的，具有深厚理论知识和技能的高素质师资队伍。其在师资队伍建设方面，不仅严格教师聘任和准入制度，规范师资培训机制，还重视全职和兼职相结合的教师队伍建设。TAFE学院认为，决定教育培训质量的核心因素是教师的素质和水平，在教师管理上，终身雇佣制教师越来越少，合同制（1～5年）和临时性教师越来越多。

  在TAFE学院的教师中，全职教师必须具有大学本科学历，且要经过师资培训，并取得相应的证书。兼职教师主要来自企业或曾在企业工作过的熟练技术人员，他们不仅有扎实的理论功底，更有丰富的实践经验，能够在最短的时间内、以最高的效率将前沿知识和技术传授给学生。这部分兼职教师的比例很大，数量与全职教师相仿，接近1∶1。TAFE学院的兼职教师要与学院签订工作合同，通过公开、公平竞争应聘上岗，教授相对专业性和技能性强的课程，一般的工作合同都是短期的，但在合同期内兼职教师必须全天候在校工作（这种企业兼职教师与国内的概念不同，更接近国内的短期合同制全日制教师）。同时TAFE学院帮助兼职教师到教育学院或大学接受师范培训，使他们获得教师职业资格证书，弥补其在教学技能和资格上的不足。企业兼职教师的专业学历水平不一定很高，但由于直接来自生产、服务一线，具有较丰富的实践经验和较高的技能水平，讲授的内容更贴近社会实践，因此更符合企业对学生就业技能的要求。专兼职教师之间可以在理论和实践教学领域相互切磋和交流，通过专、兼教师之间互相听课，让教师在旁听的过程中不断改善自身的教学方式、提升教学水平，有利于进一步提高职业院校的教学质量。TAFE学院对教师自身素质和教学质量的要求也非常严格，学院有系统的考评制度，对教师的教学进行综合考核，并以此作为奖惩依据。

  TAFE学院设有专门的人力资源部，通常组建若干人才招聘组，负责兼职教师的聘任工作。招聘组一般由3人组成，他们是院（系）主任、人事部门负责人和一个来自行业但不熟悉学院内部运作的人，这个来自行业但不熟悉学院内部运作的"外行"，会以独特的目光审视被聘人，这种独特的目光与观点会给教师队伍建设带来新意和活力。选聘标准主要有3个：一是要具有3年以上的专业工作实践经验；二是要具有合适的专业技术资格；三是要具有较强的现场生产操作能力。如果是招聘兼职的学院院长，可以在学术上没有很大的业绩，但在业界要有很高的声望，原则上必须有"培训与鉴定"四级资格证。不同专业领域对企业兼职教师的要求也不一样，如会计专业要求企业兼职教师必须至少具备学士学位；汽车维修专业没有大学学士学位要求，但必须具备汽车维修专业的四级证书；教管道工三级证书课程的企业兼职教师只需有四级管道工证书或文凭即可，如暂时没有资格证，必须证明有其他方面的相关能力，并且在两年内必须获得资格证，否则不予聘任。

  澳大利亚在严格控制专职教师用人指标的同时，也面向社会人才市场，根据一定标准，从兼职教师中选聘专职教师，以弥补专职教师的数量不足，也就是说，企业兼职教师可以作为院校专职教师队伍建设的来源，这一模式虽然国内也有，但尚未形成主流。其主要标准与兼职教师相同：一是要具有3年以上的专业工作实践经验；二是要具有合适的专业技术资格；三是要具有较强的现场生产操作能力。澳大利亚职业教育的专职教师由各学院自己聘任，具体负责招聘的评估小组一般由行业企业专家、行政管理人员和专业教师三类人员组成,所有招聘的专职教师都要接受教育主管部门严格的资格审查。

师资培训与行业企业相结合是澳大利亚职业教育的一大特色。各行业充分意识到职业教育对其经济效益的作用,除定期接受教师每学年两周(或更长)时间回到企业工作,了解行业最新发展动态、更新技术与知识、提高自身实践能力和指导实践性教学环节的能力外,还通过鼓励行业技术人员作为企业兼职教师到学校讲课、举办专题学术讲座,以最新的职业技术来影响学校教学工作,并吸收专职教师成为行业咨询委员会成员,以此促进行业企业与学校教师共同探讨职业教育问题。通过这种校企间的合作交流,一方面,各职业学校均有一支理论基础扎实、实践技能强的教师队伍,打破了职业院校与行业企业间的界限和壁垒;另一方面,行业企业也有了一支相对稳定的教学专家队伍,随时可为职工培训计划的制定和培训的实施提供专业化的帮助。

三、美国

美国职业院校(主要是社区学院)聚焦培养一线人才,注重学生实际知识和技能培养,重视理论的实用性和应用性。所以,美国职业院校普遍聘请社区内外有实际工作经验的各类专业技术人员为兼职教师。一般来说,他们讲授的课程实用性、针对性强,并且可以带来大量的人才需求信息,拓展了院校人才需求信息收集渠道,提高了人才培养的针对性。聘请企业兼职教师的成本相对较低,进一步促使了职业院校兼职教师数量的增加,就社区学院看,1995年兼职教师所占比例为61%,到1997年已达66%。

有些职业学校直接从工厂里聘请技术人员来担任兼职教师,这些人员带来了真正的实践经验和知识,灵活地将生产和课程联系起来,有利于教学内容的实用化,能够满足学生的需求。这些企业兼职教师不实行任期制,教师要与学校签订聘用合同,但没有试用期。

(一)美国企业兼职教师队伍建设的主要举措

1. 政策保障方面

在企业兼职教师聘用方面,美国政府明确要求学校对企业兼职教师不能无故不续聘;在企业兼职教师相关待遇方面,得克萨斯州的兼职教师已争取到了满12年就能享受到与专职教师同样待遇的权利;华盛顿企业兼职教师则争取到了医疗保障方面的权利等。这些通过相关组织、立法机构或者社区学院制定的保障措施与法律法规等,有效保障了兼职教师的正当权益,为提升兼职教师的教学质量与教学成效、强化对兼职教师的科学管理等,提供了一定的法律依据与制度保障。

2. 教师聘任方面

美国职业院校企业兼职教师以雇佣制为主,没有所谓的试用期,但必须签订劳务合同。美国兼职教师的聘任要求十分严格,不仅要求兼职教师要具有硕士学位,而且要求兼职教师要有一定的工作实践经验。美国职业院校的企业兼职教师来源十分广泛,主要包括：各领域的专家与专业人员，他们多数有其他的专职工作；退休人员，具有丰富的教学经验与较强的专业能力；自由职业者，即艺术家、音乐家、顾问等；有理想的专业学者，一般都是刚取得博士学位的人员或者想通过兼职教师增加收入的在读博士等。兼职教师的聘用期限通常为一个学期，期满后如果双方互相认可则可以继续合作，并重新签订相关合同。针对兼职教师的续聘事宜，由院校成立的专门审查委员会负责，只有通过具体审查的兼职教师才可以继续签订合同。

3. 专业发展方面

20世纪70年代，受教师队伍专业化活动的深刻影响，美国职业院校对兼职教师的专业发展问题开始高度关注，强调职业院校必须高度重视师资队伍的专业发展，并要求逐步实现兼职教师队伍的专业发展。从这一时期开始，美国职业院校企业兼职教师队伍的专业发展项目正式启动，并朝着制度化的方向发展。当前，诸多美国职业院校会通过教学中心或教师专业发展中心等，对企业兼职教师的专业发展项目进行开发，提高兼职教师专业发展培训课程的针对性；通过研讨班、专业发展阶段、专兼职教师互助、工作坊、定期参与企业考察等途径，为兼职教师提供专业发展支持。例如，溪谷社区学院的教学中心为本校兼职教师提供微格教学、学院教育、教学技术介绍、学院教学等一系列服务，有效推动了兼职教师的专业发展。

（二）美国社区学院兼职教师队伍建设的特色

1. 准入规范

美国职业院校企业兼职教师聘任工作虽然与专职教师存在一定的差异，但其聘用程序、准入资格与标准要求等都十分严格。例如，理论课的兼职教师必须拥有硕士及以上学位，要有一定的教学能力与教学水平；实践课的企业兼职教师则要具备丰富的相关工作经验，且要通过联邦政府制定的资格考试才可以正式任职等。

2. 师资充足

职业院校的企业兼职教师比例在美国各种高等教育机构中位居第一，特别是经过百余年的发展历史，美国职业院校在兼职教师队伍建设方面积累了丰富的经验，储备了充足的师资资源，这为兼职教师队伍建设提供了重要支撑与保障，在一些美国职业院校，企业兼职教师甚至超越了专职教师的比例。实际调查发现，美国职业学院的企业兼职教师比例已接近70%。兼职教师队伍建设成为美国职业院校的长期举措。

3. 管理科学

在美国职业院校，企业兼职教师一旦被正式聘用，通常都会收到《兼职教师手册》。该书内容涉猎范围十分广泛，包括院校的发展历史、规章制度、办学理念、兼职教师的义务与责任等。《兼职教师手册》不仅有助于兼职教师对学院基本情况进行全面了解，使其快速融入教学工作之中，而且也彰显出了美国职业院校兼职教师队伍建设、管理的科学性与完善性。

四、日本

日本是亚洲国家中职业教育发展较为完善的国家,相对于德国,日本职业教育的发展对我国更加具有借鉴意义。日本职业教育发展大致分为三个时期,明治维新时期(1853—1911年)、二战时期(1912—1945年)、1945年至今。明治维新时期是日本职业教育萌芽和初步发展时期,第一所职业学校"工学寮"就是在这一时期成立的。日本在1899年颁布的《实业学校令》中,确立了中级职业教育与中等普通教育并行的教育制度。二战时期,日本职业教育的发展为适应战争局势,成为军国主义战争机器的一部分。虽然职业教育发展的目的在这一时期偏离了正式的轨道,但是职业教育发展的规模和数量得到了很大的提升。20世纪50年代是日本经济恢复发展期,教育对经济发展的推动作用逐步被日本民众认知和接受,日本国会颁布了多项法令促进职业教育发展。60年代初,职业教育在数量上得到了大发展。进入21世纪以后,日本服务职业教育的高等专门学校开始不断地合并和转型,数量在波动性减少。

在日本,主要由短期大学、高等专门学校和专修学校负责高等职业教育。

日本《学校教育法》规定,专修学校是一种培养学生实际生活和职业所必需的能力、培育学生积极向上的教育机构。专修学校教师招聘重实践经验、职业资格证书。日本在1976年颁布的《专修学校设置基准》(昭和五十一年文部省令第二号),对招收高中毕业生实施专门课程的专修学校教师入职资格做出了明确规定,要求具备担任教学领域相关的专门知识、技术、技能,并且满足表2.1中的6种情况之一者,方可成为专修学校专门课程教师。法律上的专修学校教师入职资格未对应聘者提出学历上的严格要求,注重对应聘者技术、技能、经验及实际工作经历的考核。其中的第⑤条"在特定领域有特别丰富的知识、技术、技能、经验者",主要就是为了招聘来自企业的兼(专)职教师。

表2.1 专修学校专门课程教师入职资格条件

政策文本		入职资格条件
《专修学校设置基准》(昭和五十一年文部省令第二号)第18条	必须具备所担任教学领域相关的专门知识、技术、技能,且满足右侧6项条件之一者	① 专修学校专门课程修完+关联业务从事时间满6年
		② 大学毕业+2年关联业务从事时间;或者短期大学、高等专门学校毕业+4年关联业务从事时间
		③ 2年以上做高中正式教师的经历
		④ 拥有硕士学位或者专业硕士学位
		⑤ 在特定领域有特别丰富的知识、技术、技能、经验者
		⑥ 被认为具有与上述要求同等能力者

注:根据日本文部科学省《专修学校设置基准》内容整理而成。(http://www.mext.go.jp/a_menu/shougai/senshuu/04062901.htm)

高等专门学校招收初中毕业生,实行五年一贯制,以工学和商船类的专门教育为主,以养成实践型技术人才为主要培养目标,是一种早期体验型职业技术教育,与国内的五年一贯制高等职业学校相似,教师招聘要求高学历。

短期大学是传授专门技艺、养成职业和生活所必须能力的教育机构,由传统的专门学校转化而来,因这些学校在战后达不到大学的设置标准,所以它们被暂时定位为短期大学,教师招聘以学历加实践经验为特色。

无论是哪一种类别的职业教育,其核心是给学生传授就业的知识与能力,与普通教育相比,它们需要有更强的技术技能教育能力。为了使职业院校的教师具有更强的实践教学能力,同时也为应对日本较高的生师比,职业院校大量聘用了兼职教师,专兼职教师数量比例大约为2∶1,兼职教师占教师总数约三分之一,具体见表2.2。

表2.2　日本职业院校教师数量统计

年份	专职教师数量	兼职教师数量	教师总量	兼职教师占比(%)
2005	4 469	2 340	6 809	34.4
2007	4 453	2 068	6 521	31.7
2009	4 400	2 125	6 525	32.6
2011	4 357	2 179	6 536	33.3
2013	4 336	2 229	6 565	33.9
2014	4 344	2 196	6 540	33.6

注：根据日本总务省统计局政府统计数据整理而成。(http://www.e-stat.go.jp/SG1/estat/List do? bid=000001015843)

日本对每一类型的职业院校,都出台了相应的教师任职资格规定,不论是专职教师还是兼职教师都必须具备规定的资质才能上岗。由于每一种职业教育教师资格的获取,都需要经历较长时间的理论学习和实践工作经历。为此,日本有专门为高等职业院校培养师资的学校"职业能力开发综合大学"。在职业能力开发综合大学,根据参加培训的对象不同,确立了不同的培训时间和培训内容,每一种类别的学生完成学业后,才能进入短期大学、高等专门学校或者专修学校任教。具体分类的情况见表2.3。

表2.3　日本职业院校教师培训流程表

项目	四年制长期课程	两年制课程	6个月课程
目标人群	高中毕业生	大学毕业生	各行业的优秀人才,有丰富的实践经验和技能者
培养目标	理论＋技能＋教学能力	硕士学位＋职业训练指导员	理论＋教学能力
最终去向	短期大学、高等专业学校、专修学校		

从表2.3中可以看出,前两种类型的目标对象是学生,后一种类型的目标对象是在职人员。前两种的培训内容是理论和实践并重,目的是培养具有较高理论知识、专业技能和教学技巧的指导员(颁发相应的资格证书)。"四年制长期课程"的教师学历要求是高中毕

业,这是日本拓宽职业院校师资来源的一个重要举措,确保了职业院校师资来源较充足,学历结构多样化。如表 2.4 所示,专修学校教师学历结构主要由硕士及以上学历毕业生、大学毕业生、专修学校毕业生、短期大学毕业生、各种学校毕业生、高中毕业生、其他等 7 大类构成,来自专修学校毕业生占专修学校教师总数比例最大,2007 年和 2013 年专修学校毕业生分别占专修学校教师总数的 39% 和 41.2%。第三类的目标对象是企业在职人员,他们是具有 3 年以上实际工作经验或具有同等技能水平的学员(入学必须通过国家二级技能考试),主要培养其理论知识和教学的技能。这是因为在职人员实践经验丰富、技术能力强,所欠缺的是一些理论基础和把他们丰富的实践经验教授给学员的教学能力。在日本,第三类人员是兼职教师的重要组成部分。许多职业院校为了获得更多的合格兼职教师,会根据专业特点和学校师资情况,到有关企业寻访有意愿且满足基本条件的具有丰富专业理论知识和实践经验的企业优秀人才作为兼职教师的后备人选。

表 2.4 2007 年与 2013 年专修学校教师学历构成比例(%)

年份	硕士及以上	大学毕业	专修学校毕业	短期大学毕业	各种学校毕业	高中毕业	其他
2007 年	8.4	35.8	39	8.6	2.6	0.4	5.0
2013 年	10.0	35.2	41.2	7.0	1.7	0	4.8

注:上表根据日本总务省统计局政府统计数据整理而成。(http://www.e-stat.go.jp/SG1/estat/List do? bid=000000101584 3)

日本高等职业院校不论是专职还是兼职教师招聘都实施"两步走"的聘任程序,在日本被称为"二次选考"。第一次选考即材料审核,满足招聘条件的应聘者将自己的应聘材料邮寄到招聘学校,学校进行第一次材料审核。应聘材料大致包括个人简历,教育研究业绩书(主要的研究业绩、曾经的研究领域与研究内容、发表的论文和著作、参加会议发表演讲的内容、获得的各种奖励证书),录取后对应聘学校教育、科研、学生指导等想法及规划志愿书,企业实践经历履历书,由学校教授或企业研究所所长等有一定社会地位人士开出的推荐信等 5 项内容。学校根据这些材料筛选优秀人才,合格者获得面试机会。第二次选考是学校选考委员会对材料审核合格者组织的面试。面试内容主要为角色扮演、模拟试讲、职业适应性测试等。学校选考委员会主要由招聘学科的主任、学校企划会议成员等教授组成,选考委员会、校长、副校长等根据应聘者简历、研究业绩、教学能力、年龄以及对应聘学校的忠诚、奉献意愿等综合考量应聘者的个人素质,筛选出优秀人员,最后由校长决定录用。对于兼职教授重点考核其企业实践能力和能力的传授技巧。由于将应聘者入职后的职业生涯规划和对招聘院校的认可度、忠诚度、奉献度作为考核内容,实现了硬指标与软指标考核的统一,减少入职后时间不长又跳槽现象的发生,提高学校人力资本效能。

一直以来,日本职业教育机构注重和当地企业的联系,特别是一些学校经营管理人员和负责学生就业的指导老师在这方面尤为重视。1947 年,日本出台的《职业安定法》明确规定,初中、高中等学校的校长可以给毕业生推介工作。这说明在日本,职业的概念从初中、高中就在强化。同时,日本鼓励短期大学、高等专业学校、专修学校管理层及教师,加强与企业的交流合作,通过职业院校的教师到企业任职和企业工程技术人员到学校兼职,密切校企关系,构建良好的职业院校企业师资队伍选聘生态。

日本兼职教师选聘除了必须持证(资质)上岗外,其学历与实践技能并重、获取教师资格时间比较长、兼职教师占比较高及针对不同类型的培训对象安排差异化的职业教育教师资格证的培训内容等做法具有特色。特别是针对不同参训对象类型,为获取职业教育教师资格证而实施的差异化培训,使一些具有丰富企业经验的技术技能专家,不会由于需要参加内容烦琐、周期太长的培训而放弃作为兼职教师的机会。

五、新加坡

新加坡作为东南亚最发达的国家,华人占大多数。这个1965年才独立的小国,经济发展迅猛,成为"四小龙"之首,如此骄人的成绩,与他们的教育理念息息相关。其教育理念非常务实,不仅要培养科学家,也要培养技术工人;不但要培养管理者,也要培养会扫地的人。得益于对职业教育的极大重视,新加坡在短短50多年内,从一块被马来西亚遗弃的弹丸荒凉之地,建设成为第四大国际金融中心、世界第三大炼油中心和世界石油贸易枢纽、世界电子工业中心、全球最大的自升式石油钻井平台制造国以及亚洲重要的服务和航运中心,国际竞争力排名多年居于全球前列。

新加坡职业教育的成功,同样离不开高素质的师资。师资质量有严格的保障体系,采取严格的选拔培养制度,非常重视教师的企业经验,规定职业院校教师必须在企业工作3年以上,同时也鼓励企业的工程师、技师进入教师行列或者担任兼职教师。职业院校非常重视教师的知识更新,鼓励教师和企业合作从事科技项目研发,鼓励学校与国外大学联合办学,帮助教师到国外进修,费用全部由政府承担,以开阔教师的学术视野,提升教学水平。

新加坡高等学校基本由工艺教育学院(相当于国内的中职)、理工学院(相当于国内的高职)和大学三种模式构成。工艺教育学院和理工学院承担了新加坡职业教育的社会功能。其职业教育主要分为3类:一是职前教育,二是在职培训,三是失业培训。职前教育主要招收年龄在13~18岁的青少年,后两者招收劳动适龄人口中的全年龄段学生。

新加坡工艺教育学院由政府出资设立,专注于学生的职业训练,以培养中等技术人才为目标。工艺教育学院在课程开发和人才培养的全过程中非常注重与企业的合作,设有专职的课程开发人员,这些人大多具有企业工作经历,又在工艺教育学院担任教师。工艺教育学院在新加坡有11所分校,在校学生超过3万人,毕业生目前在社会上的就业率达到100%。

新加坡理工类学院主要有新加坡理工学院、义安理工学院、淡马锡理工学院、南洋理工学院、共和理工学院等5所国立理工学院,是新加坡政府所属的以理工科为主的高等职业教育学府。这些院校开设的课程以工程、科技及管理课程为主,各有优势,错位发展。

新加坡理工类学院主要是"培养与工商业需要相适应的专业技术人才"。工艺学院优秀毕业生可升入理工学院就读（中职升高职），理工学院优秀毕业生，可进入大学继续深造（专升本），工艺学院和理工学院最高只能颁发大专文凭。在5所国立理工类学院中，新加坡南洋理工学院（以下简称NYP）作为其国内职业教育的典范，以其"以教师发展为中心"和"高素质职业教育师资队伍开发建设"的先进理念和经验，在国际职业教育界颇具影响。

（一）NYP"双师型"师资队伍建设核心理念

1. "教学工厂"的教学模式提高教师专业实践能力

"教学工厂"是将学院、培训中心和企业三元合一，是一种先进的教学理念和教育平台。学校专业科技（创新）中心就是教学工厂的场所，学生在老师的引导下，于第三学年共同开展企业项目研发，使其能综合运用所学的知识与技能来解决企业当下的实际问题。在项目研发过程中，提升了学生解决企业实际问题的能力，强化了学生创新能力和团队精神的培养，完成了学生了解企业运作规则，体验企业文化的教学任务。"CEC"（College、Enterprise、Cooperation1）模式的教学工厂，以掌握行业科技前沿研发技能的"双师型"研发团队为优势，以校企深度融合作为平台，以实际工程项目研发为载体，注重专业教师在"引领行业发展"层面的专业实践技能提升与个人发展，同时使学生在真实生产服务和科技研发项目中，通过"做中学"完成第三学年实践教学任务。由于"教学工厂"中的师资包括专职与兼职教师，且兼职教师多数来自企业，因此他们有很强的工程问题处理能力。经过30多年的连续实施和不断完善，"教学工厂"模式已成为NYP教师开发专业能力和提升专业技能的重要途径，成为NYP卓越办学的主要手段。

2. AES系统促进教师间企业实践经验和工程成果分享

NYP按照"源于企业，成果分享，师生提升，用于企业"的理念。创建了AES（Accumulated Experienee Sharing）经验积累与分享系统，该系统是一个"经验积累—分享—应用—再积累"的知识和经验管理网络系统，它保存了NYP每个企业项目的开发理念、技术方案、实施细则、成果文件和相关的知识、技能与经验等。AES系统的创建主要是一些来自企业的专兼职教师，特别是企业兼职教师不断地引入其所在单位新开发的项目，确保了系统的先进性。AES系统的建立与使用促进了教师间知识和经验的共享和交流，帮助学生了解企业项目解决方案，提高师生企业项目开发的效率。AES系统保证了经验积累与分享不受教师流动的限制，将最宝贵的知识和经验财富永远地留在南洋理工学院。NYP的AES经验积累与分享系统既有电子的，也有纸质、模型、样机等实物，同时AES系统也将学生在三年级完成的项目资料保留其中，对于一些需要继续优化的、尚未完成的项目或是已经成熟了的案例需要后续学生继续演练，特别有意义。

3. "无货架寿命"理念让教师专业技能与时俱进

NYP从1992年建校来，始终倡导"无货架寿命"教师职业发展理念。该理念的提出源于商场超市的商品存在"货架期"或保质期，也就是商品存在放在货架上的寿命，过了"货架期"或保质期的商品只能降价或丢弃。NYP要求其教师通过不断的学习、提升，使其一直保质，没有"货架期"或保质期，无论个人年龄大小，都可以为学校做贡献，都可以胜任重要岗位。"无货架寿命"的实质就是终身学习理念。为此，NYP推出相关配套保障政策，所有教师自觉关心自我的市场价值及人力资本价值，注重个人专业技能持续发展更新和持续"保鲜"，确保自我在市场价值中始终处于"无货架寿命"状态。在"无货架寿命"理念的引导下，专职教师自觉与兼职教师合作交流，主动和企业同行互动，积极承担企业项目研发，保持相对于企业市场的自身价值不断提升，确保自己始终处于行业技术的领先优势。兼职教师也通过与专职教师的交流合作，不断提升教学水平和课堂驾驭能力。"无货架寿命"理念使NYP中无论是专职教师还是兼职教师的专业技能、教学水平提升形成了自觉化、常态化、前沿化、社会化的态势，为NYP打造了一支始终掌握行业前沿技术的"双师型"教师队伍，而这种"双师型"队伍兼具"双师素质"和"双师结构"。

4. "无界化"理念让职教教师活力常在

"无界化"是NYP的组织管理理念和机制，其实质是以企业项目为纽带，形成各二级教学单位合作交流、资源共享的学院精神和校园文化。"无界化"管理理念和机制强化了NYP全体教职工的团队协作精神，优化了实验设备和人力资源的配置和利用，促进跨系部企业项目开发和教学交流，为师生提供了众多综合交叉的科技研发和创新机会。专职和兼职教师也得益于这种"无界化"模式，扩大了交流合作范围，提升了教师的专业技能，为培养现代社会最需要的综合性科技人才提供了支撑。

NPY"无界化"理念主要包括以下两个方面：一是硬件条件建设无界化，主要包括：建筑规划无界化，连廊把学院各栋建筑有机连接成整体，下雨天师生健身跑绕连廊一圈接近2 km；在校园布局方面，将信息科技、电子工程、化学与生命科学、保健护理科学4个教学系组合在一起联合建设科技园；学习场所无界化，教室与实验室组合成一体，使教学与科研、项目研究融为一；校企融合无界化，企业在学校设有基地、展厅或车间，学校在企业设有学生实训和教师培训基地。二是教学及校企合作工作运行无界化，具体包括：人才培养与企业人才需求无界化，学院积极契合国家行业发展、产业升级趋势，及时开发新专业，培养急需技术技能人才；日常教学运行无界化，NPY中无类似教务处的部门来协调统筹，但各系之间日常教学工作运作顺畅；校企合作、产教融合无界化，在开展校企合作项目时，学院统筹安排，各学系积极合作，共享教学资源，协作开发，共同研究，联合承担大型企业项目成效显著。

由于NYP无界化的理念及做法，致使教师的归宿认同感无界化。由于许多企业兼职教师常常工作在学校，而学校的专职教师又时常去企业，大家在实际工作中很难区分专职与兼职，强化了教师团队精神，促进了不同学系、企业与学校的合作交流。教师们主动互相沟通合作，积极开展经验积累和分享，推动了教师在交叉学科及边缘科技方面的学习与实践，培养了一批拥有企业前沿研发技术的专业师资团队，为学院的发展提供了强有力的人力资源保障。

（二）NYP"双师型"师资队伍建设制度保障

NYP在以上4个核心理念的指导下，配套有许多完善、稳定、操作性很强的师资队伍建设制度，值得我们学习和借鉴。

1. 教师资格准入制度

NYP 招聘专业教师时,无论是专职教师还是兼职教师,准入门槛为本科及以上学历,要有 3~5 年以上的企业专业对口工作经验,有丰富的专业实际工作经验,懂企业生产和经营,且有广泛的行业企业人脉网络,能够获得或引入各种校企合作研发项目。对于来自企业的兼职教师,还要求有一定的教育学理论基础,并手头有真实的项目。这些举措使得在理论和实践教学中,教师能自然地将跨国公司的企业文化、先进的管理理念、超前的生产技术以及行业规范标准真实引入,实现职业教育人才培养目标与企业人才要求完全对接。NYP 几乎所有的兼职老师和大多数专职教师或是现职,或曾经是飞利浦、三星、新加坡中央医院等国际跨国型公司一线工程师、新加坡大型综合医院医生。NYP 护理系的一位系主任在担任教师前,在新加坡大型综合医院的 ICU 重症监护岗位工作过 10 余年。为了能招聘到更多、更符合要求的兼职教师,及时把行业企业的前沿技术、标准、规范引入学校课堂,新加坡各理工学院给兼职教师的课酬标准高于市场标准。

2. 师资培养机制

在 NYP"无货架寿命"理念指导下,教师培养是 NYP 师资团队建设发展的核心部分和主要措施,每年 NYP 等各理工学院人均培训支出为 4 000 新元左右。NYP 采用各种形式提升教师的专业技能,如新进教师必须接受学院专门培训机构组织为期 3 个月的新教师培训。新教师在引进后的前两年内,学院会不断组织相关教学方法方面的培训。NYP 各系部在征求教师本人意见后,为每位教师制定个性化的培训计划,并安排指导教师指导其完成个人培训计划。NYP 明确规定,每个员工每年平均至少要利用 25 天带薪培训假期,参加新课程学习、学院内部或企业培训,专职教师每隔 2~3 年就要从事一段时间的企业项目研发,每个学期至少有 15% 的教师停课开展"企业工程项目"开发。另外,各国立理工学院都很重视师资团队的国际化建设,在专业开发建设与国际接轨、外聘适量欧美和日本的专业教师参与教学工作的基础上,大力鼓励教师赴世界 500 强企业兼职和学习。全面支持教师到世界一流大学提高学历水平,拓宽视野,整体提升师资国际化教学水平。为实施上述培训项目,来自企业的兼职教师发挥了重要作用。一方面对新教师的培训,学校会专门安排兼职教师作为其实践指导教师;另一方面,为了安排专职教师下企业进行"企业工程项目"开发,兼职教师发挥了很好的桥梁作用,有时就是兼职教师自己的项目拿到学校,与专职教师和三年级学生共同开发。这种师资培养机制使专职教师能够不断紧跟行业企业生产一线最新技术发展,持续更新专业技能知识,全面提高师资队伍的教学水平。

3. 师资转型机制

NYP 在教师转型和新专业教师储备方面,具有很强的超前意识,注重预测行业企业转型升级趋势和社会需求的发展态势。在部分专业的招生规模出现萎缩趋势时,就会选拔该专业最具潜力的,综合素质高、学习能力和进取心强的教师开展新技术培训,帮他们快速成功专业转型,为新专业筹办和建设开展超前培养人才,并及时物色新专业方向的兼职教师,让他们提前介入新专业开发。同时配套制定具体的教师技能转型计划,派一部分转型教师进驻世界 500 强企业学习和实践训练,另一部分转型教师通过新聘请的兼职教师介绍到其所在企业实训,一道开始新专业建设的筹备工作。这种预先的教师转型与新兼职教师招聘计划,既解决了招生规模萎缩专职教师的课时量不饱满问题,又为新专业建设培养了优秀的"双师型"教师,保证了学校的良性发展。

4. 师资考核评价机制

NYP 的管理理念是"有倡议,必有制度;有制度,必有落实"。NYP 师资的考核、评价和激励制度起到化繁为简的作用。NYP 招录新专职教师,第一轮聘期为 2 年,并每 6 个月进行一次考核,第一轮聘期考核合格后,进入为期 3 年的第二轮聘期,第一、二轮聘期考核都合格的教师,也就是工作满 5 年,且每年考核都合格的教师,会被各理工学院终身聘用。这会使教师产生深层次的认同感和强烈的责任感,从而调动教师自身内部驱动力,形成强烈的自我激励。其余教师则需要进入第三轮聘用。由于 NYP 教学工厂的人才培养理念,使得专职教师工作的完成绩效与企业兼职教师密切相关,而兼职教师的考核与专职教师相近,只是增加了指导新专职教师和项目引进等内容,这种专兼职关联的考核模式,强化了专兼职教师队伍的融合,对师资队伍建设十分有益。

NYP 专职教师全部坐班,无论是授课、校企合作项目开发、学生管理、学生技能竞赛指导、招生宣传及部分教学运行管理,都是工作一部分。教师工资不以课时量为核心,工资水平主要根据教师专业能力、行业资历并参照企业同类技术人员收入,在招聘时协商确定,最后都是根据考核结果拿一份工资。NYP 的教师每周最多有 18~22 课时的工作量,根据教师不同的专业特长和课时工作量多少,每学期都为所有教师安排大致等量的工作任务;承担企业项目或承担其他教学工作任务的教师,承担的纯教学工作量就会少些。兼职教师主要按课时付酬,由于许多兼职教师到校除了开设部分有关专业实践类课程,更多的精力是在学校通过开展校企合作项目,指导三年级学生完成毕业设计、毕业实习任务,这些工程项目在兼职教师单位本来就有工作量,因此他们并不在乎学校给予的兼职报酬。而学校通常还是按高于社会平均水平的标准给兼职教师发放课酬。因此,企业工程技术专家到校做兼职教师,在新加坡是一件很受欢迎的事情。新加坡兼职教师在学校开展的研究项目,由于本来就是企业项目,因此兼职教师这份成绩企业认可。

六、英国

英国没有专门的职业技术教育实施机构,职业教育主要由继续教育学院(Further Education Colleges)、高等教育学院(Higher Education Providers)、地方教育局(Local Authority Adult Provision)、开放大学(The Open University)等机构来承担。但作为衔接义务教育(小学、中学)和高等教育的桥梁,为 16 岁左右的中学毕业生,或者想要接受就业培训,充实自身技术能力的社会人员提供职业教育的主要是继续教育学院。继续教育是英国教育体系中最有特色,也是最精彩的部分,担负着许多本该由职业技术院校完成的技能人才培养任务。在英国的继续教育学院中,兼职教师占比达 63%,是一个庞大的群体,其师资质量对于教育质量的意义更是不言而喻。因此,英国兼职教师的聘用管理研究与相关政策制定显得日益重要和敏感,已成为政治家、工会活动家、学院管理者及兼职教师共同关注的问题。

(一)英国兼职教师队伍建设现状

1. 工资与福利待遇

根据英国《1998 工作时间条例》规定,兼职教师工资按小时支付,其每小时工资应不低于同等条件下全职教师的折算工资,且连续工作超过 13 周的所有兼职教师都有权享受至少 3 周的带薪假期。兼职教师每小时工资从 15 英镑到 30 英镑不等,此外还有假日工资补贴等。一般来说,薪资根据教师教学和工作经验、学历、学科需求、工作环境和地理位置而有所不同。兼职教师假期等福利待遇,则由各个继续教育学院灵活制定,没有统一的要求。以巴斯学院为例,在学院对兼职课程管理员的招聘通知中显示,为兼职教师提供除公共假期外的 30 天假期。

2. 兼职教师专业标准

2014 年,英国教育与培训基金会颁布《教育与培训部门的教师专业标准(英格兰地区)》,该标准以"双重专业化"为核心概念,即职教教师在行业和教学两方面的专业化,反映了优秀教师最基本的能力要求。

该标准分别从专业理念与态度、专业知识与理解和专业能力三个方面,共 16 条具体内容指出了继续教育(职教)兼职教师教学和培训的核心能力标准。专业理念与态度要求教师应增强教学和培训价值的判断力;专业知识与理解要求教师要在理论与实践中发展深入和批判性的知识;专业能力要求教师强化自身专业知识和技能,确保学生最佳学习效果。该标准不再仅仅将内容停留在要求教师自身拥有过硬的知识和教学能力,而是将重心由教师转向学生,要求教师采取多种形式、积极的态度(如包容性、创新性、热情、反思、合作精神等)、有效的工具,使得学习者能够取得更好的学习效果,更加侧重于学习者的学习质量,体现"以学生为中心"的教育思想。

该标准历经了几次变革变得更加简洁和可操作,标准不对职教教师做强制性规定,在聘用兼职教师时,把权力交到了各继续教育学院手中,由各学院自行灵活使用该标准框架。

3. 兼职教师任职资格

英国现行的继续教育教师的资格认证大概可归纳为认证、证书、文凭、专门文凭、高级文凭,具体见表 2.5。

表 2.5　英国继续教育教师资格证书等级

证书等级	要求
Level 3 教育与培训认证	1～2 周基础知识课程
Level 4 教育与培训证书	6 个月的短期课程,教学实践>30 小时
Leve 5 教育与培训文凭	两年在职非全日制课程,教学实践>100 小时
Level 6/7 研究生教育证书/教育证书	一年全日制/非全日制课程,高校或继续教育学院开展/本科层次 1～3 年非全日制课程

(续表)

证书等级	要求
Level 6/7 专门文凭	适合教授英语、数学或残疾学生的教师。需1～2年在职非全日制课程获得,培养层次同上一级

从表2.5中可以看出,英国继续教育(职教)师资资格形成了一个从3级到7级的纵向层级的资格证书体系,教师可以根据需要自行选择通过相应的资格认证培训,考核后获取对应资格证书。由于英国2012年以后开始对职教教师资格不做强制性规定,因此在继续教育学院中,对兼职教师的入职资格要求并没有全国性的统一规定。兼职教师不被强制要求取得资格证书或者经过一定的培训,雇主可以自行确定入职条件。

4. 兼职教师培养

英国继续教育(职教)兼职教师职前培训的主要方式是职教师资认证课程培训。从表2.5看出,英国职教教师资格的不同等级,对应不同的职教教师资格证书课程,即任教师前必须学习相应的资格证书培训课程,且通过考核才可获得相应资格。目前,英格兰地区共有621家机构开设职前教师教育课程,其中继续教育学院是职前教育的主要承担者。为了鼓励兼职教师更多地参与培训,提高职前能力水平,继续教育部门采取了一系列奖学金激励措施。

英国继续教育(职教)兼职教师职后培训也有规划。职后培养分为在职培训和职后专业发展两个方向来展开。首先是在职培训,由表2.5可知,兼职教师的不同资格对应不同的资格认证课程,其课程形式不仅有职前培养的方式,同样也有在职课程,服务于大批的在职人员,即兼职教师在职培训的主要方式也是资格证书培训课程。其次是职后专业发展,英国继续教育(职教)兼职教师的职后发展途径主要由教育与培训基金会和教育与培训协会两个部门提供。教育与培训基金会提供的教师专业发展课程类型多样,有"预防"(Prevent)、"领导力与管理能力"(Leadership and Management)、"教与学"(Teaching and Learning)等,致力于培养兼职教师的价值观、教学能力、专业技能、创新等能力。教育与培训协会则提供了教师专业技能合格证书和"高级教师资格"计划。前者要求教师拥有Level 5以上的继续教育教师资格证书;后者则更加严格,不仅要求兼职教师获得专业技能合格证书,且拥有不低于4年的工作经验。这两者都是兼职教师在行业内专业能力与教学经验的证明,能够为教师的职业生涯谋求更好的发展。

可以看出,兼职教师职后培养方式渠道多样丰富。但总的来说,教育与培训基金会和教育与培训协会只是继续教育(职教)行业自发形成的社会组织,而非政府组织,大部分继续教育(职教)兼职教师在职进修渠道仍由各个职业教育机构自行提供,自发性较强,还未形成全国性的完整体系。

(二)英国继续教育学院(职教)兼职教师队伍建设的特点

1. 准入门槛:宽泛灵活的专业标准与资格

自20世纪90年代以来,英国政府对职教师资培养的要求和监管态度在不断转变,对职教教师资格证书的法令要求,经历了"尝试—强化—废止"的过程。如今,政府也大大简化了职教教师专业标准的能力要求,政府只对职教师资的专业标准和资格等级制定框架,而最终权力则交给了继续教育学院(职教)本身。当前,继续教育学院在雇佣兼职教师时,拥有极大的自主权,使得聘用的教师能够最大限度上符合学院的需求,而不是对国家资格制度的简单服从。学院可以把更多的目光投向教师本身的理论与实践能力上,体现了一定的灵活性。但这种缺乏政府监管的做法也存在一些不足,如不利于行业规范的形成,导致整个职业教育兼职教师水平参差不齐,职业教育的质量难以保证。以巴斯学院为例,其规定求职的准兼职教师最好是具备行政、商业或财务等行业的二级资格,此标准低于国家建议标准三级。有很多职业教育学院的招聘公告上甚至对兼职教师资格证书不做强制要求,放宽到入职之后再进行培训获取证书。

2. 生存现状:待遇差、地位低

根据2017英国继续教育工人数据报告显示,继续教育全职教师年平均工资为30 288英镑,兼职教师平均薪资按22.5英镑/小时折算,则每周需要工作28小时才能达到全职教师的薪资水平,但兼职教师平均一周的工作时间是18小时左右,显然对兼职教师来说压力过大。考虑到兼职教师的备课、课外辅导及批改作业时间,实际薪酬更是大幅缩水。兼职教师不但收入低,而且很少有办公地点和办公设备,也得不到行政管理人员提供的便利,很少能与学生有课下的接触和交流,基本不参与教学研讨活动和学校管理会议。

此外,兼职教师无法通过学校途径得到科研、进修以及学校提供的职业发展的机会,假期和退休金保障制度也大多只针对全职教师而言,很少涉及兼职教师,即使有个别指导性文件规定兼职教师的工资、假期、福利待遇等要求不低于全职教师,但这些仅仅是建议性的,实施起来多流于形式,难于落地。因此兼职教师在继续教育学院工作没有归属感、安全感,地位边缘化,被认为是"二等公民"。

3. 专业发展:培训体系不完善,自发性强

与许多其他欧洲国家不同,英国并没有真正为职业技术教师的培训提供单独的课程。职业技术教师接受的培训与普通学术学科教师相同。尽管一些继续教育部门试图通过将各部门力量聚集在一起为教师提供一些培训支持,但仍然是不完善的。

英国兼职教师的专业发展途径除了教育与培训基金会和教育与培训协会协同组织的教师专业发展课程外,其余多由各继续教育学院自行组织,国家和政府并未集中力量为兼职教师开通在职进修发展渠道以保障师资质量。没有官方的职教教师职后进修机构,更没有专门的团体或机构来组织教师进修工作。对于职后发展前景来说,大部分兼职教师与校方签订的都是短期合同或时薪合同,即使做兼职教师多年,也很难转成专职教师。尽管当兼职教师拥有足够的经验和资格后,可以晋升为高级教师、部门主管或经理,但名额数量非常少,竞争极其激烈,因此他们普遍晋升机会少。可以说,英国的兼职教师教育是以非常不成熟和不平衡的方式发展着。英国继续教育兼职教师的职后培训体系还未形成一套规范完整的体系,自发性较强,一定程度上限制了教师的职业生涯发展。

在英国,对企业兼职教师的大量使用总体持一种积极的态度,这不但为学校节约了大量成本,也给学院带来新的技能和企业经验,并且能以积极的态度对待非传统学生(在职培训或转岗进修等大龄学员）。因此，学校管理者态度很明确："我们不能没有兼职教师"。然而，企业兼职教师聘用与管理过程中存在的各种矛盾和问题，严重影响兼职教师作用的发挥。为解决上述矛盾，近年来，英国的高校、教师群体、工会和政府做了有益的探索。

许多教师组织和工会为争取企业兼职教师的权利，提出了很多有重要影响的报告和声明。例如，2008年4月，英国学院联合会（AOC）、高校内部管理协会（ACM）、教师与讲师协会（ALT）、工会组织GMB、TGWU、UNISON、UCU等7个组织联合发表了《关于继续教育学院（职教）兼职雇员就业准则的联合协议》，他们认为，专兼职教师都为学生提供高质量的教育教学服务，兼职教师也是教师群体的一部分，立法机构有责任保护兼职教师免受歧视。英国雇佣关系法规定，雇佣关系中权利的设定与工作时间没有联系，兼职人员与全职人员享有同等权利。该协议从薪水、假期、工作时间、专业支持和发展、养老金、纪律与申诉等17个方面明确了兼职教师的权利，如企业兼职教师应与全职教师同劳同酬，享有同样的专业发展机会，等等。该协议为继续教育学院兼职教师提供了一个就业框架，同时还积极争取地方工会的认可，为兼职教师争取到了应有的权利。

七、国外职业教育师资队伍中的产业教授

产教融合、校企合作是职业院校培养高素质技术技能人才的重要途径。德国、瑞士、澳大利亚等国在这方面开展了大量研究并早已形成共识：企业不仅对职业教育投入经费与设备，更主要的是通过企业工程技术人员直接参与教育教学，实现产业最新技术、工艺、方法与学校教育的无缝对接。德国在1969年颁布的《联邦职业教育法》，把"双元制"作为基本的职业教育形式，并以法律条文的形式确定下来，这种育人模式不单是指育人的场所分别在企业和学校，核心是企业的师傅、学校的教师双方共同参与技术技能人才的培养；瑞士职业教育规模大、质量高，关键也在于行业协会参与职业教育育人，行业协会推动了社会尤其是企业的工程技术人员参与职业院校育人。澳大利亚完善的TAFE体系，在保证持证上岗的同时，主要就是通过大量的企业、产业高级人才参与到TAFE院校的教学，使职业教育的教学内容、实训方式与行业企业对接，确保了受教育者获得证书的含金量。从这里看出，在国外企业工程技术人员、管理专家参与职业院校的教育教学工作十分普遍，并成为职业教育高技能人才培养的核心要素。但是，这些国家并无明确的"产业教授"一说，在英语语言中，对职教教师定义的有两个词"teacher"和"trainer"，前者就是我们通常意义上的学校教师，而"trainer"是针对某项特殊技巧的、带职业性质的培训师，如电装技师、焊接师傅、健身教练等。在以"双元制"职业教育为特色的德国、瑞士和丹麦等国，以学校为教学场所的教学人员通常称为"teacher"，在企业指导学生的一般叫"trainer"；而在希腊、西班牙等国家，在学校从事实践教学的人员称为"trainer"，从事理论教学的叫作"teacher"。所以，欧洲国家企业教师与学校的实践教师归成了一类，而鲜见产业教授的提法。

近年来，美国等高校出现了"Professor Industry"称谓，翻译过来就是产业教授或行业

教授，它是指先学得博士学位，且获得助理教授职称后走入对应的产业，如科技、金融、工程等企业，等快退休时，被高校聘请从事博士、硕士培养工作的人员（自身不能招收博士、硕士学员）。他们既有教授头衔，又是行业精英，是一直在行业里工作的人才（而不是一直在大学里授课）。从这里看出，"Professor Industry"的选聘包含学历、教师职称和工作业绩（精英）要求，这与目前江苏实行的本科院校选聘的参与博士、硕士培养的产业教授有许多相近之处。但在选聘时，"Professor Industry"多数是由学校根据自己的专业特点和发展需要自主实施，一旦选中，即作为学校的全职教师而非兼职教师。由于属于院校行为，所以没有统一的选聘标准和考评细则。

因此，江苏产业教授尤其是高职院校产业教授选聘，顺应了时代技术发展要求，是中国乃至世界职业教育师资队伍建设的创新。

第三部分
我国职业院校兼职教师队伍建设

一、我国兼职教师队伍建设政策回眸

产教融合、校企合作工作内容很多,包含人才培养、技术创新、就业创业、社会服务、文化与技术传承等。就企业而言,可以帮助院校设置新专业,研发专业标准,开发课程体系、教学标准以及教材,承担专业课程与学生实习实训指导工作;可以指导师生进行技术和产品研发、成果转化与专利申报,传播企业文化、工匠精神、劳模事迹等。而这些任务的完成关键在人——来自企业的有能力、有热情的人。为此,国家从20世纪80年代开始,在许多文件中提出了兼任教师、兼职教师和产业教师的概念,希望他们承担起企业在产教融合、校企合作中的主要义务。

兼职教师作为职业教育师资队伍的重要组成部分,在提升职业教育质量、促进职业教育向纵深层次发展过程中发挥着关键性作用。兼职教师相关政策的制定、完善则是推动兼职教师队伍健康发展的有力外部保障。系统地分析职业教育兼职教师队伍建设发展相关政策的变迁,对于进一步完善兼职教师队伍建设政策、推动职业院校建设高质量的师资队伍具有促进性作用。

职业院校兼职教师队伍的发展与国家出台的相关政策紧密相关,政策的变迁对院校兼职教师队伍的发展起到了导向作用。根据职业院校兼职教师相关政策文本的内在机理与时间顺序,可将相关政策划分为初始阶段、逐步发展阶段、不断完善阶段和体系构建阶段。

(一)初始阶段(1983—1999年)

从20世纪80年代一直到20世纪末,有关兼职教师队伍的政策主要是对兼职教师概念内涵的探索,着重阐述兼职教师重要性和兼职教师来源等问题。

1983年,中共中央、国务院在《关于加强和改革农村学校教育若干问题的通知》中,明确"可选调一部分科技人员担任专职或兼职教师","还可由学校教师与农村的能工巧匠结合起来进行教学"。国家层面初次提出了学校可以选调企业相关的技术员工或科技员工担任职业院校兼职教师,并进行相关教学活动。该通知从兼职教师的人员构成上进行了初步探索,这是我国最早关于职业院校兼职教师的政策文本,为今后兼职教师队伍的发展奠定了基础。

1985年5月27日,中共中央颁布了《关于教育体制改革的决定》,由此开启了中国教育体制改革的大幕。该决定指出:"师资严重不足,是当前发展中等职业技术教育的突出

矛盾。各单位和部门办的学校，要首先依靠自身力量解决专业技术师资问题，同时可以聘请外单位的教师、科学技术人员兼任教师，还可以请专业技师、能工巧匠来传授技艺。"由于当时还没有高等职业技术学院，中等专业学校是职业教育的主力军。这是我国在国家制度层面较早明确可以聘请科学技术人员、专业技师、能工巧匠担任职业学校兼职教师的文件。

1986年，原国家教委出台的《关于加强职业技术学校师资队伍建设的几点意见》提出，"聘请有实践经验的四级以上技工、能工巧匠担任实习指导教师"，使得兼职教师内涵得到了进一步的丰富与扩充，并对兼职教师的任职要求进行了初步探索。

经中共中央、国务院批准，《中国教育改革和发展纲要》（中发〔1993〕3号）于1993年2月13日颁布。该纲要提出："职业技术教育是现代教育的重要组成部分，是工业化和生产社会化、现代化的重要支柱。各级政府要高度重视，统筹规划，贯彻积极发展的方针，充分调动各部门、企事业单位和社会各界的积极性，形成全社会兴办多种形式、多层次职业技术教育的局面……各级各类职业技术学校都要主动适应当地建设和社会主义市场经济的需要。要在政府的指导下，提倡联合办学，走产教结合的路子。"这里虽然没有明确提出企业兼职教师问题，但对职业技术教育做了"重要组成部分""重要支柱"的定位，特别是提出了"提倡联合办学，走产教结合的路子"的办学思路，指明了企业参与职业教育人才培养的办学思想。

1995年，原国家教委在《关于推动职业大学改革与建设的几点意见》中提出："要聘请一批富有实践经验，又能胜任教学工作的工程技术人员或管理人员到校任兼职教师，做到专兼结合。"原国家教委自1983年后，又一次正式提出了"兼职教师"的概念，并对兼职教师的来源、任职条件做出了规定。

伴随着职业教育的蓬勃发展，1996年，《中华人民共和国职业教育法》（以下简称《职教法》）公布实施，我国职业教育从此驶入依法治教的轨道，在短短20多年时间里发展成为世界规模最大的职业教育体系。《职教法》是我国职业教育发展史上的一座里程碑。它规定了我国职业教育的基本内涵、体系框架、运行机制和保障措施，集中反映了职业教育实践和理论探索的经验成果，进一步确立了职业教育作为国家一种基本教育制度的地位，为职业教育发展提供了基本法律保障。《职教法》颁布后，21个省（区、市）制定了职业教育条例、实施办法，4个省制定了中等职业教育条例。《职教法》对教师队伍建设也做了明确要求。其第三十六条规定："县级以上各级人民政府和有关部门应当将职业教育教师的培养和培训工作纳入教师队伍建设规划，保证职业教育教师队伍适应职业教育发展的需要。职业学校和职业培训机构可以聘请专业技术人员、有特殊技能的人员和其他教育机构的教师担任兼职教师。有关部门和单位应当提供方便。"兼职教师问题被写入了《职教法》，这是我国第一次以法律的形式确立兼职教师的地位。

随后几年，相继出台了一些补充性政策文本，以应对在职业教育师资队伍建设具体实践、管理过程中出现的新问题。例如，在1997年9月，原国家教委出台了《关于加强中等职业学校教师队伍建设的意见》。这一文件对兼职教师进行了定位，认为兼职教师是化解职业院校教师短缺难题的"重要途径"，是优化职业教育教师队伍结构的必要手段。针对实践中对兼职教师重要性认识不足的问题,原国家教委于1998年下发了《面向二十一世纪深化职业教育教学改革的原则意见》,进一步明确要引进具有实践经验的教师充当兼职教师,充分发挥兼职教师在教学过程中的作用。该文件在一定程度上放宽了职业院校兼职教师来源的条件限制。该文件指出,职教教师应该既能从事理论教学,又能进行实践教学,是工程师或技师。提出"要重视教学骨干、专业带头人和'双师型'教师的培养"。众多研究者认为,这是在我国职业教育管理中首次提出"双师型"教师的概念。从此,"双师型"教师队伍在国家层面许多有关职业院校教师队伍建设的文件中时常被提及,构建"双师型"教师队伍成为职业院校改革发展的重要任务之一,而"兼职教师"被后来的管理者与实践者认为是实现职业院校"双师型"教师队伍建设目标的最有效手段。

1999年,国务院在深化教育教学改革的文件中明确提出,要吸收企业具有丰富实践经验的优秀工程技术人员和管理人员到职业学校任教,加快建设兼有教师资格和其他专业技术职务的"双师型"教师队伍。这一文件对兼职教师队伍的具体人员类别进行了界定,对兼职教师的要求也更加注重契合高职院校实践性较强的行业特点。至此,兼职教师这一概念从萌芽到内涵逐步明晰,经历了缓慢的探索历程。到20世纪末,兼职教师的概念基本得到明确:兼职教师是职业院校为了满足自身发展需要,从社会或相关行业、企业招聘的具有相关实践技能的教师群体。

在初始阶段(1983—1999年),文件的内容从对兼职教师概念的单一指向,开始转变为关注兼职教师的多元化内涵,涉及兼职教师管理方面的内容呈现出缓慢探索特征。政策文件数量呈现出前少后多的特点,主要文件及关于兼职教师的典型描述见表3.1。

表3.1 初始阶段的主要政策文件及关于兼职教师的典型描述

文件名称及发文日期	文件中关于兼职教师的描述	关键用词
《关于加强和改革农村学校教育若干问题的通知》(1983年5月06日)	可选调一部分科技人员担任专职或兼职教师;也可使部分教师经过培训,改任或兼任专业课教师	选调、兼职教师
《关于教育体制改革的决定》(1985年5月27日)	可以聘请外单位的教师、科学技术人员兼任教师,还可以请专业技师、能工巧匠来传授技艺	可以聘请、兼任教师
《关于加强职业技术学校师资队伍建设的几点意见》(1986年6月26日)	聘请有实践经验的四级以上技工、能工巧匠担任实习指导教师	聘请、能工巧匠、实习指导教师
《关于推动职业大学改革与建设的几点意见》(1995年10月6日)	要聘请一批富有实践经验又能胜任教学工作的工程技术人员或管理人员到校任兼职教师,做到专兼结合	工程技术人员或管理人员、兼职教师、专兼结合

(续表)

文件名称及发文日期	文件中关于兼职教师的描述	关键用词
《中华人民共和国职业教育法》（1996年5月15日）	职业学校和职业培训机构可以聘请专业技术人员中有特殊技能的人员和其他教育机构的教师担任兼职教师	可以聘请、特殊技能、兼职教师
《关于加强中等职业学校教师队伍建设的意见》（1997年9月24日）	聘任兼职教师是解决职教教师来源问题的重要途径	聘任、兼职教师、重要途径
《面向二十一世纪深化职业教育教学改革的原则意见》（1998年2月16日）	要注意从企事业单位引进有实践经验的教师或聘请他们做兼职教师	引进、实践经验、聘请、兼职教师

（二）逐步发展阶段（2000—2010年）

1994年，第二次全国教育工作会议确立了高等教育的发展重点是发展高等职业教育，明确提出："通过现有的职业大学、部分高等专科学校或独立设置的成人高校改革办学模式，调整培养目标来发展高等职业教育。仍不满足时，经批准利用少数具备条件的重点中等专业学校改制或举办高职班作为补充来发展高等职业教育。"这就是人们常说的"三改一补"发展高等职业教育的基本方针。尽管后来的发展模式"一补"唱了主角，现在职业技术学院的主力军大多由过去的重点中专校升格而来，然而"三改一补"方针的出台，极大地推动了我国高等职业教育的发展，高等职业院校逐步成了职业教育的主角。进入21世纪后，政策文本主要聚焦于兼职教师数量增加，以期改善高职院校专兼职师资队伍结构与水平，充分发挥兼职教师在职业院校（特别是高职院校）发展过程中的重要作用。

为了做好高等职业技术院校师资队伍建设工作，2002年2月，《教育部办公厅关于加强高等职业（高专）院校师资队伍建设的意见》（教高厅〔2002〕5号）出台。该意见指出："改革开放以来，我国高职（高专）院校的师资队伍建设取得了很大成效，但总体上结构不尽合理、实践能力偏弱、培养渠道相对贫乏等情况尚未从根本上改观。"该意见从高职（高专）院校师资队伍建设的目标，提高专任教师业务水平，改善师资队伍学历结构，建设一支实践能力强、教学水平高的兼职教师队伍，建设一支理论基础扎实又有较强技术应用能力的"双师型"教师队伍，进一步加强高职（高专）教师的培训培养工作，加强师资队伍建设是加强高职（高专）人才培养工作的关键环节等方面，就高职（高专）院校师资队伍提出了具体要求。该意见明确："聘任兼职教师是改善学校师资结构、加强实践教学环节的有效途径，各高职（高专）院校要结合实际，加强兼职教师队伍建设工作。兼职教师是指能够独立承担某一门专业课教学或实践教学任务、有较强实践能力或较高教学水平的校外专家。兼职教师主要应从企业及社会上的专家、高级技术人员和能工巧匠中聘请……各高职（高专）院校一方面要通过支持教师参与产学研结合、专业实践能力培训等措施，提高现有教师队伍的'双师'素质;另一方面要重视从企事业单位引进既有工作实践经验,又有较扎实理论基础的高级技术人员和管理人员充实教师队伍。学校在职务晋升和提高工资待遇方面,对具有'双师'素质的教师应予以倾斜。"该意见首次对职业院校兼职教师下了定义:兼职教师"是指能够独立承担某一门专业课教学或实践教学任务、有较强实践能力或较高教学水平的校外专家"。并且提出"兼职教师主要应从企业及社会上的专家、高级技术人员和能工巧匠中聘请",明确了兼职教师的来源是企业或社会。从这里看出,高职院校兼职教师不是来自兄弟院校的老师或某些大学的研究生(这叫外聘教师),而是有着较高实践技能、能胜任专业教学任务且主要来自企业(或有企业经历)的工程技术人员、管理人员和能工巧匠。该意见从国家政策层面进一步厘清了兼职教师的概念。

2002年8月颁布的《国务院关于大力推进职业教育改革与发展的决定》(国发〔2002〕16号),是新世纪关于职业教育改革发展的第一个重要文件。文件规定:"企业要和职业学校加强合作,实行多种形式联合办学,开展'订单'培训,并积极为职业学校提供兼职教师、实习场所和设备,也可在职业学校建立研究开发机构和实验中心。"对师资队伍建设,文件要求:"要有计划地安排教师到企事业单位进行专业实践和考察,提高教师的专业水平。广泛吸引和鼓励企事业单位工程技术人员、管理人员和有特殊技能的人员到职业学校担任专、兼职教师,提高具有相关专业技术职务资格教师的比例。"文件在强调职业学校师资职业属性的同时,明确了学校要"广泛吸引""鼓励"企事业单位的"工程技术人员、管理人员和有特殊技能的人员"到校任教。2005年10月,《国务院关于大力发展职业教育的决定》(国发〔2005〕35号)出台,从国家层面做出了进一步推进职业教育发展的决定,提出:"发展职业教育是经济社会发展的重要基础和教育工作的战略重点;服务社会主义现代化建设,培养数以亿计的高素质劳动者和数以千万计的高技能专门人才,是职业教育的宗旨;依靠行业企业发展职业教育,推动职业院校与企业的密切结合,是职业教育的发展方向。"该决定就职业院校师资队伍建设要求:"建立职业教育教师到企业实践制度,专业教师每两年必须有两个月到企业或生产服务一线实践。制定和完善职业教育兼职教师聘用政策,支持职业院校面向社会聘用工程技术人员、高技能人才担任专业课教师或实习指导教师。"从国家层面再次强调"支持"职业院校面向社会聘用工程技术人员、高技能人才到校任教。

为了进一步扩大兼职教师来源,提高高职院校兼职教师队伍建设水平,2004年,教育部颁布了《高职高专院校人才培养工作水平评估方案(试行)》(教高司〔2004〕16号)。该方案在指标体系的师资队伍建设指标说明中指出:"兼职教师是指学校正式聘任的,已独立承担某一门专业课教学或实践教学任务的校外企业及社会中实践经验丰富的名师专家、高级技术人员、技师及能工巧匠。"同时规定兼职教师的比例与职业院校专业设置相匹配,"兼职教师数占专业课与实践指导教师合计数之比达到10%"。该方案对高职院校兼职教师的专业构成比例提出了具体规定,兼职教师数量成为考核高职院校办学条件的硬性指标之一。同时,在方案的评估指标等级标准及内涵说明中进一步明确了兼职教师的数量与结构:"'兼职教师'是指学校正式聘任的,已独立承担某一门专业课教学或实践教学任务的校外企业及社会中实践经验丰富的名师专家、高级技术人员或技师及能工巧匠,一般必须具备中级职称,其中高级职称最好占30%以上,专业结构要与学校专业设置相适应。兼职教师占专业课与实践指导教师合计数之比达到20%。"该方案在师资队伍结构条目中要求专业基础课和专业课中"双师素质教师"比例达到50%,并就"双师素质教师"做了说明,提出"双师素质教师"是指具有讲师(或以上)教师职称,又具备下列条件之一的专任教师:(1)有本专业实际工作的中级(或以上)技术职称(含行业特许的职业资格证书);(2)近5年中有2年以上(可累计计算)在企业第一线从事本专业实际工作经历,并能全面指导学生专业实践实训活动;(3)近5年主持(或主要参与)2项应用技术研究,成果已被企业使用,效益良好;(4)近5年主持(或主要参与)2项校内实践教学设施建设或提升技术水平的设计安装工作,使用效果好。由于后面3条标准具有一定的弹性,在实际执行时,许多人就把这一"双师"素质标准简单理解为"双职称"或"双证书",在职业院校"双师型"教师队伍建设中造成了一些混乱。

2006年11月3日,《教育部 财政部关于实施国家示范性高等职业院校建设计划加快高等职业教育改革与发展的意见》(教高〔2006〕14号)颁布,标志着引领我国高等职业教育高质量发展的100所示范性院校建设计划正式启动。该意见在确定的建设任务中明确树立了"培养和引进高素质'双师型'专业带头人和骨干教师,聘请企业行业技术骨干与能工巧匠,专兼结合的专业教师队伍建设取得明显成效"的目标,并提出"制定'双师型'教师培养和专兼结合专业教师队伍建设的支持政策与办法,聘请一批精通企业行业工作程序的技术骨干和能工巧匠兼职,促进高水平'双师'素质与'双师'结构教师队伍建设;密切与行业企业在人才培养、技术开发应用等领域的合作,广泛吸纳社会各方资金、物质与人力资源参与学校建设"。从这里看出,密切校企关系,引进行业企业资源(尤其是教师资源)参与高职教育人才培养,是示范性高职院校建设的核心"示范"内容。该意见明确提出"高水平'双师'素质与'双师'结构教师队伍建设",使"双师"素质与"双师"结构一度成为院校与高职教育研究者们的研讨热点。一段时间里,不少人要么混淆这两个概念,认为两者没有差别,就是一回事,要么过于强调"素质"与"结构"的差异,忽视了研究对象的不同之处。2007年3月4日,时任教育部高等教育司司长张尧学的文章《端正思想,建设好首批国家示范性高等职业院校,校企深度融合,建设"双师型"师资队伍》在《中国高等教育》上发表。文章指出,一直以来,我们对"双师型"师资队伍建设的理解停留在提高校内"双师"素质和引进企业、行业技术骨干上。其实,从行业企业聘请既有理论知识又有丰富实践经验和较强动手能力的技术骨干,完善"双师"结构,也是"双师型"师资队伍建设的重要内容。从这里看出:该意见所指的"双师"素质,更多的是对校内专任教师而言的,核心是要求我们的学校专职教师(尤其是专业课教师)具有更多的实践能力与工程素养;而"双师"结构则针对学校所有教师(包括专职与兼职教师),要求示范性院校通过"从行业企业聘请既有理论知识又有丰富实践经验和动手能力的技术骨干",改善现有师资队伍的"双师"结构。显然,从这里再一次看出,从企业聘请兼职教师,是构建"双师型"教师队伍、改善"双师"结构的有效途径。

2006年11月16日,为落实《国务院关于大力发展职业教育的决定》,教育部出台了《教育部关于全面提高高等职业教育教学质量的若干意见》(教高〔2006〕16号),从深刻认识高等职业教育全面提高教学质量的重要性和紧迫性,加强素质教育、强化职业道德、明确培养目标,服务区域经济和社会发展、以就业为导向、加快专业改革与建设,加大课程建设与改革的力度,增强学生的职业能力,大力推行工学结合、突出实践能力培养、改革人才培养模式,校企合作、加强实训、实习基地建设,注重教师队伍的"双师"结构、改革人事分配和管理制度、加强专兼结合的专业教学团队建设,加强教学评估、完善教学质量保障体系,切实加强领导、规范管理、保证高等职业教育持续健康发展等9个方面,就全面提高高等职业教育教学质量做了部署。该意见要求高等职业院校"发挥行业企业和专业教学指导委员会的作用,加强专业教学标准建设""积极与行业企业合作开发课程,根据技术领域和职业岗位(群)的任职要求,参照相关的职业资格标准,改革课程体系和教学内容""与行业企业共同开发紧密结合生产实际的实训教材,并确保优质教材进课堂""增加专业教师中具有企业工作经历的教师比例,安排专业教师到企业顶岗实践,积累实际工作经历,提高实践教学能力。同时要大量聘请行业企业的专业人才和能工巧匠到学校担任兼职教师,逐步加大兼职教师的比例,逐步形成实践技能课程主要由具有相应高技能水平的兼职教师讲授的机制"。该意见把来自行业企业的兼职教师作为高等职业院校提高教育教学质量和人才培养水平的重要力量,将加强"专兼结合的专业教学团队"作为建设高职师资队伍的重要内容、全面提高高职院校教学质量的重要措施。针对高职教育对实践性的特殊要求,提出"由具有相应高技能水平的兼职教师担任实践技能课程的讲授"。该意见还提出"人才培养模式改革的重点是教学过程的实践性、开放性和职业性,实验、实训、实习是三个关键环节""引导建立企业接收高等职业院校学生实习的制度,加强学生的生产实习和社会实践,高等职业院校要保证在校生至少有半年时间到企业等用人单位顶岗实习。工学结合的本质是教育通过企业与社会需求紧密结合,高等职业院校要按照企业需要开展企业员工的职业培训,与企业合作开展应用研究和技术开发,使企业在分享学校资源优势的同时,参与学校的改革与发展,使学校在校企合作中创新人才培养模式""要紧密联系行业企业,厂校合作,不断改善实训、实习基地条件。要积极探索校内生产性实训基地建设的校企组合新模式,由学校提供场地和管理,企业提供设备、技术和师资支持,以企业为主组织实训;加强和推进校外顶岗实习力度,使校内生产性实训、校外顶岗实习比例逐步加大,提高学生的实际动手能力"。这些要求已经将校企间的合作内容做了很大的拓展,这也是现在提出的产教融合、校企合作的核心内容,能否将其落地落实的关键在人,从后续的工作推进看,企业兼职教师的桥梁作用十分重要。

2010年7月,《国家中长期教育改革和发展规划纲要(2010—2020年)》颁布。该纲要就职业教育改革发展明确了"实行工学结合、校企合作、顶岗实习的人才培养模式。坚持学校教育与职业培训并举,全日制与非全日制并重。制定职业学校基本办学标准。加强'双师型'教师队伍和实训基地建设,提升职业教育基础能力。建立健全技能型人才到职业学校从教的制度。完善符合职业教育特点的教师资格标准和专业技术职务(职称)评聘办法。建立健全职业教育质量保障体系,吸收企业参加教育质量评估"的办学方向,指出了技能人才到职业院校任教制度建设和企业参与职业教育质量评估的要求。

2010年7月,教育部、财政部联合下发了《关于进一步推进"国家示范性高等职业院校建设计划"实施工作的通知》(教高〔2010〕8号)。该通知作为推进"国家示范性高等职业院校建设计划",明确"新增100所左右骨干高职院校建设,推进地方政府完善政策、加大投入,创新办学体制机制,推进合作办学、合作育人、合作就业、合作发展,增强办学活力;以提高质量为核心,深化教育教学改革,优化专业结构,加强师资队伍建设,完善质量保障体系,提高人才培养质量和办学水平;深化内部管理运行机制改革,增强高职院校服务区域经济社会发展的能力,实现行业企业与高职院校相互促进,区域经济社会与高等职业教育和谐发展"。这就是人们常说的"骨干高职院校"建设计划。建设计划的第一条就是"校企合作体制机制建设",要求地方政府与行业企业共建高职院校,探索建立高职院校董事会或理事会,形成人才共育、过程共管、成果共享、责任共担的紧密型合作办学体制机制,发挥各自在产业规划、经费筹措、先进技术应用、兼职教师聘任(聘用)、实习实训基地建设和吸纳学生就业等方面的优势,促进校企深度合作,增强办学活力;深化内部人事管理制度改革,落实教师密切联系企业的责任,引导和激励教师主动为企业和社会服务,开展技术研发活动,促进科技成果转化,实现互利共赢。在师资队伍方面,要求提高专业教师"双师"素质,与企业联合培养专业教师,在三年建设期内,使具有"双师"素质的专业教师比例达到90%;加快"双师"结构专业教学团队建设,聘任(聘用)一批具有行业影响力的专家作为专业带头人,聘任(聘用)一批专业人才和能工巧匠作为兼职教师,在三年建设期内,使兼职教师承担的专业课学时比例达到50%。因此,有学者认为,与示范院校建设的要求相比,国家更加希望"骨干"院校在校企合作的长效体制机制创新方面有新的突破。该通知是继2010年《国家中长期教育改革和发展规划纲要(2010—2020年)》的延续和深化,对高质量的兼职教师队伍与其课时担任比重做出了数量上的规定,要求在三年建设期内,使兼职教师承担的专业课学时比例达到50%,而专业课承担比重增加是建立在高职院校兼职教师数量相应增加的基础之上的。

2010年11月,《教育部 财政部关于确定"国家示范性高等职业院校建设计划"骨干高职院校立项建设单位的通知》(教高函〔2010〕27号)下发,标志着100所骨干高职院校立项建设单位遴选工作已经完成。同时,该通知就校企合作和师资队伍建设再次提出"建设院校要建立校企合作长效运行机制,制定相关规章制度,解决企业参与教学、兼职教师聘任、教学内容更新、先进技术共享、实习实训基地建设和学生就业等问题;改革学校内部人事管理分配制度,引导和激励教师主动为企业和社会服务;教学系列专业技术职务评聘要安排一定比例给予企业兼职教师,教学研究项目、教学成果评审要安排一定比例给予企业兼职教师或合作企业参与申报""建设院校要与企业共同设计、共同实施、共同评价重点建设专业人才培养方案,制定具体制度实现校企协同管理,教学组织与实施要弹性、灵活,保障符合工学交替的要求,确保由企业兼职教师承担的专业课学时比例达到50%以上""要制定符合学校发展目标的师资队伍建设规划及具体实施方案。要将企业经历和实践锻炼要求纳入专任教师评聘、使用和激励政策,新进教师一般应具有2年以上企业工作经历;3年建设期内,确保专任专业教师的'双师'素质比例达到90%以上"。该通知在"兼职教师"前面增加了"企业"二字,进一步明晰高职院校兼职教师主要来自企业。显然,这些要求既是对教育部、财政部教高〔2010〕8号文的进一步强调,也说明在本轮骨干院校建设中,有关"校企合作""兼职教师"的内容非常重要。

在逐步发展阶段(2000—2010年),政策文件对兼职教师的要求主要聚焦于政策的鼓励、数量的增加、比例的提升上。自从1983年"兼职教师"概念被提出,兼职教师队伍建设一直未离开国家发展职业教育的政策视野。而从"学校可以聘请"到"企业要提供",从"广泛吸引和鼓励"到"制定政策和支持聘请"再到"大量聘请"和"逐步加大比例",关键词的一系列变化,意味着职业教育兼职教师队伍建设对高等职业教育的发展越来越重要。文件的内容从兼职教师概念的提出转向兼职教师内涵、职责及数量的要求,在10年左右的时间内密集出台了多个关于扩大兼职教师数量、提升兼职教师比例的政策文件,密度大、频率高。逐步发展阶段相关政策文件见表3.2。

表3.2 逐步发展阶段的主要政策文件及关于兼职教师的典型描述

文件名称及发文日期	文件中关于兼职教师的描述	关键用词
《教育部办公厅关于加强高等职业(高专)院校师资队伍建设的意见》(2002年2月21日)	兼职教师是指能够独立承担某一门专业课教学或实践教学任务、有较强实践能力或较高教学水平的校外专家。兼职教师主要应从企业及社会上的专家、高级技术人员和能工巧匠中聘请。要重视从企事业单位引进既有工作实践经验,又有较扎实理论基础的高级技术人员和管理人员充实教师队伍	独立承担、较强实践能力、充实教师队伍
《国务院关于大力推进职业教育改革与发展的决定》(2002年8月24日)	广泛吸引和鼓励企事业单位工程技术人员、管理人员和有特殊技能的人员到职业学校担任兼职教师,提高具有相关专业技术职务资格教师的比例	广泛吸引和鼓励、提高比例
《高职高专院校人才培养工作水平评估方案(试行)》(2004年4月27日)	兼职教师数占专业课与实践指导教师合计数之比不能低于10%;专业基础课和专业课中双师素质教师比达到50%	不能低于10%、双师素质、达到50%
《教育部 财政部关于实施国家示范性高等职业院校建设计划加快高等职业教育改革与发展的意见》(2006年11月3日)	聘请一批精通企业行业工作程序的技术骨干和能工巧匠兼职,促进高水平"双师"素质与"双师"结构教师队伍建设	精通工作程序、"双师"素质、"双师"结构
《教育部关于全面提高高等职业教育教学质量的若干意见》(2006年11月16日)	要增加专业教师中具有企业工作经历的教师比例;要大量聘请行业企业的专业人才和能工巧匠到学校担任兼职教师,逐步加大兼职教师的比例,逐步形成实践技能课程主要由具有相应高技能水平的兼职教师讲授的机制	增加、大量聘请、逐步加大、主要由
《国家中长期教育改革和发展规划纲要(2010—2020年)》(2010年7月29日)	建立健全技能型人才到职业学校从教的制度。建立健全职业教育质量保障体系,吸收企业参加教育质量评估	从教的制度、企业参加评估
《关于进一步推进"国家示范性高等职业院校建设计划"实施工作的通知》(2010年7月26日)	3年建设期内,使具有双师素质专业教师比例达到90%;使兼职教师承担的专业课学时比例达到50%	兼职教师、专业课学时比例达到50%

(续表)

文件名称及发文日期	文件中关于兼职教师的描述	关键用词
《教育部 财政部关于确定"国家示范性高等职业院校建设计划"骨干高职院校立项建设单位的通知》(2010年11月23日)	教学系列专业技术职务评聘要安排一定比例给予企业兼职教师,教学研究项目、教学成果评审要安排一定比例给予企业兼职教师或合作企业参与申报;确保由企业兼职教师承担的专业课学时比例达到50%以上	企业兼职教师

(三)不断完善阶段(2011—2014年)

随着上一阶段国家政策文件对兼职教师数量的关注,职业院校兼职教师数量得到了有力的补充。在行业竞争加剧和高职院校发展日益受到重视的社会背景下,相关政策文件对兼职教师的关注开始由数量层面上升至质量层面。

2011年11月,教育部与财政部联合发布了《教育部 财政部关于实施职业院校教师素质提高计划的意见》(教职成〔2011〕14号)。该意见要求地方政府制定关于兼职教师的相关管理办法,其内容可以涉及兼职教师的聘用、考核等相关环节,并强调加强对聘用工作的指导与检查。该意见可谓国家相关政策文件对兼职教师的关注方向由数量增加转向质量发展的标志性文件。如果说该意见是关注职业院校兼职教师质量发展的第一步,那么2012年3月出台的《教育部关于全面提高高等教育质量的若干意见》则是对兼职教师质量要求的进一步承接与发展。该意见强调要聘用具有丰富的相关专业实践经验、熟练掌握专业技术的兼职教师,要不断提高兼职教师教学质量与教学水平,同时,要进一步明确兼职教师对师资队伍的整体质量提升的意义。该意见将高质量兼职教师队伍视为助推职业院校教学质量提升的关键要素,同时也阐释了高职院校兼职教师队伍质量与高职院校发展同向同行的内在逻辑关系。此外,该意见对兼职教师的管理、考核评价、基本保障、工作环境等相关方面进行了详细说明,为提高职业院校兼职教师质量提出了明确途径,也为今后职业院校兼职教师队伍质量发展指明了方向。

鉴于高职院校兼职教师质量对高职院校自身发展与我国职业教育质量的重要影响,2012年8月,《国务院关于加强教师队伍建设的意见》(国发〔2012〕41号)出台,该意见就职业院校师资队伍建设提出了职业学校教师队伍建设以"双师型"教师为重点,完善"双师型"教师培养培训体系、健全技能型人才到职业学校从教制度的要求。在全面推行聘用制度和岗位管理制度的过程中,要求完善相关人事政策,鼓励职业学校和高等学校聘请企业管理人员、专业技术人员和高技能人才等担任专、兼职教师。

2012年12月,为了贯彻落实《国家中长期教育改革和发展规划纲要(2010—2020年)》《国务院关于大力发展职业教育的决定》(国发〔2005〕35号)和《国务院关于加强教师队伍建设的意见》(国发〔2012〕41号),进一步加强职业教育教师队伍建设,完善职业学校兼职教师聘用政策,强化职业教育实践教学环节,促进教师队伍结构优化,教育部、财政部、人力资源和社会保障部、国务院国有资产监督管理委员会等印发了《职业学校兼职教师管理办法》(教师〔2012〕14号)。这是我国首个有关职业学校兼职教师管理的专门文件。该办法从兼职教师的任职条件、聘请程序、组织管理及经费来源等方面做了明确要求,对兼职教师下了"是指受职业学校聘请,兼职担任特定专业课或者实习指导课教学任务的专业技术人员、高技能人才"的定义。兼职教师的任职条件"一般应为企事业单位在职人员。专业教学急需的也可聘请退休人员",除此之外,还应该符合以下基本条件:

(1) 具备良好的思想政治素质和职业道德,遵纪守法,热爱教育事业,身心健康。

(2) 具有较高的专业素养和技能水平,能够胜任教学工作。

(3) 一般应具有中级以上专业技术职称(职务)或高级工以上等级职业资格(职务),特殊情况也可聘请具有特殊技能,在相关行业中具有一定声誉的能工巧匠、非物质文化遗产国家和省级传承人。

(4) 初次聘请的退休人员,离开原工作岗位的时间原则上不超过2年,年龄一般不超过65周岁,特殊情况可据学校需要而定。

该办法在组织管理条目中要求,除通过对口合作的企事业单位选派兼职教师以外,职业学校还应与兼职教师签订工作协议。工作协议应明确双方的权利与义务,包括工作时间、工作方式、工作任务、工作报酬、劳动保护等内容。协议期限应根据教学安排和课程需要,经双方协商确定,一般不少于一学期。兼职教师为企事业单位在职人员,原所在单位和聘请兼职教师的职业学校应当分别为兼职教师缴纳工伤保险费。兼职教师在协议期内发生工伤,由兼职教师受到伤害时其工作的单位依法承担工伤保险责任。鼓励职业学校为兼职教师购买意外伤害保险。同时要求兼职教师遵守职业道德规范,严格执行职业学校教学管理制度,认真履行职责。职业学校要制定兼职教师评价标准,加强日常管理和考核评价,并将在职人员兼职任教情况及时反馈给其人事和劳动关系所在单位。职业学校应当为兼职教师创造良好的工作环境,鼓励、吸收兼职教师参加教学研究、专业建设和团队建设,支持兼职教师与专职教师联合进行企业技术攻关等。企事业单位应当支持具有实践经验的专业技术人员和高技能人才到职业学校兼职任教,尤其是事业单位应将兼职任教情况作为其考核评价的重要内容。

该办法具有较强的操作性。这些条件、要求的具体化,使院校在聘请、管理兼职教师时有据可依。

2014年6月23至24日,全国职业教育工作会议在北京召开。中共中央总书记、国家主席、中央军委主席习近平就加快职业教育发展做出重要指示。他强调:"职业教育是国民教育体系和人力资源开发的重要组成部分,是广大青年打开通往成功成才大门的重要途径,肩负着培养多样化人才、传承技术技能、促进就业创业的重要职责,必须高度重视、加快发展。要树立正确人才观,培育和践行社会主义核心价值观,着力提高人才培养质量,弘扬劳动光荣、技能宝贵、创造伟大的时代风尚,营造人人皆可成才、人人尽展其才的良好环境,努力培养数以亿计的高素质劳动者和技术技能人才。要牢牢把握服务发展、促进就业的办学方向,深化体制机制改革,创新各层次各类型职业教育模式,坚持产教融合、校企合作,坚持工学结合、知行合一,引导社会各界特别是行业企业积极支持职业教育,努力建设中国特色职业教育体系。要加大对农村地区、民族地区、贫困地区职业教育支持力度,努力让每个人都有人生出彩的机会。各级党委和政府要把加快发展现代职业教育摆在更加突出的位置,更好支持和帮助职业教育发展,为实现'两个一百年'奋斗目标和中华民族伟大复兴的中国梦提供坚实人才保障。"这就是人们常说的总书记关于职业教育的417个字的重要批示,至今仍作为职业教育改革发展的原则遵循。

中共中央政治局常委、国务院总理李克强在会前接见与会全体代表并讲话,强调要加快培养高素质劳动者和技能人才,为推动经济发展和保持比较充分就业提供支撑。他说,改革开放以来,我国职业教育取得长足发展,培养了大规模的技能人才,为经济发展、促进就业和改善民生做出了不可替代的贡献。职业教育大有可为,也应当大有作为。要把提高职业技能和培养职业精神高度融合,不仅要围绕技术进步、生产方式变革、社会公共服务要求和扶贫攻坚需要,培养大批怀有一技之长的劳动者,而且要让受教育者牢固树立敬业守信、精益求精等职业精神,让千千万万拥有较强动手和服务能力的人才进入劳动大军,使"中国制造"更多走向"优质制造""精品制造",使中国服务塑造新优势、迈上新台阶。要用改革的办法把职业教育办好做大。统筹发挥好政府和市场作用,既要加大政府支持,又要通过政府购买服务等方式,更多促进社会力量参与,形成多元化的职业教育发展格局。要走校企结合、产教融合、突出实战和应用的办学路子,依托企业、贴近需求,建设和加强教学实训基地,打造具有鲜明职教特点、教练型的师资队伍。各级党委和政府要采取各种措施,关心和帮助职业教育工作者,推动社会各方形成合力,让现代职业教育助推经济社会取得更大更好发展。

与此同时,作为全国职业教育工作会议的配套政策,《国务院关于加快发展现代职业教育的决定》(国发〔2014〕19号)正式下发。该决定要求"推动职业院校与行业企业共建技术工艺和产品开发中心、实验实训平台、技能大师工作室等,成为国家技术技能积累与创新的重要载体""落实教师企业实践制度。政府要支持学校按照有关规定自主聘请兼职教师。完善企业工程技术人员、高技能人才到职业院校担任专兼职教师的相关政策,兼职教师任教情况应作为其业绩考核评价的重要内容",将支持职业学校聘请工程技术人员、高技能人才来校任教作为政府的一项职责。全国职业教育工作会议的另一配套政策——由当时的教育部、国家发展改革委、财政部、人力资源社会保障部、原农业部和国务院扶贫办等六部门制定的《现代职业教育体系建设规划(2014—2020年)》也在会议期间颁布。该规划在关于完善"双师型"教师培养培训体系中明确要求"新增教师编制主要用于引进有实践经验的专业教师,到2020年,有实践经验的专兼职教师占专业教师总数的比例达到60%以上""改革职业院校用人制度。落实职业院校用人自主权,鼓励职业院校按照国家相关规定聘请企业管理人员、工程技术人员和能工巧匠担任专兼职教师。建立符合职业院校特点的教师绩效评价标准,绩效工资内部分配向'双师型'教师适当倾斜""依托高水平学校和大中型企业建立'双师型'职业教育师资培养基地。探索职业教育师资定向培养制度和'学历教育+企业实训'的培养办法""完善教师培训制度。建立职业院校教师轮训制度,促进职业院校教师专业化发展。建立一批职业教育教师实践企业基地,实行新任教师先实践、后上岗和教师定期实践制度,专业教师每两年专业实践的时间累计不少于两个月。鼓励职业院校教师加入行业协会组织"。该规划不仅对职业院校有实践经验的兼职教师提出了数量上"占专业教师总数的比例达到60%以上"的硬性要求,而且将有实践经验作为整个师资队伍建设的关键,当成职业教育改革发展的核心任务。

在不断完善阶段(2011—2014年),政策文件对高职院校兼职教师在继续强调数量要求的同时,提出了质量要求,相关政策文件重点始终聚焦于兼职教师的质量层面。不断完善阶段的政策文件见表3.3。

表3.3 不断完善阶段的主要政策文件及关于兼职教师的典型描述

文件名称及发文日期	文件中关于兼职教师的描述	关键用词
《教育部 财政部关于实施职业院校教师素质提高计划的意见》(2011年11月08日)	要求各省(区、市)制定兼职教师相关政策和管理办法,实行兼职教师资助项目公示制度	制定管理办法、资助项目公示制度
《关于全面提高高等教育质量的若干意见》(2012年3月16日)	进一步明确兼职教师对师资队伍整体质量提升与结构完善的价值	兼职教师整体质量提升
《国务院关于加强教师队伍建设的意见》(2012年9月07日)	鼓励职业学校和高等学校聘请企业管理人员、专业技术人员和高技能人才等担任专兼职教师	高技能人才、专兼职教师
《职业学校兼职教师管理办法》(2012年12月14日)	学校聘请兼职教师必须满足基本条件且应与兼职教师签订工作协议。协议应明确双方的权利与义务,包括工作时间、工作方式、工作任务、工作报酬、劳动保护等内容	基本条件、签订协议、权利与义务
《现代职业教育体系建设规划(2014—2020年)》(2014年6月16日)	新增教师编制主要用于引进有实践经验的专业教师;改革职业院校用人制度。落实职业院校用人自主权,鼓励职业院校按照国家相关规定聘请企业管理人员、工程技术人员和能工巧匠担任专兼职教师	新增教师编制、改革用人制度、担任专兼职教师
《国务院关于加快发展现代职业教育的决定》(2014年6月22日)	兼职教师任教情况应作为其业绩考核评价的重要内容	任教情况、考核评价

(四)体系构建阶段(2015年至今)

在新时代背景下职业教育发展迎来了全面提升阶段。在全国职业教育工作会议上,习近平总书记就加快发展职业教育做出重要指示:"更好支持和帮助职业教育发展,为实现'两个一百年'奋斗目标提供人才保障。"习近平总书记的重要指示标志着国家对职业教育的定位达到了一个前所未有的战略高度。在此背景下,有关兼职教师队伍建设的文件更着重于体系构建,兼职教师队伍的建设质量也迎来了全面提升阶段。

2015年,为贯彻落实《国务院关于加快发展现代职业教育的决定》,推动高等职业教育创新发展,教育部制定了《高等职业教育创新发展行动计划(2015—2018年)》(教职成〔2015〕年9号),对高等职业院校聘请来自企业的兼职教师的队伍建设、经费安排、培训要求、教科研合作、考核等做了详细规定。该行动计划的加强教师队伍建设条目,明确要求

"加强以专业技术人员和高技能人才为主,主要承担专业课程教学和实践教学任务的兼职教师队伍建设。支持专科高等职业院校按照有关规定自主聘请兼职教师,学校在编制年度预算时应统筹考虑经费安排;加强兼职教师的职业教育教学规律与教学方法培训;支持兼职教师或合作企业牵头教学研究项目、组织实施教学改革;把指导学生顶岗实习的企业技术人员纳入兼职教师管理范围。将企事业单位兼职教师任教情况作为个人业绩考核的重要内容。兼职教师数按每学年授课160学时为1名教师计算"。教育部首次在文件中把指导学生顶岗实习的企业技术人员纳入兼职教师管理范围,同时提出"充分发挥校园文化对职业精神养成的独特作用,推进优秀产业文化进教育、企业文化进校园、职业文化进课堂,将生态环保、绿色节能、循环经济等理念融入教育过程"。这是在全国职业教育工作会议后,对来自企业的兼职教师的工作所进行的全面系统的表述。

为了进一步打造一支高质量的高职院校兼职教师队伍,2016年教育部、财政部出台了《教育部 财政部关于实施职业院校教师素质提高计划(2017—2020年)的意见》,指出要积极推进企业与职业院校兼职教师的双向流通,建立企业人才到学校兼职任教常态化机制。该意见从政策层面明确了企业与高职院校建立兼职教师队伍的常态化机制,充分发挥拥有丰富实践经验的企业能工巧匠对高等职业院校专业发展的巨大推动作用,此外更加注重职业教育兼职教师队伍整体素质以及企业、兼职教师与院校双向互动。

2017年12月,《国务院办公厅关于深化产教融合的若干意见》(国办发〔2017〕95号)颁布,为解决"人才培养供给侧和产业需求侧在结构、质量、水平上还不能完全适应,'两张皮'问题仍然存在。深化产教融合,促进教育链、人才链与产业链、创新链有机衔接"问题,就"引企入教"提出了许多具体措施。该意见要求"将产教融合作为促进经济社会协调发展的重要举措,融入经济转型升级各环节,贯穿人才开发全过程,形成政府、企业、学校、行业、社会协同推进的工作格局""充分调动企业参与产教融合的积极性和主动性,强化政策引导,鼓励先行先试,促进供需对接和流程再造,构建校企合作长效机制""逐步提高行业企业参与办学程度,健全多元化办学体制,全面推行校企协同育人,用10年左右时间,教育和产业统筹融合、良性互动的发展格局总体形成,需求导向的人才培养模式健全完善,人才教育供给与产业需求重大结构性矛盾基本解决,职业教育、高等教育对经济发展和产业升级的贡献显著增强";在谈到"引企入教"改革时,要求"支持引导企业深度参与职业学校、高等学校教育教学改革,多种方式参与学校专业规划、教材开发、教学设计、课程设置、实习实训,促进企业需求融入人才培养环节。推行面向企业真实生产环境的任务式培养模式。职业学校新设专业原则上应有相关行业企业参与。鼓励企业依托或联合职业学校、高等学校设立产业学院和企业工作室、实验室、创新基地、实践基地";在有关产教融合师资队伍建设部分,提出"支持企业技术和管理人才到学校任教,鼓励有条件的地方探索产业教师(导师)特设岗位计划。探索符合职业教育和应用型高校特点的教师资格标准和专业技术职务(职称)评聘办法。允许职业学校和高等学校依法依规自主聘请兼职教师和确定兼职报酬。推动职业学校、应用型本科高校与大中型企业合作建设'双师型'教师培养培训基地。完善职业学校和高等学校教师实践假期制度,支持在职教师定期到企业实践锻炼"。该意见从多个方面明确了产教融合的内容,支持引导企业深度参与职业学校、高等学校教育教学改革,以多种方式参与学校专业规划、教材开发、教学设计、课程设置、实习实训,促进企业需求融入人才培养环节。要求职业学校新设专业原则上应有相关行业企业参与。鼓励企业依托或联合职业学校、高等学校设立产业学院和企业工作室、实验室、创新基地、实践基地。首次出现了"产业教师(导师)特设岗位"和"允许和鼓励高校向行业企业和社会培训机构购买创新创业、前沿技术课程和教学服务"提法。该意见就涉及的重点任务进行了分工,针对不同内容,明确了教育部、国家发展改革委、人力资源社会保障部、工业和信息化部、科技部及各省级人民政府各自负责的条款。

为进一步推进产教融合、校企合作工作,2018年2月,教育部等六部委出台了《职业学校校企合作促进办法》(教职成〔2018〕1号),明确了校企合作中的企业社会责任,就人才培养、技术创新、就业创业、社会服务、文化传承等合作内容提出了七个方面的要求。该办法的第二十三、二十四条明确"职业学校可在教职工总额中安排一定比例或者通过流动岗位等形式,用于面向社会和企业聘用经营管理人员、专业技术人员、高技能人才等担任兼职教师""开展校企合作企业中的经营管理人员、专业技术人员、高技能人才,具备职业学校相应岗位任职条件,经过职业学校认定和聘任,可担任专兼职教师,并享受相关待遇。上述企业人员在校企合作中取得的教育教学成果,可视同相应的技术或科研成果,按规定予以奖励",第一次提出了"流动岗位"和"经营管理人员"的概念,为职业院校开展产教融合、校企合作工作,特别是企业兼职教师聘用、管理提供了更加具体的政策支持。2018年2月11日,《教育部等五部门关于印发〈教师教育振兴行动计划(2018—2022年)〉的通知》提出"实施骨干培训者队伍建设工程,开展万名专兼职教师培训者培训能力提升专项培训"。该通知始终聚焦于兼职教师的质量提升,对兼职教师进行必要的培训是提升高职院校兼职教师教学质量的关键环节。

2019年1月,《国务院关于印发国家职业教育改革实施方案的通知》(国发〔2019〕4号)下发,标志着《国家职业教育改革实施方案》正式颁布。该方案肯定了职业教育培养高素质紧缺人才、推动经济发展的作用,进一步强调了高职院校在满足产业升级和经济结构调整过程中扮演的重要角色;面对新的时代和站在新的高度,规划了我国职业教育未来的发展方向,提出了"深化产教融合、校企合作,育训结合,健全多元化办学格局,推动企业深度参与协同育人,扶持鼓励企业和社会力量参与举办各类职业教育""引导行业企业深度参与技术技能人才培养培训,促进职业院校加强专业建设、深化课程改革、增强实训内容、提高师资水平,全面提升教育教学质量"要求,在谈到"双师型"教师队伍时要求"从2019年起,职业院校、应用型本科高校相关专业教师原则上从具有3年以上企业工作经历并具有高职以上学历的人员中公开招聘,特殊高技能人才(含具有高级工以上职业资格人员)可适当放宽学历要求,2020年起基本不再从应届毕业生中招聘""在职业院校实行高层次、高技能人才以直接考察的方式公开招聘。建立健全职业院校自主聘任兼职教师的办法,推动企业工程技术人员、高技能人才和职业院校教师双向流动""完善企业经营管理和技术人员与学校领导、骨干教师相互兼职兼薪制度"。由此看出,该方案就产教融合、校企合作,特别是关于职业院校师资队伍建设,也有明确要求和制度设计。

2019年4月,教育部、财政部联合下发了《教育部 财政部关于实施中国特色高水平高职学校和专业建设计划的意见》。该意见明确提出了要打造出数量充足、专兼结合、结构合理的高水平"双师"队伍,同时支持高职院校聘请行业企业领军人才、大师名匠兼职任教,经过长时期的实践培训,锻造出一批具有绝技绝艺的技能大师。该意见首次提出了完善高职院校兼职教师的研修体系,为兼职教师的发展提供了政策保障。此外,为了提升兼职教师的科研与教学能力,要求建立教师发展中心,注重提升兼职教师的质量。

同年,教育部等四部委为落实《国家职业教育改革实施方案》关于教师队伍建设的要求,印发了《深化新时代职业教育"双师型"教师队伍建设改革实施方案》(教师〔2019〕6号)。该方案开宗明义,认为教师队伍是发展职业教育的第一资源,是支撑新时代国家职业教育改革的关键力量。该方案指出:"与新时代国家职业教育改革的新要求相比,职业教育教师队伍还存在着数量不足、来源单一、校企双向流动不畅、结构性矛盾突出、管理体制机制不灵活、专业化水平偏低的问题,尤其是同时具备理论教学和实践教学能力的'双师型'教师和教学团队短缺,已成为制约职业教育改革发展的瓶颈"。该方案从教师培养补充、资格准入、培训发展、考核评价等方面提出12条举措,推进职业教育教师队伍建设。可见,职业教育教师队伍建设,特别是"双师型"教师队伍建设,在职业教育现代化背景下显得意义重大。该方案要求"建立健全职业院校自主聘任兼职教师的办法。设置一定比例的特聘岗位,畅通高层次技术技能人才兼职从教渠道,规范兼职教师管理。实施现代产业导师特聘岗位计划,建设标准统一、序列完整、专兼结合的实践导师队伍,推动形成'固定岗+流动岗'、双师结构与双师素质兼顾的专业教学团队"。"在标准要求、岗位设置、遴选聘任、专业发展、考核管理等方面综合施策,健全高技能人才到职业学校从教制度,聘请一大批企事业单位高技能人才、能工巧匠、非物质文化遗产传承人等到学校兼职任教。鼓励校企共建教师发展中心,在教师和员工培训、课程开发、实践教学、技术成果转化等方面开展深度合作"。该方案提出用"固定岗+流动岗"的形式,大力支持企事业单位高技能人才、能工巧匠、非物质文化遗产传承人等到学校兼职任教工作。

2020年9月,《教育部等九部门关于印发〈职业教育提质培优行动计划(2020—2023年)〉的通知》(教职成〔2020〕7号),在提升教师"双师"素质条目中提出"完善职业学校自主聘任兼职教师的办法,实施现代产业导师特聘计划,设置一定比例的特聘岗位,畅通行业企业高层次技术技能人才从教渠道,推动企业工程技术人员、高技能人才与职业学校教师双向流动"。

2020年10月,中共中央、国务院印发了《深化新时代教育评价改革总体方案》,在涉及关于职业学校的评价时,要求"重点评价职业学校(含技工院校)德技并修、产教融合、校企合作、育训结合、学生获取职业资格或职业技能等级证书、毕业生就业质量、'双师型'教师(含技工院校'一体化'教师)队伍建设等情况,扩大行业企业参与评价,引导培养高素质劳动者和技术技能人才",同样要求职业学校走产教融合、校企合作之路,重视"双师型"教师队伍建设。

在体系构建阶段,政策文件集中反映对高职院校兼职教师队伍质量提升的关注程度,从兼职教师实践经历、经费安排、培训要求、教科研合作、考核聘用等方面做出了详尽规定。该阶段相关政策文件更关注全局性、普遍性问题,是对前期政策文件内容的调适、补充与完善,形成了我国有关兼职教师队伍建设的政策文件体系。这一阶段的具体文件见表 3.4。

表 3.4 体系构建阶段的主要政策文件及关于兼职教师的典型描述

文件名称及发文日期	文件中关于兼职教师的描述	关键用词
《高等职业教育创新发展行动计划(2015—2018 年)》(2015 年 10 月 19 日)	对高等职业院校聘请来自企业的兼职教师的队伍建设、经费安排、培训要求、教科研合作、考核等做了详细规定;将指导学生顶岗实习的企业技术人员纳入兼职教师管理范围;兼职教师数按每学年授课 160 学时为 1 名教师计算	详细规定、指导顶岗实习、每学年授课 160 学时
《教育部 财政部关于实施职业院校教师素质提高计划(2017—2020 年)的意见》(2016 年 11 月 3 日)	设立兼职教师特聘岗,兼职教师每人每学期任教时间不少于 80 学时,建立企业人才到学校兼职任教常态化机制;注重兼职教师队伍整体素质以及企业与兼职教师双向互动	常态化机制、提升整体素质、双向互动
《国务院办公厅关于深化产教融合的若干意见》(2017 年 12 月 5 日)	支持企业技术和管理人才到学校任教,鼓励有条件的地方探索产业教师(导师)特设岗位计划。允许职业学校和高等学校依法依规自主聘请兼职教师和确定兼职报酬	产业教师(导师)特设岗位、兼职报酬
教育部等六部委《职业学校校企合作促进办法》(2018 年 2 月 5 日)	企业开展校企合作的情况应当纳入企业社会责任报告。可在教职工总额中安排一定比例或者通过流动岗位等形式,用于面向社会和企业聘用经营管理人员、专业技术人员、高技能人才等担任兼职教师。企业中的经营管理人员、专业技术人员、高技能人才,具备职业学校相应岗位任职条件,经过职业学校认定和聘任,可担任专兼职教师,并享受相关待遇	社会责任报告、流动岗位、享受相关待遇
《教师教育振兴行动计划(2018—2022 年)》(2018 年 2 月 11 日)	允许职业学校、高等学校依法依规自主聘请兼职教师,支持有条件的地方探索产业导师特设岗位计划;高校与企业采取双向挂职、兼职等方式,建立教师教育师资共同体;开展万名专兼职教师培训者培训能力提升专项培训	产业导师特设岗位、师资共同体、专项培训
《国务院关于印发国家职业教育改革实施方案的通知》(2019 年 1 月 24 日)	原则上从具有 3 年以上企业工作经历并具有高职以上学历的人员中公开招聘;基本不再从应届毕业生中招聘;建立健全职业院校自主聘任兼职教师的办法,推动企业工程技术人员、高技能人才和职业院校教师双向流动	3 年以上企业工作经历、不再从、自主聘任、双向流动
《教育部 财政部关于实施中国特色高水平高职学校和专业建设计划的意见》(2019 年 4 月 1 日)	打造出数量充足、专兼结合、结构合理的高水平双师队伍;完善高职院校兼职教师的研修体系;聘请行业企业领军人才、大师名匠兼职任教	数量充足、研修体系、领军人才、大师名匠

(续表)

文件名称及发文日期	文件中关于兼职教师的描述	关键用词
《深化新时代职业教育"双师型"教师队伍建设改革实施方案》（2019年8月30日）	畅通高层次技术技能人才兼职从教渠道，规范兼职教师管理。实施现代产业导师特聘岗位计划，建设标准统一、序列完整、专兼结合的实践导师队伍，推动形成"固定岗+流动岗"、双师结构与双师素质兼顾的专业教学团队。在标准要求、岗位设置、遴选聘任、专业发展、考核管理等方面综合施策，健全高技能人才到职业学校从教制度，聘请一大批企事业单位高技能人才、能工巧匠、非物质文化遗产传承人等到学校兼职任教	规范管理、特聘岗位计划、固定岗+流动岗、综合施策
《教育部等九部门关于印发〈职业教育提质培优行动计划（2020—2023年）〉的通知》（2020年9月16日）	完善职业学校自主聘任兼职教师的办法，实施现代产业导师特聘计划，设置一定比例的特聘岗位，畅通行业企业高层次技术技能人才从教渠道，推动企业工程技术人员、高技能人才与职业学校教师双向流动	产业导师、特聘岗位、双向流动
《深化新时代教育评价改革总体方案》（2020年10月13日）	重点评价职业学校德技并修、产教融合、校企合作、育训结合、学生获取职业资格或职业技能等级证书、毕业生就业质量、"双师型"教师队伍建设等情况，扩大行业企业参与评价	重点评价、"双师型"教师队伍建设

我国职业院校兼职教师资队伍建设从满足师资队伍的规模需求到对结构、质量、专业化能力建设与教师教育体系的强调，逐步探索出了一条具有中国特色的职业教育兼职教师师资队伍建设改革道路，为职业教育现代化发展提供了基本保障。通过回顾国家有关企业工程技术、高技能人才参与职业教育的文件发现：自1983年起的近40年中，为加强职业教育兼职教师队伍建设，国家以中共中央、国务院、原国家教委或教育部等名义发布了28个文件，其中中共中央、国务院联合下发的文件有6个，国务院下发的文件有5个，教育部与财政部等部委联合下发的文件有10个，原国家教委或教育部独立下发的文件有7个。从最初的"可以""吸收""支持""加强""大量""鼓励""必须"聘用兼职教师，直至将企业兼职教师作为办好职业教育的重要力量、主要力量和专业教师的主体组成部分，体现了职业教育的本质回归——向人传授某一职业的从业道德和工作技能。高等职业教育的根本任务是培养高素质技术技能人才。职业教育本质和高等职业教育的根本任务，决定了高等职业教育必须有企业界的参与才能完成。高等职业教育是跨越教育界和企业界的跨界教育，没有高质量的企业兼职教师参与的高等职业教育不可能是高质量的高等职业教育，也难以培养出高素质技术技能人才。无论是国际职业教育的成功经验还是我们几十年来的实践总结，无不证明产业、行业和企业技术、技能人才与能工巧匠参与职业教育的重要性与必要性。

二、我国兼职教师队伍建设的理论研究与具体实践

自1983年中共中央、国务院《关于加强和改革农村学校教育若干问题的通知》发布后,我国有关兼职教师及兼职教师队伍建设的研究从无到有、从少到多。特别是进入21世纪后,伴随着政策文件的出台和职业教育蓬勃发展的需要,有关研究数量越来越多,涉及的面越来越广。党的十九大报告对职业教育提出了"完善职业教育和培训体系,深化产教融合、校企合作"的要求。为响应十九大关于产教融合与校企合作方面的重要部署,自2017年起,国家层面的《关于深化产教融合的若干意见》《职业教育校企合作促进办法》《国家职业教育改革实施方案》等文件相继出台,进一步指明了高职院校兼职教师队伍建设的未来方向。产教融合已从概念构想进入行动实施。建立一支来源广泛、结构合理的兼职教师队伍,既是职业教育"双师型"师资建设面临的重点课题,也是高职院校增强核心竞争力的迫切需求。人们对兼职教师及兼职教师队伍建设的研究、兼职教师队伍建设的实践也随着政府政策、制度的出台而变得活跃,涌现了不少高质量的研究成果和富有成效的案例。

(一) 兼职教师队伍建设的理论研究

与世界发达国家相比,我国职业教育起步较迟,相应的有关职业院校兼职教师队伍建设的研究起步也较晚。在兼职教师队伍建设政策回眸中,我们已把相关政策按时序和主要特点划分为政策初始、逐步发展、不断完善和体系构建四个阶段。由于兼职教师队伍建设的研究与相关政策的出台具有高度的关联性,通过对知网1983—2020年有关"兼职教师队伍"文献的搜索,并对结果按时序进行分析,发现涉及"兼职教师队伍"的研究论文有450篇,主要发表在2006年之后,见表3.5。从表中看出,在考虑滞后性等因素的情况下,开展的研究与政策初始、逐步发展、不断完善、体系构建四个阶段基本吻合。因此,本书对有关兼职教师队伍建设的理论研究成果也同样按照上面的四个阶段进行介绍。

表3.5 1983—2020年"兼职教师队伍"研究文献数量与时间关系一览表

对应政策阶段	政策初始	逐步发展	不断完善	体系构建
时间范围	1983—1999年	2000—2010年	2011—2014年	2015—2020年
文献数量	17	131	146	165

1983年,中共中央、国务院在《关于加强和改革农村学校教育若干问题的通知》中,首次提出"兼职教师"概念。其背景是当时我国农村普遍实行了多种形式的农业生产责任制,农村经济迅速发展,传统农业向现代农业转化的进程加快,广大农民迫切要求掌握文化科学知识,出现了农村学校教师不足的问题。由于主要适用范围是农村基础教育学校(包含农业高中和农业职校),所以"兼职教师"的提法在当时并未引起教育界的广泛重视。1985年,中共中央在颁布的《关于教育体制改革的决定》中提出了"兼任教师"概念,只在

一些师资缺乏的学校得到关注。直到 1996 年我国《职业教育法》颁布,"兼职教师"才再次被提及。

1. 政策初始阶段(1983—1999 年)

这一阶段,有关"兼职教师队伍""兼职教师队伍建设"的研究成果不多,主要呈现两个特点:一是研究数量少,17 年时间里,总共只有 17 篇文章;二是研究的主角是电大、远程教育、培训组织等成人教育机构或本科院校,"兼职教师"的概念更多指向"外聘教师",研究的目的主要是解决师资(理论课)不足的问题。如 1989 年张光正发表在《现代哲学》上的《依靠社会办学　办学造福社会》一文认为,兼职教师队伍的组建目的主要是服务自学考试的学生。1990 年,罗明河发表在《现代远距离教育》上的《论电大兼职教师队伍的建设》,主要讨论的是通过建立兼职教师队伍服务电大教育教学工作,其制定和规范《兼职教师选聘审批制度》《兼职教师教学要求》《兼职教师酬金发放办法》等制度文件的观点,对其他院校兼职教师队伍的建设管理具有借鉴意义。但是,由于作者讨论的对象是电视大学,兼职教师队伍建设必须适应电视大学特殊的教学情形。1994 年,柳苞发表在《江苏高教》上的《建立常规的兼职教师队伍》,主要讨论的则是普通本科院校的兼职教师队伍建设问题。1995 年,由蔡永莲编译发表在《外国教育资料》上的《美国大学教师队伍新来源——迅速崛起的兼职教师队伍》,开始将美国高校正在崛起的兼职教师队伍的建设方法介绍到国内。文章介绍道:1989 年,美国四年制大学的教师 27％是兼职教师,私立大学为 21％,两年制的社区学院可达 50％～60％。美国兼职教师主要有四个来源:一是医科专家、各领域专业人员和专家。这类兼职教师超过一半在其他地方有专职工作,是典型的出于兴趣而非经济原因从事教学的人群,也可能是受院长或系主任之邀。二是"老当益壮者"(Career Enders)。他们已达退休年龄,有丰富的专业实践或教学实践能力,把在大学从事教学视为一种保持脑力活动的方式。三是"自由骑兵"(Free Lancers)式的人。他们通常把做兼职教师作为实现需要较强适应性的事业和生活目标的一种方式,他们可能还有其他的工作或事情,从事教师教育活动是一个"兼职"性工作。四是青年学者。他们大多数是一些刚获得学位的博士或在读博士(包括一些想靠做兼职教师的收入来完成博士论文的博士学位攻读者)。这一类人与国内的出来做外聘教师的在读硕士、博士研究生相似。伴随着国家对外开放政策的实施与国际合作交流的加强,国内学者对国外高校兼职教师的研究逐渐变多。然而,初期的这类研究所关注的普通高校"兼职教师",与我们研究的职业院校兼职教师存在一定的差异。

2. 政策逐步发展阶段(2000—2010 年)

知网收录的这一阶段涉及兼职教师队伍的论文共有 131 篇。显然,这一时期相关文献开始增多,同时出现了针对职业院校兼职教师队伍建设的研究成果。2001 年 12 月,唐锡海在《南宁职业技术学院学报》上发表的《谈高等职业教育兼职教师管理》一文,是我国最早研究高职院校兼职教师的论文,揭开了国内高职院校"兼职教师"这一主题研究的序幕。文章提出,保持一定比例的兼职教师是高等职业教育的特色,也是发展高等职业教育的既定方针。作者在论述聘请兼职教师具有解决师资不足问题、改善师资结构、提高教学质量、加强学校与社会联系、深化产学合作、推动教学改革和提高办学效益等意义后,结合当时降格以求、比例失当、监控盲点、缺乏培训、资源开发、激励机制等兼职教师聘请问题,提出了做好规划、强化培训、严把入口、教学督导、信息反馈、服务保障、相互沟通和建立激励机制与聘用机制等措施。当然,由于当时的兼职教师主要来源于"普通高校和产学合作企业",文章很少提及企业作用的发挥及兼职教师实践能力的要求,主要还是把研究对象定位为上课(理论课),也就是从事课堂教学活动的兼职教师,没有把"兼职教师"与"外聘教师"区分开来。吴兴伟、高峰发表在《理论界》2003年第1期上的《高职院校兼职教师队伍建设方法的研究》,算是系统研究高职院校"兼职教师队伍"的第一篇论文。文章从师资队伍建设的高度就兼职教师队伍建设工作进行了研究,提出高职院校在加强专任教师队伍建设的同时,也要重视兼职教师队伍建设,使兼职教师队伍建设工作从聘任到管理走上制度化、规范化轨道,力争尽快建成一支理论水平较高、实践能力较强、结构合理、比例适当、相对稳定的兼职教师队伍。文章就兼职教师的聘任条件做了如下表述:"首先,兼职教师应热衷于高职教育教学工作,比较熟悉教育教学工作的规律、特点,身体状况良好。其次,兼职教师的年龄、学历、职称及工作岗位要符合要求,同时,还要具有较高的业务水平和丰富的现场经验,并具备以下工作能力:承担理论教学、指导学生实习和毕业设计;参加试验、实习基地的规划和建设;参加学校科研、教研和技术开发;编写和审定专业课讲义;修改和制定专业教学计划等。"从这里看出,作者注意到了兼职教师队伍建设的规范化,提出了制定规划、营造氛围、制定条件、加强考核等方案,对当时职业院校兼职教师队伍建设具有一定的参考价值。但是,作者尚未明确其来源主要是企业行业的高技术技能人才、工作内容主要是强化实践技能指导,因此在对兼职教师的任职条件进行表述时出现条件过于宽泛、指向不够明确的问题。从所承担的工作任务来看,兼职教师几乎被要求是"全能型"的,显然在实际操作时难以实现。

2004年,梁瑞升、姚少怀发表在《宁波职业技术学院学报》上的《我国职业院校兼职教师队伍建设存在的问题及对策》,指出了当时兼职教师队伍建设中存在的"片面追求高学历、片面追求低报酬、忽视实训教师聘任"等问题,提出了"加强对兼职教师重要性的宣传、改善兼职教师待遇、依托企业来打造兼职教师人才库、畅通兼职教师流动渠道、加强对兼职教师的管理"等对策。作者关注到了职业院校兼职教师的重要任务是"实训"指导,同时意识到了企业在兼职教师队伍打造中的作用,提出要"把企业当作职教师资的蓄水池"。文章认为,"职业院校的教师远离生产一线(不熟悉生产一线的实际情况,缺乏必要的实践能力),这就必然造成教学缺乏实践性的困境,因而培养出来的学生就会缺乏必要的实践能力"。要走出困境,就要"面向社会招聘学校所需的兼职教师,这样一来既能增强职业院校办学的灵活性和社会适应性,又因大部分教师来自企业界、熟悉生产一线、掌握生产一线的最新技术且具有较强的实践能力,因而能更好地体现职业教育的职业性和实践性,从而有利于提高职业教育的质量"。2006年,李开勤、秦定龙、蔡燕生、迟双玲发表在《四川水利发电》上的《高职院校兼职教师队伍的建设与管理的研究》一文,从"一个工作团队,如果是清一色的单一职业能力组成的人员,那么这个企业或高职院校的综合业务能力不可能提高许多",以及从高校新引进毕业生到职业院校任教存在"没有经过严格的岗位培训,也没有教学经验,从环境变化上是从学校到学校,从理论接触上是从书本到书本,实践经验严重不足,动手能力上也不一定熟练"等方面,强调了兼职教师队伍建设的重要性,并提出从业务素质、人事档案、工资待遇、招聘程序、教学工程、聘用辞退等方面,规范兼职教师队伍的管理。如在人事档案管理方面,作者建议将兼职教师的"应聘材料、考核录用记录、毕业证、学位证、职称证、教师资格证、本人身份证、最高荣誉证、相应的职业资格证和健康证等复印件"及"各种表格、奖惩记录、任命通知等的原件及复印件、每学期部门考核鉴定表、工资及岗位变更情况"等存入学校的个人人事档案;同时在教学管理中要求做到规范学期授课计划的编写,规范课时授课计划(即教案)的编写,规范教师备课和上课制度,规范作业批改和辅导制度,规范试验和实习指导,规范期末复习、出题、考试和成绩的评定等。

这一阶段,《教育部办公厅关于加强高等职业(高专)院校师资队伍建设的意见》(2002年2月21日)和《国务院关于大力推进职业教育改革与发展的决定》(2002年8月24日)等国家层面的政策文件相继出台,很好地引导了高职院校兼职教师队伍建设,也为研究"兼职教师队伍"提供了更多的政策引领,兼职教师队伍建设工作更加规范。2007年,毛才盛发表在《中国高教研究》上的《高职院校兼职教师队伍建设的对策思考》一文,通过对浙江省部分高职院校兼职教师队伍建设的现状进行调查分析发现:2006年,浙江省独立设置的45所高职院校拥有兼职教师2 877人,专任教师与兼职教师之比为4.28∶1,其中理论课兼职教师1 564人,实践课兼职教师1 313人,两者之比为1.19∶1。在对5所高职院校的进一步调查中发现,在426名兼职教师中,有329名来自企业,还有近百名来自普通高校和科研院所。显然,当时高职院校对"兼职教师"与"外聘教师"的概念并未厘清,不少高职院校聘请兼职教师没有做到"从企业的实践岗位上聘请一定数量的技术骨干来承担实践课教学,从而加强高职院校的实践教学环节,提高实践教学质量"。文章提出,为使兼职教师队伍建设真正达到提升高职教育水平的目标,需要从完善聘用制度、实施培训制度、建立激励机制、构建保障体系等方面开展工作。"各级教育部门应设立专门机构,对到高职院校任教的兼职教师资格给予认定,经考核合格者发放资格证书";"兼职教师的薪酬应该与专任教师的薪酬一样由财政给予制度上的保障,将高职院校'自费'聘请兼职教师转变为财政支持学校聘请兼职教师";等等。作者的建议具有一定的前瞻性。2009年,廖钦初发表在《教育与职业》上的《高职院校兼职教师队伍建设探析》一文,就兼职教师队伍建设提出的观点有:建立兼职教师信息管理平台,做好兼职教师资源库,开发具有基本档案管理、业务过程控制、培训进修、绩效考核等功能的兼职教师信息管理平台;打破学校原有的管理模式,在兼职教师选拔、业务管理、质量监控、培训开发和考核激励等方面创新管理机制(包括聘用有真才实学的兼职教师担任专业教研室主任,实行兼职教师"教前培训"制度,定期对兼职教师的业务能力和业绩水平进行综合考核,学生到校外顶岗实习期间实行"双导师"制等),提升企业兼职教师对"兼职"岗位的认同感。

2009年,江西师范大学胡晶晶的硕士学位论文《江西高职院校兼职教师队伍建设研究》,把江西高职院校兼职教师队伍作为研究对象,以兼职教师队伍建设现状为现实基础,对兼职教师队伍建设进行可行性分析,借鉴国内示范性高职院校兼职教师队伍建设经验,就江西高职院校兼职教师队伍建设提出了意见和建议。作者认为,高职院校兼职教师对高职教育教学、实践指导、学校发展等方面都起着不可替代的作用,对促进高等职业教育发展起着至关重要的作用,是高等职业教育培养目标实现的重要保证。作者的观点主要包括:一是从行业、企业聘请技术专家和能工巧匠担任兼职教师,让他们承担起专业理论及实践指导课程的教学任务,将行业、企业中的最新技术、最新知识注入教学中,能缩小学校"学"与岗位"做"的差距,使毕业生"零距离"上岗,增强就业竞争力。二是来自企业的兼职教师将有利于改善高职院校教师队伍结构,提高"双师型"教师所占比例。目前有不少高校毕业生直接从事高职教育工作,这种师资现状造成了我国职业教育普遍存在的重理论、轻实践,重知识传授、轻能力培养和知识应用的倾向,有悖于职业教育培养生产、管理、服务一线的技能型、技术型人才这一目标。从加强高职教育师资队伍建设、提高师资队伍整体素质和高职人才培养质量的角度,建立一支适应并满足高职教育要求的兼职教师队伍十分必要。利用校企联合,通过聘请生产服务一线的实践经验丰富又能胜任教学任务的专家、技术能手、能工巧匠来院校担任兼职教师,是"双师型"教师队伍建设的有效途径。三是更多地引进企业兼职教师,有利于密切校企合作关系。从生产、建设、管理、服务一线中聘请专家、高级技术人员和能工巧匠担任兼职教师,这种聘任关系大多是建立在产教融合、校企合作基础之上的。这种特殊身份使得兼职教师成了学校与社会、市场、企业之间的"纽带",有利于促进学校与企业、市场的联系和交流。作者在借鉴国内示范、骨干高职院校兼职教师队伍建设经验的基础上,提出了江西高职院校加强兼职教师队伍建设的对策,主要包括:提高社会对兼职教师的认识,提高校内师生对兼职教师的认识,提高兼职教师对自身的认识,出台兼职教师相关法律和政策,提高兼职教师待遇,成立兼职教师行业协会,建立兼职教师人才信息库,重视兼职教师队伍建设科学规划及制定兼职教师相关制度(包括遴选制度、教学管理制度、教学评价制度、激励制度)等。

王丽华、邹吉权 2010 年发表在《中国职业技术教育》上的《高职院校兼职教师队伍建设路径与高效管理的探索》一文,在对第一批国家示范性高等职业院校专兼职教师队伍情况进行统计分析后发现,截至 2009 年,第一批国家示范性高等职业院校兼职教师人数已占到总人数的 43.9%,且中高级职称兼职教师的比例也较高(分别为 42.7%、44.5%),说明无论是数量还是质量,第一批国家示范性高等职业院校在兼职教师队伍建设工作方面起到了较好的示范作用。通过调研也发现:在政府方面"对高职院校兼职教师的配套制度也基本处于空白",导致高职院校对兼职教师的聘请与管理无法从政府的政策层面上获得依据。在企业层面,兼职教师大多是企业中实践经验丰富的名师专家、高级技术人员及能工巧匠,均为企业的技术骨干。这类人员外出兼职,会给企业的生产、经营或多或少带来影响。而且更重要的是,因商业或技术秘密等原因,企业会限制或不鼓励技术人员到外单位兼职。学校将聘请兼职教师看成一种临时的短期需要,没有从专业建设和整个师资队伍建设的高度进行规划设计,对兼职教师关心不够,课酬也不高,使兼职教师既无动力也无压力,归属感不强,影响教学质量的提高。兼职教师过去没有从事教育教学工作的经历,缺乏必要的教育理论知识和教学基本功,驾驭课堂的教学能力相对较弱,对学生的学习心理缺乏深入了解,与学生的沟通也较少,不能充分调动学生学习积极性,反过来说,教学效果不佳也挫伤兼职教师的工作积极性。作者对于上述问题提出了一些建议:在人员编制上留出"编制活口",保证兼职教师的工资待遇;在人才资源上政府建库,实现更高层次的人才共享;在人才经费保障上,国家支持,参照中职教育的兼职教师聘用方法。职业院校充分利用已有的校企合作资源,以基地为平台,以校企之间良好的合作关系为依托,从合作企业聘请专业技术人员担任兼职教师,有利于兼职教师队伍的发展。校企共同参与兼职教师的聘用管理,一方面可以使兼职教师的兼职行为得到企业的认可和支持,保证兼职教师的教学时间和质量;另一方面能根据学校需要从企业骨干中选取优秀人员,成为稳定的兼职教师来源。在与企业合作的基本框架内,加入兼职教师派遣的内容,使兼职教师来校兼职成为组织行为,可解决兼职教师的后顾之忧,减轻其心理压力。此外,兼职教师在与学校形成合作契约关系之后,定期来校授课或在企业内为学生进行实践指导,可以成为学校与企业之间沟通的桥梁,切实加强校企合作、工学结合。同时,学校应强化专兼融合工作,充分发挥专职教师的积极性,帮助兼职教师进行必要的教育理论培训,提高教学技能,促进兼职教师教学水平的提高。专职教师可以利用与兼职教师合作的机会,学习书本上没有的专业知识和解决实际问题的方法思路,提高业务能力和学识水平。这既是对专职教师的一种培训形式,又是张扬兼职教师优势的一个机会,能够很好地解决专、兼师资队伍融合问题。

3. 政策不断完善阶段(2011—2014年)

政策不断完善阶段属于高职院校兼职教师队伍研究的活跃时期,4年共有146篇研究文献,平均每年研究文献超过30篇。一方面,第一批国家示范性高等职业院校建设验收顺利结束,有不少经验值得总结;另一方面,100所国家骨干(示范)性高等职业院校建设启动,而国家骨干(示范)性高等职业院校建设特别关注"校企合作长效机制"及"企业兼职教师"等内容,吸引了不少学者和教师对兼职教师队伍问题进行深入研究。

徐冬梅、黄教珍发表于《职教论坛》2011年第13期的《高职院校兼职教师队伍建设策略分析》一文,在结合国家文件和学校实际分析了高职院校对兼职教师的基本要求后,针对"兼职教师由于没有接受过系统的教师职业培训,对于教育科学和高职教育理论缺乏系统的研习,致使教学经验不足,驾驭课堂的教学能力相对较弱,与学生的沟通也较少,缺乏对学生学习心理的了解,不能很好地调动学生的学习积极性,一定程度上影响了教学效果"的现状,提出了加强兼职教师"师范素质"培养的建议:"一是师德的培养。教师的世界观、人生观、价值观、道德修养和精神面貌是教师德才一致的表现,是教师整体素质的核心。二是教育思想的培养。主要包括现代教育思想、教育理念、教育心理和教育规律等。三是教育技术的培养。具体包括帮助教师建立科学的培养方案,合理处理教学内容和采用先进的教学方法、教学技术等。"具体实施时可以分两方面进行:一方面,加强岗前培训,也就是在兼职教师上岗之前,对他们进行一些"师范素质"的培训,使他们初步掌握部分教育理论、教学方法和教学手段,对高职教育的发展规律和高职院校学生的学习特点有所了解。另一方面,注重继续教育,在保持兼职教师队伍基本稳定的基础上,在教学过程中不断修正兼职教师的不良做法,组织兼职教师不定期参加专职教师的教研活动、观摩公开课等,使兼职教师逐步树立正确的高职教育人才观、质量观和教学观。

杨彩莲、蔡慧孟发表在《职业教育研究》上的《基于校企合作的高职院校兼职教师队伍建设》一文,在分析了兼职教师队伍存在聘任和管理制度不健全、稳定性差、教学质量不高、考核评价体系不全等现状后,提出了"政府部门应积极引导、鼓励和采取必要的扶持措施,保证校企合作持续、健康发展;应出台职业教育校企合作法规,明确企业、高职院校在校企合作中的权利与义务;要规定选派专业技术人员到高职院校兼职、接纳高职院校教师进企业实践并安排指导人员,是企业应履行的社会责任;应设立职业教育校企合作发展专项资金,对在校企合作中做出贡献、为高职院校提供优秀兼职教师的企业给予表彰奖励,实行减免税收等优惠;应明确政府各部门促进职业教育校企合作的工作职责,从而有效促进校企合作"的建议,并提出了高职院校"双师结构"教学团队由专职教师和兼职教师组成,通过专兼职教师共同发展,整体推进,切实提升教师队伍的"双师"素质和"双师"结构比例,提高高职人才培养质量。

查吉德发表于《中国职业技术教育》2012 年第 15 期的《职业院校兼职教师队伍建设的四个问题》,通过对职业教育兼职教师队伍建设中的目的、概念、资格与管理四个问题的讨论,列举了当时在上述四个方面存在的不足,站在兼职教师队伍建设的根本目的——"提高人才培养质量"这一起点,对上述四个问题进行了梳理。首先,作者认为,虽然兼职教师队伍建设的直接目的是缓解职教教师数量不足和质量不高的双重矛盾,但其内在的根本目的则是提高人才培养质量。加强兼职教师队伍建设是由职业教育的特点所决定的,是职业人才培养的客观要求,应被视为一种长期的战略行为。职业教育旨在为专门的职业或职业资格做准备,要求其人才培养工作更具开放性,适应社会经济发展要求,满足用人单位的人才需求。但学校教育总是存在难以克服的滞后性弱点,加强兼职教师队伍建设有助于克服学校教育的滞后性,通过聘请行业企业的技术、管理专家到学校做兼职教师可以为职业院校人才培养工作带来化学效应。一是兼职教师可以通过他们的教学活动,直接将社会经济领域最新的知识和技能传授给学生,将最新的信息传递给学生;二是兼职教师可以成为校企合作的桥梁,学校可以通过他们与相关行业或企业建立良性的合作机制;三是兼职教师可以成为学校变革的推动力,使得学校的人才培养工作及时根据职业市场变化进行改革;四是兼职教师可以推动职教教师文化建设,改变过去以学术话语为中心的封闭的教师文化系统,形成学校学术话语与企业市场话语相互融通的开放的文化系统。院校在兼职教师队伍建设中"必须克服短期行为的思想,既要关注兼职教师队伍建设的现实的直接目的,更要看到内在的根本目的,切实从提高人才培养质量出发,根据职业人才培养的特点与规律系统规划并做好兼职教师队伍建设工作"。其次,作者列举了政策文本、学术论文和职业院校实际操作有关"兼职教师"概念的差异,从工作时间、人事管理两个维度,通过"兼职教师"与"全职教师""终身制教师""在编教师"的对比,认为兼职教师概念的泛化将"导致职业院校兼职教师队伍建设缺乏针对性,难以发挥兼职教师在职业人才培养中的独特功能",建议按照狭义定义把兼职教师的概念界定为:职业院校从保证人才培养质量这一根本目的出发,在特定师资条件下,从企业及社会上的专家、高技能人员和能工巧匠中聘请的、承担不少于一门专业课或实习(实训)指导课教学任务的人员。这一定义既没有超出国家政策的范畴,又对职业院校的具体实施具备指导价值。作者认为,兼职教师的资格是队伍建设的质量保证,国家出台的各类文件没有对于兼职教师提出资格准入要求或只是提出了原则性要求，并没有具体的资格标准。在兼职教师概念泛化、来源非常广泛的情况下，没有资格准入制度保证兼职教师"入口"质量，兼职教师队伍整体质量难以得到保证。作者呼吁政府"急需要制定职教兼职教师资格标准，实施兼职教师职业准入制度，规范兼职教师聘任行为"，在确保兼职教师"入口"质量的同时，提高兼职教师对"教师"身份的认同感，增强责任心，由此提高兼职教师队伍质量，使兼职教师在职业人才培养中发挥全职教师不可替代的重要作用。作者认为，高职院校兼职教师"管理制度滞后于数量的发展"，不论是《教师法》还是《职业教育法》或《高等教育法》均没有对兼职教师的法律地位予以确认，聘用兼职教师虽是政策鼓励的合法行为，但被聘的兼职教师到底应具有什么样的权利、责任和义务并不明确。"兼职"往往只是一种个人行为，得不到组织的支持，甚至被视为"不务正业"。有些学校对兼职教师是"聘"而不是"养"，有些兼职教师也只把自己当成聘用学校的"过客"，对学校教师文化的影响非常有限，没能起到学校与企业之间的桥梁作用，作为职业院校的人力资源未被有效开发，在职业人才培养中的独特作用并不明显。作者对政府提出三点建议：一是建立并实施兼职教师资格制度，既对兼职教师应具备的任职条件做出强制性规定，以确保兼职教师的"入口"质量，又对兼职教师的法律地位予以确认（包括兼职教师资格带来的可预期的社会声誉、专业地位和经济利益），以提高兼职教师职业的吸引力；二是制定并实施校企合作促进法，明确企业在职业教育中的责任，使企业的专业技术人才在职业学校兼职由个人行为变为组织行为，获得组织的认同，具有合法性；三是完善劳动人事制度，为人员合理流动创造条件，方便企业的专业技术人员到职业学校任兼职教师。同时建议职业院校在内部制度建设方面完善兼职教师聘用、人事分配、考核激励等制度，使兼职教师真正成为高职院校高技能人才培养的重要力量。

2013年，巢新冬、刘桂林、陈海忠发表在《高等职业教育》上的《群体动力理论视阈下高职兼职教师队伍建设研究》，应用群体动力理论，认为高职兼职教师队伍建设必须在注重个体"场域"行为研究的同时，加强兼职教师群体（场）建设。其主要策略是改善兼职教师群体组织，健全兼职教师群体规范，优化兼职教师群体结构，凝聚兼职教师群体力量。其具体举措是建立健全兼职教师治理机制和评聘机制，培育兼职教师文化，构建一个和谐的充满正能量的兼职教师群体——"场"，通过"场"的"磁力（各种群体动力）"作用磁化"场"中的"粒子（兼职教师个体）"，实现调动高职院校兼职教师从事高职教育的积极性、主动性和创造性，提升其专业行为能力与教学品质。

华东师范大学教育科学学院职业教育与成人教育研究所2014届研究生谢俊华的硕士学位论文《高职院校兼职教师队伍管理问题及对策研究——以上海市为例》，从兼职教师的招聘、使用、考核、培训与激励5个维度，分析了当时国内兼职教师队伍管理存在的问题，在归纳总结国内部分示范性高职院校在兼职教师队伍建设、管理上的成功做法与经验的基础上，就后续兼职教师队伍的聘任、教学管理及考核激励等提出了政策建议。作者认为，在政府层面，要完善相关法律，明确兼职教师的地位和兼职教师费用政策，出台政策或者法律，保护其合法地位，改变兼职教师"二等教师"身份现状。相关部门对兼职教师拨出的专项经费，专门用于解决兼职教师聘用费用问题，明确规定该费用的具体操作条款。在构建校企合作氛围方面,政府部门的行政权力始终是职业教育发展的强大助推器,需要做出一定的制度规定,提升企业参与校企合作的积极性。就院校而言,作者认为,高职院校作为兼职教师队伍管理的主体,应该做到以下5点:一是构建严格的兼职教师聘任制度,通过制定规划、明确条件、规范程序、拓宽渠道等将兼职教师的聘任制度规范化。二是规范教学管理,院校应该对教学的各个环节均作出明确的规定,可以根据各院系专业的特点,对于兼职教师教学管理的课前、课中、课后3个环节做出明确的管理规定(课前如教学内容、教学计划、教案以及教学课件,课中如课堂纪律、学生课堂参与度,课后如课后辅导、作业批改、试卷批改)。教学管理条目的明细化,可使得兼职教师依据管理要求开展工作,有章可依。三是完善兼职教师考核评价制度,考核指标主要有兼职教师的职业道德水平、教学方法、教学质量等,考核目的是了解兼职教师教学上的优缺点,提出改进的建议,使兼职教师教学目标与院系的教学目标保持一致,提高兼职教师的整体教学水平。四是构建兼职教师培养培训体系,邀请兼职教师参加每周或每月的教师研讨会,使兼职教师与专任教师相互认识、了解,相互讨论教学上的难点、疑惑点,相互取长补短、相互促进、共同进步;也可根据每位兼职教师的具体情况,对他们提供短期的职前培训,培训内容可包括教学方法和技巧(如如何开展课堂教学,如何使用计算机、多媒体等辅助教具制作课件,授课技巧)。五是建立兼职教师有效的激励机制,除提高兼职教师待遇、建立分层次激励机制外,还要"以满足激励对象的需求为基本出发点",给予兼职教师一定的误餐补贴、交通补贴等福利,为兼职教师提供休息室、电脑等办公条件,给兼职教师安排课程时尽量兼顾到其本职工作特点,增加人文关怀,提高兼职教师的归属感。

4. 政策体系构建阶段(2015—2020年)

30多年来,研究界在兼职教师队伍建设对高等职业教育的重要性上达成共识。经过高职院校多年的实践,已经积累了一些兼职教师队伍建设的成功案例。体系构建阶段的研究成果较为丰富,且呈现出以管理理论作为指导的特征,聚焦于对关于兼职教师队伍建设的政策体系构建与管理制度的系统化思考,更多地关注政府、高职院校、企业、兼职教师等多方共同参与。这一阶段的另一特点是,不少知名高校教授开始较多关注兼职教师队伍建设,并指导研究生进行有关兼职教师队伍建设问题的专题研究,很好地推动了职业院校兼职教师队伍建设研究工作的深化。

牛伟、俞坦、胡玮发表于《湖北函授大学学报》2017年第1期的《苏州高博软件技术职业学院兼职教师队伍建设探究》,在介绍作为一所地处经济发达地区的民办高职院校在兼职教师队伍建设方面开展的工作和存在的不足时,指出企业(尤其是外资企业)中高级技术职称/职务由企业内定,并不一定参加省市级甚至国家级职称评审,在外聘教师任职条件审定时如果只简单地看被聘人员所填表格或资质复印件,很难区分这个企业自定职称/职务的含金量。另外,即使地处苏州,民办高职院校也会遇到诸如会计等专业的外聘教师很难请到的情况,如果机械地按照2012年教育部《职业学校兼职教师管理办法》规定的"一般应具有中级以上专业技术职称(职务)或高级工以上等级职业资格(职务)"的条件执行,兼职教师队伍建设任务则很难完成。应该根据《职业学校兼职教师管理办法》提到的"特殊情况也可聘请具有特殊技能,在相关行业中具有一定声誉的能工巧匠、非物质文化遗产国家和省级传承人"操作。实际上,许多企业的员工职称/职务评聘并不规范,而对于学校而言,关键是找到"专业技术水平过硬,实践操作能力强"的人才。作者就进一步做好兼职教师队伍建设工作,提出了一套健全兼职教师的准入机制:一是通过组织笔试和面试,测试应聘人员的基础知识、专业技术水平、语言组织及表达能力、师德师风情况等;二是建立专门的管理制度,建立由校、院(系)和教研室组成的三级管理体系,各负其责,既包括聘用的管理,也包括使用过程中及结束后的考核管理;三是要建立激励机制,给予能力强、贡献大、师生评价好、专业急需的兼职教师优厚的待遇,做到多劳多得、优劳优酬,并在此基础上,设立其他物质奖励(如绩效奖金)和精神表彰(如颁发证书、授予荣誉证书)项目,同时,可以与聘期结束考核合格的兼职教师签订较长时间的聘用合同而非一学期或一年一签的短期合约。

2018年,由哈尔滨工程大学张凌教授指导的公共管理硕士(MPA)徐梅的学位论文《苏州L职业学校兼职教师队伍管理研究》,以苏州L职业学校为例,介绍了苏州L职业学校兼职教师队伍管理的现状,研究了在该校兼职教师队伍管理过程中存在的聘任、考核等问题,通过对国内外的先进经验和好的做法的探讨,提出学校必须重视兼职教师的管理,激发兼职教师的教学积极性,提高教师的认同感,并通过校企合作完善兼职教师管理。通过调查问卷的方式征询高职院校兼职教师及相关人员,发现高职院校的兼职教师管理存在着资金投入不足、选聘程序不规范、考核制度不完善等问题,并提出了高职院校应从自身的实际工作需求和人才培养质量提升出发,加大兼职教师的队伍建设力度,实行多维度管理,充分发挥兼职教师在实践、应用等教学环节的作用。把兼职教师队伍管理融入学校整体管理体系,建立兼职教师档案库以及兼职教师交流平台助其职业生涯发展,提高兼职教师的职业认同度和"兼职"荣誉感。

张静发表于《教育改革与发展创新创业理论研究与实践》2019年第22期的《高职院校兼职教师队伍建设的困境与对策研究——基于马斯洛需求层次理论的视角》,通过马斯洛需求层次理论关于人的需求从低到高的5个层次(生理需求、安全需求、社交需要、尊重的需求以及自我实现的需求),结合高职院校兼职教师现状,认为:兼职教师在教育教学过程中希望获得合理的报酬、良好的工作环境,体现了兼职教师的生理需求;兼职教师既希望保障本职工作稳定,又希望保证兼职工作稳定,是兼职教师的安全需求;兼职教师有融入学校集体,与同学、其他教师和谐相处的需要,体现了兼职教师的社交需求;兼职教师希望获得学生的满意和学校的认可与肯定,是满足尊重的需求;兼职教师有传道授业解惑的理想,希望发挥自己的特长,享受传播知识技能的快乐与满足,是自我实现的需求。作者针对兼职教师队伍建设存在的困境,结合马斯洛需求层次理论,提出了系统化解决方案:一是通过合理且有竞争性的薪酬制度,提高兼职教师工资待遇,实行多劳多得、优劳优酬,尤其要为行业企业的高级技能人才提供与之相匹配的报酬,增强高职院校对兼职教师的吸引力,满足兼职教师的生活需要。二是通过深化校企合作、产教融合,使企业主动、心甘情愿为高职院校提供能工巧匠进行兼职教学,将企业员工担任兼职教师上升为组织行为,而不再是一种隐秘的个人行为,解除兼职教师的角色冲突和后顾之忧,满足其职业安全需求。三是搭建专兼职教师交流平台,建立互动机制(如开展专兼职教师教学交流会,组织专兼职教师共同进行专业建设、课程建设、校本教材建设、教学改革,邀请兼职教师参加学校集体活动),使兼职教师真正融入学校教师队伍中,感受到来自学校大家庭的温暖,产生对学校的归属感,满足兼职教师的社交需求。四是完善培训进修办法,一方面对兼职教师进行教育学、心理学、高职教育发展理论等教育基础知识培训;另一方面进行信息化教学手段、语言表达技巧等培训,帮助兼职教师提升专业教学能力,进而取得良好的教学效果,获得教学工作带来的愉悦感和满足感,实现其尊重需求。五是通过对兼职教师思想道德、教育教学和专业技能三个方面进行科学考核,并一对一反馈考评结果,帮助兼职教师及时调整授课内容及方式方法,提升教学专业化水平。同时根据长期考评结果,给师德高尚、师生评价高、教学成绩优异的兼职教师颁发优秀兼职教师奖,给予物质和精神奖励,还可授予一些表现突出、技能水平高超的兼职教师名誉教授、专业建设专家、青年教师指导师等荣誉,满足其自我实现的需求。上述办法的实施,必将推动兼职教师队伍建设,并激发兼职教师发挥出更高的工作热情,取得更好的育人绩效。

刘传熙发表于《高教论坛》2019年第6期的《广西高等职业院校兼职教师队伍建设探析》,通过收集广西36所高等职业院校兼职教师资料,摸清来自行业企业的广西高等职业院校兼职教师队伍现状,对兼职教师队伍数据进行分析后,就兼职教师队伍建设存在的问题进行了成因剖析。作者认为,1996年9月1日开始实施的《职业教育法》的第三十六条只规定"职业学校和职业培训机构可以聘请专业技术人员、有特殊技能人员和其他教育机构的教师担任兼职教师。有关部门和单位应当提供方便",并没有对有关部门和单位做出硬性要求。《职业教育法》是新中国的第一部职业教育法律,是中华人民共和国在职业教育兼职教师队伍建设方面唯一的顶层设计文本。然而,《职业教育法》是一种职业教育兼职教师聘任的赋权制度,不是刚性要求,也就是说,职业学校可以聘请也可以不聘请来自行业企业的兼职教师。对行业企业而言,是一种倡导性、导向性的要求,不是必须履行的义务,也就是说,有关部门和单位即使不提供方便,也不会受到法律制裁。职业教育顶层设计上的缺陷,导致职业教育兼职教师队伍建设法律制度保障无力,成为各高等职业院校在兼职教师队伍建设工作中主动性不够、难度大,行业企业参与职业教育积极性不高的主要原因之一。对企业而言,作为一个以获取经济利益为主要目的的经济组织,其行为以实现利润最大化为宗旨。企业参与职业教育的驱动力无非来自两方面:一是社会责任。即企业作为一个社会组织成员,需要履行一定的社会责任,比如照章纳税、合法经营、认真履行法律和政府规定的相关责任和义务。如前所述,目前法律法规都没有明确规定企业有向职业教育院校提供专业技术专家作为兼职教师的义务和责任,而社会也未形成共识,企业不参与职业教育不会受到舆论谴责,企业经营者也不会感到心中有愧。因此,社会责任方面的驱动力几乎为零。二是经济驱动力。企业参与职业教育会获得一定的收益,但直接经济收益很少,多为间接收益,比如优先录用毕业生、实习生使用、培养产品使用潜在客户等权益。因此,经济驱动力对于企业而言也是很微弱的。企业参与职业教育的动力不足,往往不愿将其技术专家、管理精英安排到职业院校担任兼职教师,更多的只是承担毕业实习指导教师工作。由于企业不主动,甚至不允许技术专家和管理精英去职业院校担任兼职教师进行教育教学,因此,不少兼职教师到职业院校任职纯属个人行为,兼职教师的教学活动只能安排在晚上或周六、周日等非正常上班时间。作者认为,1996年制定的《职业教育法》为我国的职业教育发展做出了巨大的贡献,但随着改革开放的推进,我国职业教育发生了巨大的变化,原有的一些法律条款已严重滞后于职业教育的发展需要。因此,全国人大应当及时对《职业教育法》进行修订。省市自治区地方立法机构也要对现行的职业教育条例进行修订完善。一是通过修订法律法规,明确企业和来自行业企业的兼职教师在职业教育中的法律地位和责、权、利;二是明确职业院校在师资队伍建设(包括兼职教师队伍建设)方面的责、权、利;三是明确职业院校举办方、管理者在师资队伍建设方面的责、权、利;四是对不按规定进行师资队伍建设的违法行为要做出相应的处罚规定。通过完善法律法规,为职业教育教师队伍建设提供强有力、可执行的法制保障。

2020年,袁华、向林峰发表在《智库时代》上的《校企融合背景下高职院校"双师"队伍建设政府引导策略》一文,从高职院校主要通过"外引""内培""兼职"3条途径解决"双师型"教师队伍建设的角度,重点分析了政府在"兼职"(也就是"兼职教师")队伍建设方面应有的作为,提出政府要建立兼职教师制度。一方面,地方政府应明确给予企业一定的经济补偿,鼓励企业积极选拔优秀的专业人才到学校任职;另一方面,要明确兼职教师准入条件,不但需要较高的学历、学位,而且需要在相关专业领域工作满3年。兼职教师应当作为一种职业,由政府定期进行考核、认定并发放兼职教师资格证书。应建立统一的兼职教师人才库,为高职院校提供稳定、优质的兼职教师资源。

崔宇馨、石伟平发表于《职教论坛》2020年第10期的《双高院校"双师型"教师队伍建设:逻辑、困境与路径》,从兼职教师队伍作为"双高计划"4个重要任务之一的高水平"双师型"师资队伍实现的重要途径出发,在分析双高院校"双师型"教师队伍建设过程中应然与实然之间的差距,针对现实困境,从企业兼职教师的招聘、培养、管理方面提出"双师型"教师队伍建设的实践路径:健全准入机制,保障入口;推进校企合作,深度培养;完善管理制度,提升效率。作者认为,要立足促进"双师型"教师队伍结构优化,把握高职学生的特征,提高学生实践能力与社会适应性来制定企业兼职教师的准入标准;为保障标准的有效实施,需要设立第三方评定机构,第三方评定机构可由国家职成司直接管辖,由职教师资管理中心、行业技能培训机构、各高职院校协同管理,调配行业企业专家、学术专家、资深"双师型"教师共同参与,通过对兼职教师知识水平、技能掌握、教学能力、实践能力等多维度考核,给予权威性的准入证明,从源头上保障兼职教师的质量。作者提出,校企共建教师培训基地,可以提高"双师型"教师整体水平:一方面,在基地可以对来自学校的专任教师进行实践能力培养,提高学校"双师型"教师素质;另一方面,可以对来自企业的兼职教师进行教学能力培训,使其尽快掌握基本的教学技巧,实现学校"双师型"教师结构的改善。作者建议,基于兼职教师的内涵和身份特质,需要采用分层分类的考评方式,对于兼职教师队伍中的专业带头人、理实一体课教师、实验实训指导教师或企业实习指导师傅,应分类制定不同的考核内容,有针对性地进行考评;考评时需要校企协同参与,在确保考评结果客观、公正的同时,使企业在兼职教师队伍建设中获得更多的掌控感。

2020年,吕燕霖在《太原城市职业技术学院学报》上发表的《基于成就动机理论的高职院校兼职教师队伍建设困境及对策探析》一文,依据成就动机理论中关于3种重要的高层次需求（即成就需要、权力需要和社交需要），分析了兼职教师对应 3 种需求的具体表现。在成就需要方面，兼职教师到高职院校兼职的出发点，是希望通过学校这个平台，发挥自己的特长，将自己丰富的实践操作技能、经验传授给学生，享受"学为人师、行为示范"的快乐与满足，以及在这个过程中自我提升。对于权力需要，主要体现为帮助团体建立目标方向，提供指导帮助，体现个人的重要性。高职院校的兼职教师是来自一线的高级技能人才、能工巧匠，他们在自己所属的行业领域中拥有较大的话语权，他们作为兼职教师很看重学校的其他老师与他们的配合度，并期望通过他们丰富的实践经验，帮助学校在课程设置、教材编写和人才培养等教学科研工作方面发挥个人作用，从而获得满足感。在社交需要方面，高职院校兼职教师希望与学生、学校其他教职员工保持友好互动的和谐关系，得到应有的尊重与支持，使他们的社交需要得到满足，归属感进一步加强。为满足兼职教师的 3 种需要，有效激励兼职教师克服困难，迎接挑战，成为高职教育高质量发展的重要力量，作者提出 5 项举措：建平台、促发展；搭建教学科研绿色通道，发挥优势效应；加强人文关怀，创建爱才敬才的和谐氛围；提高培训覆盖面，实现其发展目标；完善兼职教师各项人事管理制度。

王菊扬发表于《现代商贸工业》2021 年第 24 期的《基于双高建设的校企合作兼职教师队伍建设探索》，提出以"双高计划"建设为契机，充分利用《国家职业教育改革实施方案》《关于实施中国特色高水平高职学校和专业建设计划的意见》的政策红利。地方政府应加快红利政策落地，给予参与校企合作的企业更多的政策实惠，以此提高企业参与校企合作的热情。高职院校应主动从新产业、新技术、新业态、新模式的维度，重新审视职业教育，以融入产业、服务经济、协同发展为目标定位，考虑如何高度对接产业、高度整合资源、高效产出人才。高职院校应找准与企业合作的契合点，通过共享教师资源库、对接需求计划、商定人才培养方案等方式，加大加深校企合作力度，共建产业教学命运共同体。来自企业的技术骨干、行业大师和能工巧匠作为兼职教师，来自高职院校的专家、学者和教授作为专任教师，共同组成教师资源库；兼职教师承担学生实践性课程授课和实习指导任务，专任教师承担理论性课程教学、企业新员工培训和专业技术人员继续教育培训任务。邀请企业参与高职院校人才培养方案的制定、专业及课程的设置与建设等，将前沿的技术、工艺、操作规范融入人才培养方案、教学内容和考核标准。高职院校专任教师找准企业需求，利用企业顶岗实践机会，与兼职教师共同探讨生产难题，共同申报科研项目和纵、横向课题。通过这种全方位的合作，强化产教融合、校企合作的紧密度，确保企业兼职教师不断高质量地参与学校人才培养工作。在管理制度方面，作者认为：一是建立健全企业兼职教师任职条件和聘任选拔机制，设置教师资源库的兼职教师入库资格，定期将企业中优秀的人员增补入库，并根据学校专业发展和教学安排需要聘任其到校任教；二是完善企业兼职教师考核管理办法，职业院校与企业共同考核，把师德师风评价作为兼职教师综合素质的首要标准，强调校、企、个人三方紧密结合共同育人；三是制定兼职教师教学能力培养制度，根据兼职教师个人发展需求量身定制个人培养路径；四是将兼职教师队伍建设经费纳入年度经费预算，做好培训、待遇和奖励的经费安排；五是结合"三全育人"工作，选树一批来自兼职教师的"教学育人明星"，并充分发挥党员兼职教师的先锋模范作用，让学生从企业兼职教师身上感受到企业人的风采和模范的魅力。

(二) 兼职教师队伍建设的具体实践

伴随着职业教育的发展,兼职教师越来越受到重视,兼职教师队伍建设成为我国职业院校(尤其是高职院校)师资队伍建设的重要一环,在改善师资队伍结构、促进高职院校学生职业能力的养成、提高人才培养质量等方面发挥着十分重要的作用。国家一系列政策的出台,为职业院校兼职教师队伍建设工作的开展指明了方向,顺应了现代职业教育体系下加强专兼结合"双师型"师资队伍建设的必然要求。

近年来,国家对兼职教师在教师队伍中的比例提出了明确要求,从最初的10%、20%、"三分之一"到"不低于二分之一",兼职教师已经成为高职院校教师队伍不可或缺的组成部分。2015年,《全国职业教育工作专项督导报告》显示,上海、浙江、黑龙江等省市高职院校兼职教师占专任教师的比例达到40%以上,其中浙江省达到了60%。根据近几年的《广东省高等职业教育质量年度报告》,2013年、2014年、2015年兼职教师承担专业课占比分别达17.61%、20.94%和23.18%,3年中还分别认定了112、195、300名兼职教师为省高职院校高层次技能型兼职教师。

在国家和省相关政策的引领、支持下,各高职院校利用各种途径加大了兼职教师聘用力度。在一些骨干、示范高职院校,聘用的兼职教师数与专任教师数之比达1∶1,有的院校兼职教师完成的专业课时超过专业总课时的50%。

纵观我国兼职教师队伍建设的政策制定与实践历程,从20世纪80年代概念的提出、2010年前作为问题关注,在《职业教育法》和国家重大教育政策中提出要求,到2012年的《职业学校兼职教师管理办法》出台后,各省、市地方政府和高职院校落实国家兼职教师政策,配套制定地方性法规和实施方法,对兼职教师队伍规划、引进、聘任、培训、交流、考评、激励等方面创新兼职教师管理机制,在身份认可、课酬提高、专业培训与交流、职业生涯等方面做了不少探索。兼职教师管理从经验化、随意化走向制度化、规范化。

2018年,江苏省在《关于深化产教融合的实施意见》中要求"推动固定岗和流动岗相结合的职业学校教师人事管理制度改革,职业学校可根据实际缺编数量在教职工总额中安排一定比例或者通过流动岗位等形式,面向社会和企业聘用经营管理人员、专业技术人员、高技能人才等担任兼职教师,探索产业教师(导师)特设岗位计划。建立'乡土人才'、非物质文化遗产传承人等到职业学校兼职授课制度",明确院校可以通过安排一定用人比例或设置流动岗位等,招用兼职教师,在政策上解决了编制或身份问题。江苏在《省政府关于加快推进职业教育现代化的若干意见》中提出,"依据职业院校实际缺编数量和教师平均工资标准,核定兼职教师经费补助额度并足额拨付到校,用于聘请行业企业专家和能工巧匠",明确了兼职教师的费用问题。上海推出"首席技师和技能大师工作室"专项资助政策,鼓励企业设立首席技师制度并作为高技能人才担任职业院校兼职教师。福建制定的《福建省兼职教师管理办法(试行)》,明确职业院校可将教职工编制的30%用于聘请兼职教师,所需经费由同级财政按编制内教师平均工资水平予以补助。山东、安徽等省也提出职业院校教职工编制总额的20%可由学校自主聘用"能工巧匠",所需经费由财政拨付。

不少高职院校在完善兼职教师聘用管理方面也做了许多探索,如江苏不少职业技术学院出台了《校外兼职教师职称认定办法》,从工作表现、学历职称、教学考核、工作年限等方面进行初级、中级、副高级和正高级4个等级的校内职称评定,并以此作为课时酬金及相关待遇的依据。重庆某职业学院推行兼职教师资格认证,通过以教育学、心理学、教学法、高职教育理论等为主要内容的资格培训认证课程体系,开发了以理论教学和实践指导为主要内容的兼职教师任职能力标准,设计了兼职教师资格培训认证方案。有些高职院校兼职教师的课时酬金得到较大幅度提高,有的达到专任教师超课时津贴的2~3倍。青岛某职业技术学院对聘请的兼职教师进行教学理论、职业道德、规章制度、信息化教学能力、教学方法等相关培训,提升兼职教师的教学能力、现代教育技术应用能力、教科研能力。目前,以国家示范、骨干为代表的一批高职院校已将兼职教师视为学校教师队伍建设的"常备军",建立了兼职教师人才库并将兼职教师纳入教学质量评价体系,每年与学校专任教师一道接受教学工作的考核和评价,并把考核评价结果作为其课酬、奖励和续聘的条件。

2006年,教育部、财政部正式启动《国家示范性高职院校建设计划》,围绕该计划中的"聘请企业行业技术骨干与能工巧匠,专、兼结合的专业教师队伍建设取得明显成效"任务,成都航空职业技术学院在兼职教师队伍建设方面进行了积极的探索,以创建国家示范性高职院校为契机,充分发挥与在川国防科技企业和民用航空企业紧密结合的优势,从专业建设和课程改革的需要出发,以构建"双师"素质与"双师"结构的专、兼结合专业教学团队,提高教学水平和人才培养质量为目标,本着"不求所有,但求所用"的原则,聘请我国航空航天专家、著名飞机设计师程不时教授,"枭龙"歼击机总设计师杨伟等行业企业家、技术专家和能工巧匠作为学院的兼职教师,建立了一支数量充足、质量保证的兼职教师队伍。其具体做法主要有以下3点:一是建立聘任制度,把好兼职教师入口关。在聘任标准上,坚持思想政治、业务技能、教学水平、健康状况等"四个标准";在聘任程序上,严格执行计划、审批、考核、建库等"四个流程"。二是健全日常管理制度,注重对兼职教师进行过程和实绩管理。首先,一改以往兼职教师由各系(部)各自负责的状况,组织人事部、教务处、校企合作办公室和各系(部)等部门各司其职,共同参与兼职教师聘任、管理和服务工作,使兼职教师队伍建设成为学院师资管理的常规工作;其次,改革以往兼职教师档案管理办法,由组织人事部建立兼职教师信息库,适时更新,动态管理;最后,由教务处建立兼职教师个人教学业务档案,改变了以往对兼职教师重聘任、轻管理,重入口学历和职称条件、轻实际教学和科研表现的现象,更加注重对兼职教师教学、科研过程和实绩的管理。三是构建激励机制,稳定兼职教师队伍,形成良好的长期效应。学院将所聘人员的能力、专业技术职务级别(技术工人等级、学历等)和不同专业人才的市场价格作为主要考察维度,参照其承担的教学、科研工作量及所完成的成果水平等因素进行综合考量,充分体现多劳多得、优劳优酬的分配原则。此外,在学术和科研活动、带头人才培养等方面制定了颇具吸引力的人性化的办法,如规定"兼职教师可利用我院的图书资料和仪器设备开展教学与科研活动,可以以学院兼职教师的名义开展正当的学术活动、申请科研项目或发表科研成果;根据实际情况,对异地聘任的兼职教师的往返差旅费给予报销等"。通过更具人文关怀的激励机制的建立,增强了兼职教师的归属感和工作的责任感、使命感。

嘉兴职业技术学院在群体动力理论指导下,通过兼职教师"六进"(进专业、进课程、进师资库、进教学团队、进实训基地、进教师培养工程)、"一并"(实行工程师与教师双向并行的职称评聘机制)、"一化"(培育富有地方特色的兼职教师"勤禾文化"),改善兼职教师群体的组织管理,充分尊重兼职教师主体地位,并通过群体的力量调动兼职教师个体的主体性,发挥其主体作用。2013年,学院建立了比较稳定成熟的兼职教师队伍,兼职教师总数达295名,与专任教师之比为1∶1,兼职教师中具有中高级技术职务比例达75%,多达57.87%的兼职教师积极参与学院的科研活动,并有1/4的兼职教师开始以崭新的面貌参加学校组织的教育教学活动。

义乌工商职业技术学院实施了专任教师和兼职教师"一对一"互帮互助对接制度,一个兼职教师对应一名学院的专任教师,双方各利用自身的优势来弥补对方的不足,实现取长补短、相互启迪、相互学习、共同提高的目的。实践证明,"一对一"互助计划实施效果好,是一种多赢的做法:一方面,学院的专任教师可以利用自己所擅长的课堂教学经验、对高职教育政策及学生的了解,帮助兼职教师尽快适应高职的教学工作;另一方面,兼职教师能将所掌握的行业态势、丰富的专业技术和实际操作经验分享给学院的专任教师,改变专任教师理论有余而实践能力不足的现状。

东莞职业技术学院在兼职教师管理方面做了一些有益尝试,在不断规范兼职教师的聘任和管理的基础上,为兼职教师创造发展空间。学院通过频繁开展教研、说课、教材开发等多种形式的活动为兼职教师提供学习交流机会。同时,为保持兼职教师队伍的稳定性,实行逐步提高基础课酬标准的薪酬体系,按照与专任教师同等的待遇,鼓励兼职教师积极参加教研、科研项目。在日常管理时,构建起了多级别、多层次的管理体系。各相关职能部门分工明确,职责清晰,比如院(系)主要负责兼职教师的遴选和相关任职材料的收集、审核,安排兼职教师所担任的课程,同时组织开展必要的教学检查和教学评价活动;教务处主要负责兼职教师任职资格的审批,组织常规教学检查,及时了解兼职教师的实际教学情况,对发现的问题及时予以解决和处理;教学督导处主要对兼职教师的教学质量进行评判,同时督促相关部门及时落实评价结果;人事处主要负责核定各教学部门的兼职教师聘任情况,同时配合院(系)对兼职教师用人计划进行审核,协调处理劳资纠纷等。

吉林省近几年在大力发展职业教育过程中,在公办学校采取空编运行方式,实施"能工巧匠进校园"计划。例如,辽源市实行20%空编运行方式,用于引进人才和聘请兼职教师,解决教师队伍静态管理与专业设置动态变化的矛盾,保证聘请的兼职教师工资待遇与专任教师一致。

山东省平度市关于兼职教师队伍建设的主要做法有以下3点:首先,要求实行个人自愿报名与单位推荐相结合的办法,由市教委和市经科教结合职业教育领导小组办公室对报名和单位推荐者进行考核,选聘思想品质好、有较高专业理论水平和实践技能的技术人员担任首批兼职教师,并签订了教学工作目标责任书。其次,坚持统一管理使用。领导小组办公室建立了兼职教师教学档案,实施统一管理,制定细则,对兼职教师的申请、使用、考核、待遇及经费支出等内容做了明确的规定。最后,实施经费统筹,抓好待遇落实。领导小组办公室根据有关规定,按不同技术职称职务标准发放课时工资和一定的生活补贴,兼职教师在原单位的各项待遇不变,全部费用从职业教育专项经费中列支。平度市兼职教师的管理、使用步入了规范化、科学化的轨道。

2008年底,浙江省宁波市率先在全国推出了《宁波市职业教育校企合作促进条例》。该条例经由宁波市人民代表大会常务委员会通过并批准,具有法律效用。在宁波建立了扶持、引导校企合作发展的长效机制,为校企合作提供了法律保障。该条例规定:市和县(市)、区人民政府应当建立职业教育联席会议制度,统筹协调本地区校企合作的规划、资源配置、经费保障、督导评估等工作;鼓励职业院校聘请企业的高技能人才、工程技术人员兼任专业课教师或实习指导教师,参与职业院校的教学改革;要求市和县(市)、区人民政府设立职业教育校企合作发展专项资金(校企合作发展专项资金应当用于资助职业院校和企业联合设立职业教育实习实训基地、合作建设实验室或生产车间等校企合作项目,资助职业院校为学生在实习期间统一办理意外伤害保险,对企业接纳职业院校学生实习发生的物耗能耗给予适当资助,对与职业院校合作开展职工教育和培训并取得显著成绩的企业给予奖励、表彰,对职业院校参与企业技术改造、产品研发、科技攻关和促进科技成果转化给予资助或奖励,奖励、表彰其他在促进职业教育校企合作中做出显著成绩的单位和个人,其他有关促进职业教育校企合作的经费资助);要求职业教育校企合作发展专项资金随着经济和社会的发展逐步增长。从这里看出,宁波这一条例的出台,为促进校企合作长效机制的建立,不仅从制度上进行了"联席会议"设计,而且在经费上做了"校企合作发展专项资金"的安排。

在有关兼职教师任职条件方面,天津职业大学经管学院根据兼职教师的教学工作,将兼职教师划分成了3种类型(即校内实训指导教师、校外顶岗实习指导教师和理实一体课授课教师),并且针对3类教师的工作特征及素质要求,分别制定了各自不同的准入条件,具体准入条件见表3.6。

表3.6 天津职业大学经管学院兼职教师准入条件

兼职教师类型	准入条件
校内实训指导教师	专科以上学历;中高级职业资格证书;3年以上企业工作经验;企业职务为技术骨干或以上更高职务
校外顶岗实习指导教师	
理实一体课授课老师	本科以上学历;来自企业生产、技术一线;研究方向:从事专业符合院系要求;能够应用高职高专教学改革理念授课;掌握"工学结合、教学做一体"的高职人才培养模式

从表3.6看出,一些示范性高职院校在兼职教师的准入条件上进行了较为明确的规定。不同的课程类型对教师的要求有所不同。实训类课程的教师需要丰富的实践经验或较强的动手能力,更多地强调实际解决问题的能力,所以要求有3年及以上的工作经验,在企业中的职务至少是技术骨干,并拥有相应的技能等级证书。这类课程的教师更注重实践层面的能力,学历要求比较低,专科以上就可以,这为保证兼职教师来源留出了空间。

教授理论与实践课相结合课程的兼职教师则需要具备一定的理论知识,在明确其来自企业的身份后,也对其学历以及教育教学知识储备提出一定的要求。

在教学管理方面,深圳职业技术学院对兼职教师的教学管理由院系、教务处、教学督导室等多部门分工进行。兼职教师直接使用部门以专业或教研室为单位选派专任教师作为兼职教师联络人,主要负责与兼职教师沟通联系,帮助兼职教师明确院系的教学特色和各项要求。教务处和督导室负责检查、评估兼职教师的教学情况。学校对兼职教师的教学问题实行"红黄牌"制度:若兼职教师出现一次较严重教学事故,一般给予"黄牌"警告,兼职教师还有一次改正的机会;若兼职教师发生两次以上的教学事故,则学院给予"红牌",取消聘用关系。"红黄牌"制度在一定程度上使得二级院系及各相关部门不得不重视兼职教师的教学情况;这种特色化管理方式既给予了兼职教师改过的机会,又给兼职教师施加了一定的教学压力。杨凌职业技术学院药物工程系制定了详细的兼职教师教学工作规范。首先,在教学准备方面,兼职教师必须根据所授课程的计划认真填写好授课计划、实习计划以及实验计划等材料(这些教学材料需要一式多份),开课前提交教研室主任审查,经系主任审批合格之后才可以开始上课。其次,兼职教师在教学过程中要严格遵守日常的教学制度,按时按量完成教学任务,及时向院系反馈教学情况。若因事或因病需要院系调课、停课,提前向院(系)以及学校教务处等部门申请,待审批后方可请假,兼职教师不能自主随意调换课程。温州职业技术学院对兼职教师在课前准备阶段、授课阶段以及课后阶段都提出了具体要求。一是课前准备阶段。兼职教师必须在开课前两周将教学计划上报教学相关部门审核,备课时必须考虑到授课学生的情况、教授科目的情况,明确教学的重点、难点。提前备齐上课所需要的工作材料、教具模型、教学挂图等教具,方便课堂教学期间随时取用。二是授课阶段。兼职教师需要按照教学的基本规律,结合课程和学生的具体情况开展教学活动。要求以启发、讨论等形式开展教学活动,目的是使教师的教、学生的学以及学生的做相统一,真正培养学生的职业能力。在理论知识讲授过程中力求做到概念准确、条理清晰。采用"集中示范、巡回指导"的方式传授专业技能,演示操作时注意安全。不可以随意请假、调课,更不可以上课随意接听手机。三是课后阶段。兼职教师必须重视学生课后的辅导、作业批改、成绩评定等工作,必须在考前以及每单元课程结束之后给学生提供集中答疑服务。每单元至少布置一次作业,不得私自更改学生的考核方式,学生试卷命题及试卷批改等实行"命题教考分离,阅卷集体流水"。

杭州职业技术学院依托校企共同体,将兼职教师的兼课从个人行为上升为企业行为,通过校企双专业负责人共同进行专业建设,设立"厂中校"与"校中厂"拓展教学场所,合作企业派遣技师常驻学校,专兼职教师结对,出台相关激励措施等,促使专兼职教师队伍互相融合,共建课程、共同授课、共同考核,既充分发挥兼职教师技能突出、实践能力强、掌握行业企业一线主流技术的特长,又弥补兼职教师教学能力偏弱、责任心不足、难以规范管理等缺陷,解决了兼职教师队伍普遍存在的来源不稳定、教学质量不理想、责任心不强等诸多问题。学校通过将来自校企共同体合作企业和其他紧密型合作企业的中、高级技术能手和管理骨干引入到兼职教师资源库中,并根据个人的具体情况,分别聘任到名誉教授、客座教授、客座讲师、实习指导教师等兼职教师岗位,较好地解决了兼职教师来源不足问题。学校实行了车间主任与专业负责人对接制度,聘请合作企业关键人才担任兼职专业负责人,发挥他们在专业建设、课程建设、教学改革等方面的作用,深度介入人才培养方案制定等工作,实现校企深度合作,使兼职教师个人行为变为组织要求。通过产教融合设立"校中厂",在解决企业员工培训的同时,为学校提供了"专职"的兼职教师及真实的师生实训环境。

兼职教师队伍建设是职业教育在新时期发展的战略支撑。兼职教师具有双重角色:一方面,他们是企业的高管、技术骨干或者是行业精英,掌握着丰富的专业知识和实践经验;另一方面,他们承担职业院校的教学任务,参与校企合作项目实施、专业建设、课程设计等工作。兼职教师是高职院校专任教师队伍的有效补充,是解决师资力量不足问题、优化教师队伍结构、增强教学团队实力、提升人才培养质量、深化校企合作的主要方式。第一,职业院校聘用兼职教师以较低投入充实师资力量,改善专业教师"理论与实践脱节"的现状,解决师资队伍结构失衡问题,借助兼职教师的资源与声望提升学校的层次与知名度。第二,利用产教融合平台将专兼职教师组成混编教学团队,有利于专任教师对接产业前沿技术,提高自身实践技能;有利于理论知识与实践技能深度融合,培育学生职业素养,传承企业"工匠精神";有利于高职人才培养模式改革,深化"工学结合",促进专业内涵建设,优化课程体系。第三,兼职教师是校企合作与产教融合的沟通"桥梁",校企双方实现专兼职教师的身份互认和角色互通,有利于构建优势互补、区域协同、资源共享、责任共担、合作共赢、荣辱与共的命运共同体。

重庆市教育委员会推出《关于进一步做好中职学校"双师型"教师认证工作的通知》。其中的"双师型"教师认证条件规定:"双师型"教师具有与所教专业相关的执业资格,或非教师系列对应等级及以上专业技术职务任职资格,或中级工及以上职业资格。对于目前国家尚无职业资格鉴定专业的专业教师,此项要求按高一级"双师型"教师具备的"拓展条件"(也就是企业生产、建设、管理、服务第一线累计的专业工作经历)进行考核。

安徽国防科技职业学院2012年制定的《"双师素质"教师认定与管理办法(试行)》,对"双师素质"教师认定资格和条件做了明确规定:除了具有高校教师资格外,还具备下列条件之一的校内专任教师或兼职教师方可申请认定,而这些条件排在第一、第二的就是"具有本专业非教师系列中级或以上技术职称及职业资格(含持有行业特许的资格证书及具有专业资格或专业技能考评员资格者)"和"近五年有两年以上(可累计计算)在企业一线本专业实际工作经历,能全面指导学生专业实践实训活动"。这些要求与国家的文件规定是一致的。

河南测绘职业学院以"双师型"教师队伍建设为抓手,建设一支全方位的、理论与实践深度融合的教师队伍。他们探究出了"四五六"职业院校师资队伍培养模式,并在学院"双师型"教师队伍建设中实施,培养出了一批理论与实践双强的教育教学专家和技术能手,其中"出台聘请企业兼职教师制度,聘请行业专家、企业工程技术人员担任兼职教师,对专业教师进行'传、帮、带',并出台了企业兼职教师管理办法等文件,规范了兼职教师的聘任、管理和考核程序"做法收效显著。

潍坊职业学院园林工程技术专业在建设兼职教师队伍时,改革教学方式,通过线上线下混合式教学改革实践以及专业资源库的建设,在兼职教师的教学方式上有所创新,采用多途径多空间的授课方式,解决了兼职教师本职工作与教学工作间的矛盾。一是工地或实训场现场教学。专业核心课程由一位专任教师和一位兼职教师共同承担。兼职教师主要承担课程的实训实习任务,提前集中安排好本职工作和教学工作,在一周或几天内集中授课。专兼职教师共同负责一门课,既可以发挥专任教师的理论优势和兼职教师的专业技能优势,还可以加强专任教师与兼职教师之间的交流和学习。二是线上网络教学。专业资源库为校外合作企业开拓了专门的资源平台,可以开设多个技能训练课程,由兼职教师完成资源的上传。兼职教师的资源主要由实际工作案例和示范性教学视频组成(例如施工过程的视频讲解、某个施工工序的操作示范),拓展了兼职教师的施教空间,最大限度地实现了企业优质资源共享。

(三) 职业教育师资队伍建设成就

国家有关职业院校教师队伍(特别是兼职教师队伍)建设政策的陆续出台,很好地促进了我国职业院校师资队伍建设。

"十二五"以来,在党中央、国务院等系列政策的支持推动下,伴随着职业教育教师培养培训体系与管理制度的逐步完善健全,我国职业教育师资队伍在规模、质量及结构方面逐步实现从"供需失衡"到"渐趋平衡"、从"学历达标"到"双证双能"、从"金字塔形"到"梯形结构"的转变,为我国职业教育发展提供了基础性保障。

1. 从"供需失衡"到"渐趋平衡":教师队伍规模不断扩大

由于发展基础薄弱、机制不健全,我国职业教育师资队伍数量一直处于紧缺的状态。在2010年以前,我国职业学校"生师比"都在20以上,师生供需呈现失衡状态,严重影响职业教育人才培养质量。2010年,《国家中长期教育改革和发展规划纲要(2010—2020年)》指出,要以"双师型"教师为重点打造一批师德高尚、业务精湛、结构合理的高素质专业化教师队伍。2011年、2012年,教育部先后发布《关于"十二五"期间加强中等职业学校师资队伍建设的意见》《职业学校兼职教师管理办法》,并确定"到2015年,专任教师生师比下降到20以下"的工作目标。此后,国家又陆续出台系列政策文件,通过大力扩充师范院校、提升教师待遇、改善教师居住条件等措施(特别是招聘企业兼职教师)扩大了职业教育师资规模。据统计,截至2018年,我国职业教育院校专任教师133.2万人,其中,高职院校专任教师49.8万人,"双师型"教师总量为45.56万人。职教师资数量呈现从"供需失衡"到"渐趋平衡"的发展轨迹,并且各个区域师生供需实现了从"落差悬殊"到"相对均衡"的转变,教师队伍规模不断扩大,"双师型"教师数量、比例持续上升,具体见表3.7。

表3.7 我国职业院校专任教师及生师比统计表

年份	中等职业学校		高职(专科)院校	
	专任教师数(万人)	生师比	专任教师数(万人)	生师比
2010	87.15	25.69	40.41	17.21
2011	88.20	25.01	41.26	17.28
2012	88.10	24.19	42.34	17.23

(续表)

年份	中等职业学校		高职(专科)院校	
	专任教师数(万人)	生师比	专任教师数(万人)	生师比
2013	86.79	22.64	43.66	17.11
2014	85.84	21.34	43.83	17.57
2015	84.41	20.47	45.46	17.77
2016	83.96	19.68	46.69	17.73
2017	83.92	19.59	48.21	17.74
2018	83.35	19.10	49.77	17.89
2019	84.29	18.94	51.44	19.24

数据来源：教育部网站2010—2019年教育统计数据(2019年由于高职扩招100万，招生数从2018年的368.8万增加为2019年的483.6万，在校生总数从2018年的1 133.7万增加到1 280.7万，增加了147万，虽然2018—2019年高职院校专任教师增加了近2万人，但增加速度远低于学生数量的增加速度，使得生师比增加较多，达到19.24∶1)

如表3.7所示，在中等职业教育中，中等职业学校生师比从2010年的25.69逐年下降到2018年的19.10，职业学校师生之间的供需矛盾逐年得到缓解，与发达国家的差距逐步缩小。高职(专科)院校专任教师随着学生数的增加而逐年增加，从2010年的40.41万人增加到2018年的49.77万人，并且"生师比"基本稳定在17左右，表明高职院校教师供给侧与学生需求侧已基本平衡。同时，在东部、中部、西部地区职业教育师资队伍建设均取得较快发展，各个经济区之间的差异进一步缩小。

2. 从"学历达标"到"双证双能"：教师队伍质量明显提升

职业教育作为培养技能人才的一种教育类型，要求教师除了具备一般的教学能力，还具备工程实践能力(企业岗位项目实践能力)。然而，以往职业院校在招聘教师时，往往将学历要求放置在第一位，聘用的教师大多是从"学校"到"学校"的应届毕业生。这部分教师由于实践能力不足而无法有效完成技能部分的教学任务，常常陷入"黑板上开机器，PPT上讲工艺"的尴尬境地。国家通过建立健全职业教育教师培养和继续教育制度、共建实践基地、完善"双师"能力培养培训机制、建立高水平教师教学创新团队以及形成教师"进企实践"的常态化机制等举措以提升教师队伍质量。据统计，截至2018年底，共建立了100个全国重点建设职教师资培养培训基地、17个国家级校长培训基地和10个国家级教师远程培训机构，建成364个优质省级职教师资培养培训基地和28个省级远程培训机构，实施了职业院校教师素质提高计划，显现出职业教育师资队伍建设逐渐从"学历达标"到"双证双能"的转变，教师队伍质量明显提升。

第一，学历水平明显提高。随着国家对职教师资建设的重视，截至2019年，有37所高校开设本科层次的职业技术师范专业，有49所高校招收硕士层次的职教师范生，职业技术师范专业的类别超过150个，每年培养职教师范生2万余人。由图3.1看出，我国中等职业学校具有本科及其以上学历专任教师比例呈逐年上升的趋势，从2010年的83.29%上升到2018年的92.1%，增长接近9个百分点，而广东、吉林、重庆等15个省份已经超过全国平均水平,浙江、上海以及江苏3省市比例均超过97%,表明我国中职学校师资队伍水平在不断提高。在高等职业教育中,具有研究生学历的教师比例也在逐年上升,从2010年的32.33%上升至2018年的49.97%,占比接近一半,并且安徽、天津、福建、河北等省份高职具有研究生学历的教师比例均已超过50%,浙江省高达71.57%,反映出我国高职院校师资队伍质量也在不断提升。

图 3.1　职业院校专任教师学历情况

数据来源:教育部网站 2010—2018 年教育统计数据。

第二,"双师型"教师比例逐步上升。在各方努力下,如表 3.8 所示,高等职业院校专任教师中"双师型"教师比例从 2010 年的 33.33% 上升至 2018 年的 40.51%,其中,浙江、江苏、黑龙江等省份超过全国平均水平,浙江高达 55.04%。据统计,在 200 所国家示范(骨干)高等职业院校数中,制定"双师型"教师标准的院校数从 2016 年的 147 所增加至 2018 年的 158 所,国家示范(骨干)高等职业院校累计认定的"双师型"教师总数为 151 454 人。除国家示范(骨干)高等职业院校外,其他部分省市职业院校也制定了具有区域或校本特色的"双师素质"专任教师认证标准,如重庆市教育委员会 2010 年就推出了《关于进一步做好中职学校"双师型"教师认证工作的通知》(渝教师〔2010〕14 号),安徽国防科技职业学院 2012 年制定了《"双师素质"教师认定与管理办法(试行)》。由此看出,不少地区和院校结合自身实际,都出台了有关"双师型"教师的认定办法,认定的核心依据是教师的职业素养与职业能力,从侧面表明职业教育师资队伍建设不断规范化、科学化。

表 3.8　中职、高职专任教师中"双师型"教师比例(%)

学校类型	2010	2011	2012	2013	2014	2015	2016	2017	2018
中职	21.35	23.71	25.19	26.31	27.93	28.71	29.47	29.99	31.48
高职	33.33	35.35	36.13	36.61	38.27	38.96	39.05	39.70	40.51

数据来源:教育部网站 2010—2018 年教育统计数据。

3. 从"金字塔形"到"梯形结构":教师队伍结构逐渐优化

教师队伍结构是指整个教师队伍各要素的比例关系及其结合方式,主要涉及年龄结构、类型结构以及职称结构等。合理的教师队伍结构有助于释放教师队伍活力,更能最大限度地发挥综合效益。在 2010 年以前,我国职教师资队伍结构失衡的现象屡见不鲜,表现为中青年教师比例不协调(青年教师多而中年教师少)、专业课与实习指导课教师比例不匹配(文化专业课教师多而实习指导课教师少)、中高级职称与初级职称比例不相称(初级职称教师多而中高级职称教师少)等。我国职教师资队伍在不同结构领域下大致呈现为"金字塔形"的结构样态,制约着职业教育内涵式发展。为走出职教师资结构队伍失衡的困境,我国在注重教师数量扩充的同时,也开始有针对性地优化教师队伍结构,从企业引进、聘请高技能人才担任专兼职教师,职教师资队伍在年龄、类型以及职称结构上均逐步实现从"金字塔形"到"梯形结构"的转变。

一是年龄结构。据统计,在2015年之前,我国职业院校35岁以下教师比例为36%~45%。相对来说,青年教师在整个师资队伍中具有较大规模。2015年后,35岁以下专任教师比例在不断下降,而35~49岁专任教师比例逐年上升,2018年上升到49.98%,几乎达到一半比例,并且50岁及以上的老年教师比例逐步上升至17.33%,意味着职业院校师资队伍年龄结构逐渐合理,形成了以中年教师和青年教师为核心的梯形结构,这从侧面反映出我国职业院校具有较强的办学活力,对院校发展具有重要影响。

二是类型结构。为有机衔接人才链和产业链、保证学校的教育质量,职业院校师资队伍除了文化课教师,还有专业课教师、实习指导课教师。由表3.9可知,在我国职业院校专任教师中文化课教师所占比例一直稳定在42%左右,2018年文化课教师所占比例为41.80%。同时,专业课教师作为职业教育实践教学的重要力量,所占比例从2010年的52.91%上升至2018年的54.40%,而实习指导课教师的比例也是从2010年的3.48%上升至2018年的3.80%。可见,我国职业院校师资类型结构不断得到优化,保证了职业教育理论与实践教学的协调,也促进了人才链与产业链的有效对接。

三是职称结构。根据教育部年鉴数据,我国高等职业学校专任教师初级职称所占比例在逐年下降,从2010年的26.15%下降至2018年的18.64%,而中高级职称所占比例均呈现上升趋势,分别从2010年的36.46%、28.66%上升至2018年的40.15%、30.27%。此外,各省市高职院校高级职称教师比例整体上也呈上升趋势,如东部广东省高职院校高级职称教师比例从2010年的25.53%上升至2018年的28.74%。

表3.9 全国职业院校专任教师类型结构统计表(%)

年份	2010	2011	2012	2013	2014	2015	2016	2017	2018
文化课教师	43.61	43.59	42.67	42.40	41.89	41.46	41.49	41.45	41.80
专业课教师	52.91	53.71	53.69	54.15	54.35	54.67	54.57	54.77	54.40
实习指导课教师	3.48	3.70	3.64	3.45	3.76	3.87	3.94	3.78	3.80

数据来源:教育部网站2010—2018年教育统计数据。

(四)兼职教师队伍建设存在的不足之处

1. 职业教育法律法规顶层设计有缺陷

1996年9月1日开始实施的《职业教育法》的第36条规定:"职业学校和职业培训机构可以聘请专业技术人员、有特殊技能人员和其他教育机构的教师担任兼职教师。有关部门和单位应当提供方便。"这条法律法规对职业学校而言是一种职业教育兼职教师聘任的赋权制度，不是刚性要求，缺乏一定的强制性。也就是说，职业学校可以聘请也可以不聘请来自行业企业的兼职教师，导致政策的执行动力不足。对行业企业而言，这条法律法规是一种倡导性、导向性的要求，不是必须履行的义务。也就是说，有关部门和单位如不提供方便，也不会受到法律制裁。另外，现有的政策文件较多为宏观性的改革方向，缺乏具体的实施细则与方案，容易导致政策执行者在具体实施过程出现偏离或无所适从的状况。职业教育顶层设计上的缺陷，导致职业教育兼职教师队伍建设法律制度保障无力，成为各高等职业院校在行业企业兼职教师队伍建设工作中主动性不够、难度大，行业企业参与职业教育积极性不高的主要原因之一。

2. 兼职教师课酬偏低

以广西为例，2017年兼职教师平均每节课的酬金为53.90元，其中公办高职院校53.25元，具体见表3.10。一名兼职教师如完成一名专任教师一年的教学工作定额（一般为300～400节课），可取得课酬16 200～21 600元，与2018年广西南宁市、柳州市、桂林市、梧州市等最低工资标准1 680元/月相仿。2009年一学者在对江西某一高职院兼职教师的调查中发现，有48%的兼职教师对酬劳感觉"一般"，该校当时执行的兼职教师课酬标准是30～40元/课时，学校一并考虑来自企业的兼职教师和来自兄弟院校的外聘教师（有的就是在读研究生）的课酬，没有考虑企业兼职教师的特殊价值和实际付出。2017年，苏州某一职业技术学院对兼职教师的课酬标准是：高级工程师100元/课时，工程师80元/课时。据笔者了解，这一待遇标准在当地并不具有竞争力。究其原因，一是学校对兼职教师的重要性认识不足。如果按完成的教学任务简单折算教师的课酬，一个专任教师的课酬（学校支付的全部费用）至少为300元/课时，专兼职教师的课酬差异放大了兼职教师课酬偏低的效应。二是政府对高职院校的经费投入偏少，学校总体经费紧张。从近5年公布的《中国教育经费统计年鉴》数据可知，我国高等职业院校经费总量平均每年约为1 408.76亿元，占普通高等教育经费总量的16.14%，高等本科院校的经费则占83.86%。尽管高职院校已经成为我国高等教育的半壁江山，但其经费投入不及本科院校的20%，经费投入明显偏低。

表3.10 广西高等职业院校兼职教师课酬统计表（2017年数据）

学校性质	学校数量（所）	兼职教师授课时数	兼职教师授课课酬（元）	课时单价（元/课时）		
				平均值	最高值	最低值
公办高职院校	18	453 245	24 134 599	53.25	108.38	21.80
民办高职院校	3	14 196	1 062 073	74.81	80.00	48.58
合计	21	467 441	25 196 672	53.90	108.38	21.80

3. 兼职教师岗前培训不规范，教育教学能力缺乏

兼职教师大多从工厂企业中来，具有较强的实践动手能力，但缺乏将所积累的实践经验及操作技能以教学的方式传授给学生的能力。他们中绝大多数人没有接受过系统的教育教学工作培训,缺少教师必需的教学能力的训练,不熟悉教育教学规律,教学方式不符合高职学生认知规律。目前,不少学校的师资培训没有把兼职教师考虑其中,或是兼职教师时间有限,或是培训的名额、经费受限,由教育部门组织的教学能力培训几乎都不会安排兼职教师参加;以研讨会、讲座、论坛等形式进行的零星的校内培训,难以达到系统提升兼职教师教学能力的预期效果。部分兼职教师(特别是企业离退休老同志)普通话不够标准,不擅长运用现代化教学手段及教学方法,上课基本照本宣科,只顾自己讲,缺少与学生互动、交流,不能调动学生学习的积极性和创造性,课堂气氛比较沉闷,课堂纪律比较差,导致部分学生根本听不懂上课内容,上课玩手机、睡觉,甚至逃课,授课效果和教学质量难以保证。调研结果显示,系统学习过专业教学论、职业技术教育学、职业技术心理学三门课程的兼职教师并不多,仅占7%,有8%的兼职教师对这三门基本的职业教育类课程几乎一无所知。

4. 兼职教师队伍不稳定,流动性大

首先,与本科院校相比,大多数高职院校的教学条件较差,学生具有一定的特殊性,再加上课时费不高,很难吸引人才,更留不住高学历、高水平的兼职教师,兼职教师流动性较大,严重影响了兼职教师队伍的稳定性。其次,兼职教师来校属于"兼职",授课时间基本集中在晚上或周六、周日,经常因为本职工作而调课、停课,影响了正常的教学秩序,教学效果不是很理想。兼职教师在校任教既辛苦又没有职业成就感,导致兼职教师队伍更加不稳定。最后,产教融合、校企合作关系尚未建立,学校没有将兼职教师队伍建设列入总体人才规划,企业也没有给院校输送人才的安排,兼职教师的聘用随意性较大。在问卷调查中发现,兼职时间仅为一学期的兼职教师占60%,兼职时间满一年的占30%,兼职时间达两年以上的仅占9.3%。这表明兼职教师队伍稳定性差、流动性强。

5. 缺乏对兼职教师的激励机制

有些高职院校聘请兼职教师是在教师紧缺的情况下采取的应急之举,既没有把兼职教师作为改善学校师资结构、加强实践教学环节、提高人才质量的重要因素,也没有培养兼职教师的长远规划。招聘者在潜意识里认为学校与兼职教师之间是一种简单的雇佣关系,兼职教师行为的主要动机是增加经济收入,因此把课时费作为支付兼职教师劳动酬劳的唯一方式,以为通过提高课时费就能激励兼职教师积极工作。事实上,这种激励效果并不明显。通过调查发现,58.14%的兼职教师在学校兼课主要是为了提升专业知识、增强教学技能、实现个人价值。大多数兼职教师的教学行为具有双重目的:一方面是增加经济收入;另一方面是提高专业水平、促进自我发展、实现自我价值。大多数高职院校未能重视兼职教师在专业知识、教育教学技能等方面的需求,未能建立促进兼职教师专业发展的培养培训机制。兼职教师普遍缺乏教学素养和教学技巧,与学生、专任教师的交流渠道窄、交流时间少,只能一味地按照自己的经验去灌输,很少考虑学生的理解能力,因此得不到学生和校内专任教师的认可,无法从教学中获得预想的成就激励。

6. 选聘程序不规范

有的高职院校没有制定兼职教师的聘用标准和招聘流程,有的院校没有区分"兼职教师"与"外聘教师",对"兼职教师"和"外聘教师"所提的要求大同小异。实际的"兼职教师"

招聘需求通常由院系(或教研室)根据教学任务提出,报教务部门备案。学校层面掌握的信息往往只是请多少兼职教师,而请谁、从哪儿请、如何请等往往由院系决定。在不同的学校、同一学校的不同院系、同一院系的不同专业之间,兼职教师的招聘要求、流程都不一样。在调查过程中发现,各高职院校对于"兼职教师"的来源范围并无统一的划分标准。有的学校明确"兼职教师"必须是来自企业一线的工程技术人员,有的学校把范围扩大到企业或社会,有的学校则把来自兄弟院校的教师或本科院校的在读研究生也涵盖其中。有的学校有职称(技能等级)和学历要求,有的学校只有学历要求或只有职称(技能等级)要求,有的学校既无职称(技能等级)要求也无学历要求。有的学校将试讲或面试作为兼职教师招聘的必要流程,而更多的学校则省掉了这一环节,在选聘兼职教师时主要是看证件、简历或企业评价,导致兼职教师良莠不齐、整体教学效果不佳。

7. 缺少对兼职教师的人文关怀

不少职业院校在制定兼职教师队伍管理办法的时候,过于强调兼职教师的责任和义务,而忽略兼职教师的权利;在聘用兼职教师的时候,采用市场运作的方式,按课时支付酬劳,与兼职教师的维系仅体现在薪酬上。在调查中发现,43%的兼职教师认为学校应该对他们给予必要的尊重。一半以上的兼职教师认为他们在学校的地位不够高,在诸如办公室、交通、就餐、图书及其他福利方面不能享受与专职教师同等的待遇,学校安排的教学任务也时常与他们的本职工作发生冲突。兼职教师渴望得到理解,渴望获得认同,渴望与学院管理者、专任教师、其他兼职教师进行交流。有的学校将兼职教师纳入外聘教师范畴,根据同样的制度进行管理,而且将专任教师、兼职教师以及外聘教师的授课计划、教案撰写、课堂教学、教学方法、教学秩序、辅导答疑、作业布置与批改各环节均纳入同样的考评体系,提出了同样的教学要求,缺乏对兼职教师的个性化处理。

8. 部分地区的学校兼职教师匮乏

由于地域经济原因,有些地区企业数量少,专业人才缺乏,与经济发达地区比较兼职教师显得十分匮乏。有些学校由于办学地点的原因,聘请的兼职教师到校授课很不方便。师资匮乏和交通不便,使得兼职教师队伍建设面临困难,特别是经济欠发达地区兼职教师来源问题更为严重。由于缺乏政府政策的支持和协调,企业的短期利益无法体现,在兼职教师队伍建设中形成学校积极性较高而企业积极性不高的局面,校企之间人才流通不畅。

第四部分　江苏高职院校产业教授选聘探索与实践

一、江苏高职院校产业教授选聘探索

（一）江苏高职院校产业教授选聘溯源

2017年9月，江苏省人民政府办公厅颁布了《江苏高等职业教育创新发展卓越计划》，在第三项重点任务"突出人才强校，培育引进技术技能大师"中要求，大力实施人才强校战略，充分发挥高职院校人才"蓄水池"作用，制定技术技能大师校企双聘计划，分批引进聘请200名左右大国工匠和技能大师，加强"双师型"教师队伍建设，支持教师到企业兼职，选聘企业技术带头人到高职院校担任产业教授，实现高职院校教师与企业技术专家双向流动、两栖发展。这是江苏省级层面在有关高职院校师资队伍建设工作的正式文件中，第一次提出产业教授的概念。

2018年，《省政府关于加快推进职业教育现代化的若干意见》（苏政发〔2018〕68号）要求，设区市、县级人民政府依据职业院校实际缺编数量和教师平均工资标准，核定兼职教师经费补助额度并足额拨付到校，用于聘请行业企业专家和能工巧匠，同时明确"对世界技能大赛前三名选手、全国一类职业技能竞赛第一名选手、人力资源社会保障部授予的'中华技能大奖'获得者，省政府授予的'江苏技能状元'和'江苏工匠'，经人力资源社会保障部门认定后，可由招聘院校自主考核录用入编"，"支持优秀专业技术人才和高技能人才在职业院校建立股份制工作室、技能大师工作室等"。该意见提出要建立乡土人才、非物质文化遗产传承人等到职业院校兼职授课制度。

2019年，《中共江苏省委江苏省人民政府关于印发〈江苏教育现代化2035〉的通知》（苏发〔2019〕15号），要求"发展产教融合的职业教育"和"推动职业院校和行业企业形成命运共同体，支持行业企业参与人才培养全过程"；关于职业院校"双师型"教师队伍建设，要求组建高水平、结构化教师教学创新团队，校企共建"双师型"和"一体化"的教师培养培训基地，建立企业经营管理者、技术能手与职业院校管理者、骨干教师相互兼职制度。文件在强调发展产教融合的职业教育同时，对校企间的人才共享共用，提出了"相互兼职制度"，比起目前更多的是院校聘请企业人才到校兼职，更体现出校企合作、产教融合互动互惠的特征。

2020年7月，《江苏省职业教育质量提升行动计划（2020—2022年）》颁布，要求"职业院校健全自主聘任兼职教师的办法，吸引一批企业家、高科技人才、高技能人才等兼职任教,壮大职业院校产业教授队伍";并在省教育厅和高职院校重点任务清单中分别列出了"组织职业院校产业教授评聘"和"开展职业院校产业教授评聘"的重点任务,将"产业教授"队伍建设作为职业教育质量提升的重要措施之一。该计划同时强调"健全职业院校教师专业标准和'双师型'教师认定办法,将行业企业从业经历作为认定新进教师教育教学能力、取得专业课教师资格的必要条件。职业院校完善教师考评制度,建立充分体现教学实绩、技能水平和专业教学能力的'双师型'教师考核评价机制"。旨在通过职业院校教师专业标准的健全和"双师型"教师认定办法的完善,强化职业院校教师的实践能力提升。该计划在完善立德树人落实机制条目中提出"鼓励聘请劳动模范、道德模范、技术能手、大国工匠担任德育兼职导师"。兼职导师在传授技术技能外,以劳动精神、劳模精神、工匠精神、企业家精神宣传为主,培养学生职业素养、道德情操,实现立德树人目标。这是职业院校企业兼职教师职责以技术技能传授为主向职业精神传播的一种拓展,是产业教授范畴的一种延伸。

江苏为大力实施人才强省战略,加快创新型省份建设,更好地推进产学研合作,探索高校与企业联合培养人才的新机制,由省人才办、教育厅等五部门在2010年提出从省内企业中选聘优秀科技企业家、技术专家到具有博士、硕士学位授予权的普通高校担任产业教授,推动企业与高校共建企业研究生工作站、研究生实践创新基地等各类科研创新载体,联合开展项目研究和科技攻关,联合培养研究生。本科院校产业教授选聘工作的开展,为江苏高校博士、硕士研究生服务经济社会发展能力提升起到了积极作用,各高校与企业间联合开展的科技攻关项目成效显著。

2014年6月23日,全国职业教育工作会议在京召开。中共中央总书记、国家主席、中央军委主席习近平就加快职业教育发展做出重要指示。他强调:"职业教育是国民教育体系和人力资源开发的重要组成部分,是广大青年打开通往成功成才大门的重要途径,肩负着培养多样化人才、传承技术技能、促进就业创业的重要职责,必须高度重视、加快发展。"习近平指出:"要树立正确人才观,培育和践行社会主义核心价值观,着力提高人才培养质量,弘扬劳动光荣、技能宝贵、创造伟大的时代风尚,营造人人皆可成才、人人尽展其才的良好环境,努力培养数以亿计的高素质劳动者和技术技能人才;要牢牢把握服务发展、促进就业的办学方向,深化体制机制改革,创新各层次各类型职业教育模式,坚持产教融合、校企合作,坚持工学结合、知行合一,引导社会各界特别是行业企业积极支持职业教育,努力建设中国特色职业教育体系;要加大对农村地区、民族地区、贫困地区职业教育支持力度,努力让每个人都有人生出彩的机会。"习近平总书记要求各级党委和政府要把加快发展现代职业教育摆在更加突出的位置,更好地支持和帮助职业教育发展,为实现"两个一百年"奋斗目标和中华民族伟大复兴的中国梦提供坚实人才保障。

习近平总书记把职业教育的发展提高到"为实现'两个一百年'奋斗目标和中华民族伟大复兴的中国梦提供坚实人才保障"的高度,特别提出"坚持产教融合、校企合作,坚持工学结合、知行合一,引导社会各界特别是行业企业积极支持职业教育",各级政府和高职院校对办好高等职业教育深感使命光荣、责任重大,产业与教育、企业与学校的合作交流得到加强,高技能型人才培养对产业的依存度日趋增加。江苏为积极落实习近平总书记指示精神,推进省人民政府制定的《江苏高等职业教育创新发展卓越计划》实施,结合江苏高等职业教育从规模扩张到内涵建设的实际,将原本在本科院校博士、硕士研究生培养中的"产业教授"项目延展到了高职院校,于 2017 年启动了高职院校"产业教授"项目,根据《关于开展江苏省第五批产业教授(兼职)选聘工作的通知》(苏教研〔2017〕8 号)精神,在第五批原本只有"研究生导师类产业教授"选聘范围及条件中,增加了"高职院校类产业教授"类型,第一次将"产业教授"拓展到了高职院校。

(二) 江苏高职院校产业教授选聘办法

《关于开展江苏省第五批产业教授(兼职)选聘工作的通知》的发布,标志着江苏高职院校产业教授选聘工作正式开始。为了区别"研究生导师类产业教授",该通知对其选聘范围明确为"从省内企业选聘一批科技型企业家、技术能手(含文化、金融、服务业等领域),担任我省高职院校产业教授",并单独规定了下列选聘条件:

(1) 贯彻落实党和国家教育方针,具有良好的思想政治素质和职业道德。

(2) 获得以下称号之一者:"中华技能大奖""全国技术能手";国家、省、市"技能大师""工匠";省、市企业首席技师;国家、省、市"技能大师工作室领衔人";省、市"有突出贡献技师(高级技师)"等优秀高技能人才;大中型外企推荐的高技能人才;国家或省级非物质文化遗产传承人;企业的国家"万人计划""百千万人才工程"国家级人选;享受国务院特殊津贴人员;省"双创计划"专家;省"333 工程"培养对象;省"六大人才高峰"高层次人才培养对象;省有突出贡献中青年专家;大中型企业、上市公司、国家高新技术企业主要负责人、生产运营或技术负责人;省级以上科研机构或企业研发机构负责人。

(3) 具有副高及以上职称、高级技师技能等级。

(4) 年龄一般不超过 56 周岁(1961 年 1 月 1 日以后出生);对国家级人才且身体健康的,年龄可放宽到 70 周岁(1947 年 1 月 1 日以后出生)。

为了能够选拔出更多的优秀人才到高职院校担任"产业教授",通知中还提出了下列 7 个优先选聘条件:

(1) 近五年,获得省部级以上科技奖、社科奖,或拥有授权发明专利并被企业实际应用,或主持省级以上重大科研项目的。

(2) 近五年,参加过所在企业与高校实质性产学研合作的。

(3) 在创新创优方面,进行技术革新和技术改造,取得较显著的社会效益和经济效益;利用所掌握的技术技能,用于实际生产与经营,取得明显经济效益;开发研制或创作有价值的新产品、新作品、新工艺等。

(4) 在技术攻关方面,在科研、生产中攻克技术难题;对技术难题进行技术会诊,提出改进意见和措施,提高生产效率;在新材料、新设备、新工艺的引进和使用上取得突破。

(5) 在科技成果转化方面,对科学研究与技术开发所产生的科技成果进行后续试验、开发、应用、推广直至形成新产品、新工艺、新材料,发展新产业等,使科技发明、创新成果转化为现实生产力并有较高的实用价值。

(6) 在授艺带徒方面,举办有一定规模的培训班传授技艺、培养人才,产生辐射效应,取得明显成果;培养的徒弟技艺高超;主持校企合作的现代学徒制人才培养试点项目、产教融合平台建设项目等并取得一定成效。

(7) 积极发掘、传承和弘扬优秀传统工艺。

高职院校产业教授选聘,延续了研究生导师类产业教授选聘办法,对选聘程序、工作职责、支持政策、组织管理、材料报送等均做了详细安排。

选聘程序包含岗位发布、个人申报、高校推荐和遴选认定等环节。相关高校结合本校实际需要,提出产业教授岗位、数量(每所院校原则上限报 4 名)和要求,经产业教授选聘办公室审核,统一对社会发布;根据岗位要求,各设区市人才、科技部门组织当地符合条件的人选申报。每人申报一所高校,申报前要与有关高校进行沟通对接,并经所在企业和设区市人才、科技部门审核同意;相关高校对申报人员进行遴选后,向产业教授选聘办公室报送;省人才办、教育厅、科技厅、人社厅、财政厅对高校推荐人选组织专家进行遴选,确定人选,公示一周后发文公布,由省五部门联合颁发聘书,高校与产业教授签订聘用协议。

该通知对高职院校类产业教授、院校分别明确了各自职责。产业教授的职责主要包括:

(1) 参与制定高职院校人才培养方案;以导师身份指导高职院校年轻教师或学生生产实践、科技创新;每年至少参与合作院校教研活动 4 次,每年为合作院校做讲座不少于 1 次。

(2) 推动所在企业与高职院校联合开展项目研究和科技攻关,联合申报国家和省级科研项目,转化高科技创新成果。

(3) 推动所在企业为高职院校学生提供实践创新基地,实施现代学徒制等产教融合人才培养项目,与高职院校共建产学研合作平台。

与此对应,该通知也明确了高职院校职责:

(1) 制定产业教授参与人才培养工作的管理办法;明确学校专任教师与产业教授对接。

(2) 围绕企业技术难题,组织学校教师联合研究攻关,成果优先在企业转化;与产业教授所在企业联合申报国家或省市级科研项目。

(3) 与产业教授所在企业推进产教深度融合等校企合作平台建设。

为了做好首批高职院校产业教授选聘,产业教授选聘办公室专门制定了评审办法,要求择优选拔、突出应用、统筹兼顾,并就评委会组成形式、专家分组、评审程序和纪律要求做了具体规定。

2017 年,第五批产业教授暨高职院校首批产业教授共有 208 人申请了 55 所高职院的岗位,通过专家评选,139 位来自企业的高技能人才、高技术人才、高层次人才、高级管理人才和非遗传承人成了高职院校首批产业教授。2018 年、2019 年、2020 年江苏省第二、三、四批高职院校产业教授各选拔了 164 名、150 名、154 名,已完成的四批共计 607 名高职院校产业教授的选聘,在社会上形成了较大的影响,受到了广大高职院校的欢迎和产业教授、企业的认可。产业教授在高技能型人才培养中的作用正在显现,产业教授选聘工作对兼职教师队伍建设工作的引领、示范作用越来越大,有的学校已经建立了省级、市级、校级三级产业教授体系,形成了产业教授培养梯队。不少院校高度重视产业教授的推选工作,层层把关,力求实效。南京工业职业技术大学每年在推选报送产业教授候选人时,不仅组织二级院系严格按要求从合作企业进行广泛推荐,而且专门组织专家进行校内评选,以确保产业教授候选人的质量。江苏省第十三届人大代表、时任南通职业大学党委书记秦志林就高职院校产业教授选聘工作向省人大提交了《关于深化高职教育产教融合助力创新型省份建设的建议》,他认为,"创新不仅仅在实验室里、在科研院所,有时往往就在生产车间、技术一线;创新的点子不仅仅在科学家、研究员的脑子里,有时就藏在技术人员、产业工人的手里","面向高职院校产业教授校均指标不到2人(原则上全省每年选聘150名),远远不能适应和满足高职院校人才培养和科技研发的需求"。他建议,"进一步扩大产业教授在高职院校的指标规模,着力推进产业教授下放选聘权限进程、着力做好选聘分类指导工作、着力实施选好选优制度,在质量优先前提下扩大高职院校产业教授指标规模"。

根据高职院校产业教授3年的实践,2020年11月13日,江苏省人才工作领导小组办公室、江苏省教育厅、江苏省科学技术厅、江苏省人力资源和社会保障厅印发了《关于印发〈江苏省产业教授(高职类)选聘办法〉的通知》(苏教职〔2020〕19号),这是在《关于开展江苏省第五批产业教授(兼职)选聘工作的通知》(苏教研〔2017〕8号)基础上,结合已开展的三批高职类产业教授的选聘情况,通过对高职院校、产业教授、企业及有关政府部门广泛调研,组织政府、行业、企业及院校专家进行专题讨论,专门制定的高职院校产业教授选聘办法。新的选聘办法充分体现高职特色,强调实用技术技能的传授和产教融合、校企合作工作的开展。与苏教研〔2017〕8号相比,新的选聘办法主要有如下变化。

(1) 依据的上位文件不同。总则中明确指出:制定本办法的目的是为贯彻落实《国务院关于印发〈国家职业教育改革实施方案〉的通知》(国发〔2019〕4号)和《国务院办公厅关于深化产教融合的若干意见》(国办发〔2017〕95号)两个文件中关于教师队伍建设的有关要求,进一步深化产教融合、校企合作,鼓励企业人才参与职业教育人才培养工作,加强高职院校"双师型"师资队伍建设,推进技术研究和成果转化,促进现代职业教育改革发展,加速培养经济社会发展急需的各类高素质技术技能人才。

(2) 对合作基础的要求不同。在须具备选聘条件中新增了第三条"本人或所在单位与推荐学校有产教合作基础",且在第一条中也加了"热心高等职业教育工作",体现了高职院校产业教授任职条件对前期校企合作基础的重视,这种导向也使得产业教授的选聘范围更加明确,人选要求更具针对性。

(3) 优先选聘条件分类不同。新办法更加聚焦高技术技能人才,同时对技能人才、科技人才进行了分类、分层、分级,根据新的变化,增加了不少新的人才类型。为解决一些大型外企、合资企业技术人才参与社会荣誉评定较少的实际,在优选条件中专门列出了一条"大中型企业、上市公司、国家高新技术企业高管、生产运营或技术负责人;省级以上科研机构负责人",使产业教授的选聘范围更广,也更符合实际。

(4) 新增了破格条件。针对一些有真才实学的高技能型人才、工匠,为防止他们由于职称、职务等硬性条件所限无法入选产业教授，专门设置了四条破格条件，重点解决有发明创造、国家级人才荣誉和校企合作成效显著的候选人资格问题。

（5）选聘流程更加规范。选聘程序、工作职责、考核管理全部融入了新的办法之中，使得高职类产业教授选聘更加系统化。

（6）各方职责更加明晰。在有关"工作职责"部分增加了产业教授所在企业的职责，要求企业强化社会责任，支持产业教授任职和产教融合、校企合作工作开展。在产业教授职责中，考虑到产业教授个人实际及在高职院校任职的角色差异，明确在六项职责中只需要完成三项，使得产业教授履职与考核更具操作性。新的办法淡化了产业教授直接授课或开展科学研究的要求，而是强调让其完成学校专职教师无法做、没能力做的工作，如实践技能、最新技术的传授，在专业教学创新团队中创新、创业思维作用发挥等。

（7）产业教授权利更加明确。在总则部分明确，"产业教授参与高职院校人才培养工作，与校内教师享有同等权益"，也就是涉及学校的人才培养方案制定、教学内容的选取、实验实训的开设、教材的编写、课程的讲授等人才培养工作，产业教授有充分的发言权；同时在高职院校职责中，要求明确产业教授责任部门、制定产业教授选聘细则，明晰产业教授岗位职责和权益、产业教授具体工作任务和工作量；为产业教授提供必要的工作条件和经费支持；发放产业教授岗位津贴等。

（8）政策支持更加具体。总则第五条规定，省四部门对产业教授与聘任高职院校联合申报的项目、课题等，在同等条件下予以优先立项。对产业教授申报省"双创计划""333工程""科技企业家培育工程"及各类技能、技术能手（大师）等相关人才项目，在同等条件下予以优先支持。对于产业教授所在企业，在院校职责中要求，围绕产业教授所在单位技术难题，组织学校教师联合研究攻关，成果优先在产业教授所在单位进行转化；优先联合申报国家或省、市级科研项目；与产业教授所在单位推进产教深度融合平台建设；为产业教授所在单位员工提供技术培训和继续教育服务；推荐优秀毕业生到产业教授所在单位就业。

（三）江苏高职院校产业教授选聘工作特点

江苏高职院校产业教授选聘工作开展5年来，作为职业院校"双师型"教师队伍——企业兼职教师队伍建设的实践创新，主要有以下特点：

1. 顶层设计，起点高

产业教授选聘既是落实总书记要求和国家职教改革发展政策要求，也是江苏新时代发展需要。江苏是我国经济大省，制造业位居全国省市第一，技术的进步迭代，江苏产业发展同样面临转型升级压力，新兴产业对新型高技能人才的需求迫切，急盼高职院校能培养出适应产业发展需要的高技能型人才。2014年，《江苏省政府关于加快推进现代职业教育体系建设的实施意见》明确提出，"产教深度融合，职业教育与发展需求相适应，院校布局与产业布局相适应，专业结构与产业结构相适应"和"推进职业教育培养目标、专业设置、课程内容、教学过程与产业升级、行业标准、企业需求相对接，保证职业教育课程和实训基地建设与产业技术发展相适应，并适度超前储备新兴产业人才"，同时要求突出职业精神和职业素养教育，大力宣传企业家、劳动模范、技术能手、优秀毕业生先进事迹。全面实施素质教育,推动产业文化进职教、企业文化进校园、职业文化进课堂,"鼓励职业院校面向企业和社会公开招聘具有实践经验的工程技术人员、高技能人才担任专业课教师或实习指导教师"。为此,江苏省人才办、省教育厅、省科技厅、省人社厅、省财政厅等五部门,对已实施7年的四批本科院校产业教授选聘项目,做出向高职院校扩展的安排,在2017年《关于开展江苏省第五批产业教授(兼职)选聘工作的通知》中首次增设高职院校选聘计划,通知要求"从省内企业选聘一批科技型企业家、技术能手(含文化、金融、服务业等领域),担任我省高职院校产业教授"。第一次从省级层面出台文件为高职院校选聘兼职教师——产业教授,对产业教授的任职要求除了具有副高(或高级技师)及以上职称外,重点考核其所获得的技能大赛荣誉、技术专项称号、各类人才项目等实践能力和所在企业的校企合作基础,并对选聘程序、工作职责和支持政策做了规定。在院校推荐申报时规定每所高职院校原则上不超过4人,省高水平高职院校最多可申报6人,最后通过省级层面的专家评审,每年评选150名左右的高职院校产业教授,结果公示后由省人才办等五部门联合发文认定。

2. 流程规范,影响大

江苏高职类产业教授选聘根据按需设岗、公开选聘、择优聘任、合同管理的原则,通过岗位发布、个人申报、院校推荐、遴选认定4个程序选定。一是相关高职院校根据给定的名额、结合本校实际需要,提出产业教授岗位、数量和要求,经产业教授选聘办公室审核向社会统一发布;二是符合申报条件的候选人经所在单位同意后可选择一所高职院校进行岗位申报,并与高职院校进行沟通对接;三是相关高职院校对申报候选人进行条件审核、推荐评审,结果公示后,报送省产业教授选聘办公室;四是省人才办、省教育厅等部门组织评审专家对推荐人选进行遴选评定,确定人选,公示后发文公布,由省相关部门联合颁发聘书,高校与产业教授签订聘用协议。由于流程设计规范,过程实施严格、任职标准较高(每年通过率控制在70%以内),使项目在高职院校、企业及社会上产生了较大影响和较好的社会效益。

3. 逐步完善,见成效

高职类产业教授制度是江苏落实国家有关职教政策的一次制度创新,是兼职教师队伍建设的一次实践探索,体现的是"产业"+"教授"的结合,其实质就是推动高职院校人才培养与产业发展的融通、融合。自2017年实施以来,经历了逐步完善的过程,在项目安排上,从作为本科院校产业教授的一部分变成了相对独立、单独组织;特别是《江苏省产业教授(高职类)选聘办法》(苏教职〔2020〕19号)的制定,对申报人的技术技能要求,从最初主要强调其职称、学历与获得的高层次荣誉、高档次项目,完善为侧重技术能手、技能大师、工匠和乡村振兴技艺师、乡土人才等实践技能,并扩展了优先事项和破格条件;在业绩认定上,从最初强调个人的业务业绩,变为重点考察其已有的产教融合、校企合作经历与成效。目前,已遴选的四批次(含2020年)共607名高职类产业教授分布在省内70所高职院校任职,涉及智能制造、信息、化工、商贸、医药、农林等30多个领域。通过产业教授授课、讲座、指导实习实训与创新创业等,每年有5万多名学生受益并在专业知识和专业技能方面得到提升。一批青年教师也在产业教授的帮助下提高了科研水平和实践能力,不少企业与院校通过产业教授牵线搭桥,建立了师生实习、实训基地和员工培训基地,校企合作、产教融合更加密切。

江苏高职类产业教授选聘工作的实施,较好地回应了企业兼职教师聘任过程中的一些问题。一是落实了名分,解决了归宿问题。产业教授是省级人才办等发文认定的"教授",在人才培养方案制定、专业建设、建材编写、项目申报等方面享有与专任教师同样甚至更大的话语权。二是落实了待遇,解决了收入问题。文件明确所有院校可自主制定薪酬发放办法,发放产业教授岗位津贴,其费用不计入单位的绩效工资总额,并逐步过渡到财政专项安排。三是落实了责任,解决了重聘请轻考核问题。文件对产业教授和职业院校的职责均做了规定,安排了中期检查和最后考核,并对检查、考核结果不理想的院校、产业教授缩减名额或解聘。四是落实了产教融合内容,一定程度解决了企业积极性不高的问题。产业教授的媒体报道与公示,提升了企业的社会形象,院校隆重的聘请仪式,使更多学生了解了企业,校企间的项目开发、人员互派、基地互建、员工培训等使企业受益,调动了企业的积极性。五是落实了任职条件,解决了质量问题。文件中任职条件是核心内容并不断完善,使什么样的人能成为兼职教师——产业教授有标准参考,防止院校聘请企业教师标准不一或是根本没有标准的问题。目前,江苏有不少高职院校参照这个选聘办法制定了市级、校级产业教授选聘办法,构建了一个校级、市级、省级产业教授的梯队,使兼职教师队伍建设工作无论是质还是量都得到了较大的提高。

江苏高职类产业教授选聘是产教融合大背景下,如何做好兼职教师队伍建设工作的一次有益尝试,将为各职业院校做好教师工作队伍建设提供参考。由于高职院校产业教授项目尚处在探索过程中,新的选聘办法 2020 年才真正执行。2020 年暑期,课题组就高职院校产业教授选聘工作开展了专项调研,针对 2017 年、2018 年、2019 年三批产业教授,通过对院校、产业教授本人、企业及政府部门的现场访谈和问卷调查(调研报告见第五部分)发现,分别有 97.78％、92.99％、97.1％的产业教授、院校和企业认为产业教授"对学校人才培养工作发挥的作用"比较大、大或很大;他们对高职院校产业教授选聘工作给予了充分的肯定。调研中也发现,已开展的高职院校产业教授选聘工作,在选拔、聘用、培训、管理、考核、激励等方面还存在一些不足,如选聘机制还需进一步优化,产业教授的数量设定不够科学,受聘条件有待进一步具体,岗位职责需进一步细化和规范;企业推荐产业教授的积极性需进一步提高;院校在产业教授的日常管理与考核需进一步加强,期末的验收与续聘等尚需进一步明确。这些都将成为课题组未来工作努力的方向。

二、江苏高职院校产业教授申报分析与案例简介

(一)申报材料主要指标分析

江苏省产业教授申报遴选工作自 2017 年开始面向高职院校申报以来,全省许多高职院校申报意愿强烈,积极性非常高,按照文件要求组织符合条件的企业专家申报产业教

授。从全省各高职院校推荐的产业教授申报人的总体情况看,申报产业教授的专家在其行业专业领域内都是行家里手,具备年富力强、学历高、科研能力强、管理和技术兼备等特点。申报产业教授的专家从年龄、性别、学历学位、技术职务、行政职务、人才类型、科研项目数及经费、获奖、发明专利、论文发表等指标来看,与一般兼职教师相比,呈现出明显的优势,具体如下:

1. 申报人数

2017—2019 年,全省高职院校申报产业教授人数分别是 208 人、266 人和 267 人,总体人数不断上升并趋于稳定,第三年达到最多。2017 年申报通知要求每所高职院校推荐的产业教授人选原则上不超过 4 人,不少产教融合、校企合作工作开展得好,兼职教师队伍建设抓得紧的学校,明显感觉名额太少,强烈要求适当增加名额。因此,自 2018 年起,考虑到办学水平较高的高职院校产教融合、校企合作工作基础好,对产业教授需求量大,在选聘通知中关于申报名额的表述修改为"每所高职院校原则上不超过 4 人,省高水平高职院校最多可申报 6 人",新的通知给予了省高水平高职院校申报名额的倾斜。从 3 年的申报情况看,许多院校申报踊跃,材料准备认真充分;也有部分院校(主要是民办院校),由于产业教授的任职条件要求较高,院校自身校企合作工作开展的不够深入,公布产业教授岗位需求后没有人应聘或者是有应聘但条件不符,一时找不到合适的人选,出现指标用不完甚至无人可选的情况。

2. 申报人性别

申报产业教授的专家以男性为主。2017 年,全省共有 208 人申报产业教授,其中男性 185 人,女性 23 人;2018 年,全省共有 266 人申报产业教授,其中男性 233 人,女性 33 人;2019 年,全省共有 267 人申报产业教授,其中男性 216 人,女性 51 人,详见表 4.1。

表 4.1　各年度申报产业教授的性别比例一览表

年度	男	男性占比	女	女性占比	合计
2017	185	88.94%	23	11.06%	208
2018	233	87.59%	33	12.41%	266
2019	216	80.90%	51	19.10%	267
合计	634	85.56%	107	14.44%	741

3. 申报人年龄

申报产业教授的人员以中青年为主,也有少数达到退休年龄,他们多数是文化遗产传承人或大国工匠,30 岁以下年轻人极少。2017 年的 208 名申报人中,30 岁以下有 2 人,31～45 岁有 84 人,46～57 岁有 110 人,57 岁以上有 12 人;2018 年 266 名申报人中,30 岁以下有 2 人,31～45 岁有 118 人,46～57 岁有 134 人,57 岁以上有 12 人;2019 年 267 名申报人中,无 30 岁以下申报人,31～45 岁有 139 人,46～57 岁有 108 人,57 岁以上有 20 人,具体见表 4.2。从表中看出,申报产业教授的企业人员年龄主要分布在 31～57 岁之间,可谓年富力强。

表 4.2　各年度申报人的各年龄段人数

年度	30 岁以下		31～45 岁		46～57 岁		57 岁以上		合计
	人数	占比	人数	占比	人数	占比	人数	占比	
2017	2	0.96%	84	40.38%	110	52.88%	12	5.77%	208
2018	2	0.75%	118	44.36%	134	50.38%	12	4.51%	266
2019	0	0	139	52.06%	108	40.45%	20	7.5%	267
合计	4	0.54%	341	46.02%	352	47.50%	44	5.94%	741

4. 申报人受教育程度情况

不论是《关于开展江苏省第五批产业教授（兼职）选聘工作的通知》（苏教研〔2017〕8号），还是《江苏省产业教授（高职类）选聘办法》（苏教职〔2020〕19号），对高职院校产业教授的申报资质都没有提出学历要求，重点关注其技术技能水平。申报产业教授的人员以大专以上学历为主，也有少量的中专及其以下学历的专家人才，研究生学历人数超过本科学历人数，申报人具有高学历的特征明显。2017年申报人中专及其以下学历者人数为8人，大专20人，本科87人，研究生（硕士、博士）93人；2018年申报人中专及其以下学历者人数为4人，大专23人，本科104人，研究生（硕士、博士）135人；2019年申报人中专及其以下学历者人数为7人，大专31人，本科110人，研究生（硕士、博士）119人。各年度申报人的学历以本科、研究生学历为主，研究生学历人数最多，具体见表4.3，2017—2019年三年申报人受教育程度分布情况见图4.1～图4.3。

表 4.3　各年度申报人不同学历段人数

年度	中专以下		中专		大专		本科		研究生（硕/博）		合计
	人数	占比	人数	占比	人数	占比	人数	占比	人数	占比	
2017	3	1.44%	5	2.40%	20	9.62%	87	41.83%	93	44.71%	208
2018	1	0.38%	3	1.13%	23	8.65%	104	39.10%	135	50.75%	266
2019	3	1.12%	4	1.50%	31	11.61%	110	41.20%	119	44.57%	267
合计	7	0.94%	12	1.62%	74	9.99%	301	40.62%	347	46.83%	741

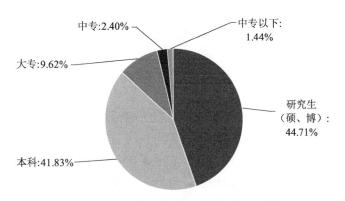

图 4.1　2017 年申报人受教育程度分布图

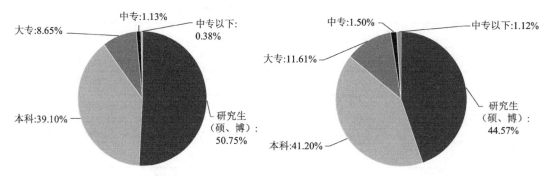

图 4.2 2018 年申报人受教育程度分布图　　图 4.3 2019 年申报人受教育程度分布图

从申报人受教育程度 3 年的分布图看出,每年申报人中,学历比例最高的是研究生(硕/博),其次是本科,学历在大专以下的占比很低。

5. 申报人技术职称

2017—2019 年申报产业教授的专家具有的技术职称普遍较高,都是以高级职称为主,也有少数专家未评职称,或者未填写职称信息。2017 年,全省 208 位产业教授申报人中,具有正高级职称 44 人,副高级职称 131 人,中级职称 14 人,初级或无职称 19 人;2018 年,全省 266 位产业教授申报人中,正高级职称 58 人,副高级职称 174 人,中级职称 19 人,初级或无职称 15 人;2019 年,全省 267 位产业教授申报人中,正高级职称 67 人,副高级职称 156 人,中级职称 30 人,初级或无职称 14 人。由于文件中的申报资格有"具有副高及以上职称、高级技师技能等级"(苏教研〔2017〕8 号)或"原则上应具有副高及以上职称,或取得高级技师技能等级五年以上"(苏教职〔2020〕19 号),即正常当选的技术职称资格应该是副高或高级技师,对于低于这一要求的申报人员,参照了"优先选聘"或"破格选聘"条款,具体技术职称情况见表 4.4。

表 4.4　各年度申报人技术职称情况

年度	无		初级		中级		高级		正高级		合计
	人数	占比	人数	占比	人数	占比	人数	占比	人数	占比	
2017	19	9.13%	0	0	14	6.73%	131	62.98%	44	21.15%	208
2018	13	4.89%	2	0.75%	19	7.14%	174	65.41%	58	21.80%	266
2019	13	4.87%	1	0.37%	30	11.24%	156	58.43%	67	25.09%	267
合计	45	6.07%	3	0.40%	63	8.50%	461	62.21%	169	22.81%	741

6. 申报人担任的行政职务

2017—2019 年各年度申报人在所在单位担任的行政职务以高管、中层为主,也有部分是不担任行政职务的技术专家。2017 年,申报人担任高管职务的 110 人,中层管理者 64 人,不担任行政职务的 34 人;2018 年,申报人担任高管职务的 163 人,中层管理者 62 人,不担任行政职务的 43 人;2019 年,申报人担任高管职务的 152 人,中层管理者 75 人,不担任行政职务的 41 人,具体见图 4.4~图 4.6。从图中可以看出,3 年的产业教授申报人中,有84%以上为企业高管、中层,这对于推动校企间的产教融合、校企合作工作有好处。

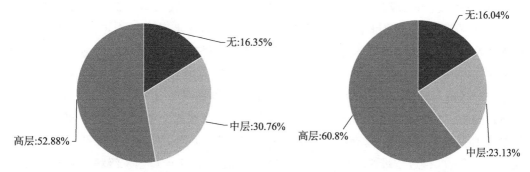

图 4.4　2017 年申报人担任行政职务分布图　　图 4.5　2018 年申报人担任行政职务分布图

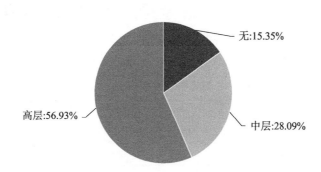

图 4.6　2019 年申报人担任行政职务分布图

7. 申报人具有不同类型人才荣誉称号

人才类型主要是指申报人所获得的各级别的人才荣誉称号。从人才类型来看,主要为国家、省、市政府部门认定的各类人才荣誉称号,包括技术人才和技能人才。2017年208名申报人中,获得国家级人才荣誉或称号27人,省级人才荣誉或称号69人,市级人才荣誉或称号49人,无称号的63人;2018年266名申报人中,获得国家级人才荣誉或称号40人,省级人才荣誉或称号91人,市级人才荣誉或称号64人,无称号的71人;2019年267名申报人中,获得国家级人才荣誉或称号27人,省级人才荣誉或称号120人,市级人才荣誉或称号36人,无称号的84人。从总体情况看,有人才称号的占70.6%,其中国家级的12.7%、省级的37.8%、市级的20.1%,具体见表4.5。

表 4.5　各年度申报人具有不同类型人才荣誉称号统计

年度	无	市级	省级	国家级	合计
2017	63	49	69	27	208
2018	71	64	91	40	266
2019	84	36	120	27	267
合计	218	149	280	94	741

8. 申报人各年度科研项目情况

申报人除了具有高职称、高学历特点之外,相当一部分申报人在科研能力上也表现不俗,获得过省级、国家级各类科研项目的人数较多。少数申报人虽未获得国家级、省级科研项目,但在企业实际项目中表现出了较高的技术实力和水平。2017 年,获得过省级科研项目及经费的人员 93 人,获得过国家级科研项目及经费的人员 63 人,未获得过省级以上项目 52 人;获得科研项目数量从 1 项到 12 项不等,所获经费最低 2 万元,最高者主持和参与的经费累计达 10.8 亿元。2018 年,获得过省级科研项目及经费的人员有 213 人,获得过国家级科研项目及经费的人员 38 人,未获得过省级以上项目 15 人;获得科研项目数量从 1 项到 10 项不等,所获经费最低 3 万元,最高者主持和参与的经费累计达 5.65 亿元。2019 年,获得过省级科研项目及经费的人员 130 人,获得过国家级科研项目及经费的人员 66 人,未获得过省级以上项目 71 人;获得科研项目数量从 1 项到 9 项不等,所获经费最低 0.6 万元,最高者主持和参与的经费累计达 2.46 亿元。未获得省级以上科研项目的申报人,他们当中多数获得过企业或行业项目,在实践中同样表现出了较好的实践能力和科研水平,具体见表 4.6。

表 4.6　各年度申报人所获科研项目情况

年度	无	省级	国家级	合计
2017	52	93	63	208
2018	15	213	38	266
2019	71	130	66	267
合计	138	436	167	741

9. 申报人各年度获得各类奖项荣誉情况

申报人在省级以上获奖或荣誉称号的也较多。2017 年,获得省级各类奖项或荣誉的有 115 人,获得国家级奖项或荣誉的有 16 人;2018 年,获得省级各类奖项或荣誉的有 226 人,获得国家级奖项或荣誉的有 19 人;2019 年,获得省级各类奖项或荣誉的有 149 人,获得国家级奖项或荣誉的有 15 人。申报人所获奖项包括国家、省级科技成果奖和教育成果奖等高质量奖项,具体见表 4.7。高比例的获奖,说明高职院校产业教授申报人工作业绩突出。

表 4.7　各年度申报人获得各类奖项荣誉情况

年度	无	省级	国家级	合计
2017	77	115	16	208
2018	21	226	19	266
2019	103	149	15	267
合计	267	431	282	741

10. 申报人各年度获得发明专利、著作权情况

申报人在发明专利、著作权方面也有不俗成绩。2017 年,128 名申报者有各类发明专

利或著作权,累计专利数 474 件、实用新型 19 件、著作权 29 项,参与标准制定等其他方面 4 项。2018 年,158 名申报者有各类发明专利或著作权,累计专利数 418 件、实用新型 97 件、著作权 22 项,参与标准制定等其他方面 1 项;2019,141 名申报者有各类发明专利或著作权,累计专利数 377 件、实用新型 19 件、著作权 18 项,参与标准制定等其他方面 1 项,具体见表 4.8。大量的专利、著作权的拥有,说明产业教授申报人具有很强的科技创新能力,对参与指导学校师生的创新创业活动十分有益。

表 4.8　各年度申报人获得发明专利、著作权情况

年度	无(人)	有(人)	专利数(件)	实用新型(件)	著作权(项)
2017	96	128	474	19	29
2018	122	158	418	97	22
2019	124	141	377	19	18
合计	342	427	1 269	135	69

11. 申报人各年度发表论文和教材编写情况

2017 年申报材料中,有 136 名申报者发表了论文或出版了教材和专著,数量合计达 329。2018 年申报材料中,193 名申报者发表了论文或出版了教材和专著,数量合计达 598。2019 年申报材料中,184 名申报者发表了论文或出版了教材和专著,数量合计达 377。高水平和数量较多的论文、教材和专著发表,说明产业教授申报人具有较高的理论水平和较强的科研能力,具体见表 4.9。

表 4.9　各年度申报人发表论文、教材、专著的人数

年度	未填写或未发表人数	发表人数
2017	88	136
2018	87	193
2019	81	184
合计	256	513

(二)申报材料案例与总体情况介绍

1. 申报材料案例分析

每年下半年,省产业教授选聘办公室都会发布申报产业教授的有关文件通知,都会对高职院校产业教授申报工作做出具体安排,包括申报名额、任职条件、职责要求、选聘流程和申报时间等,各高职院校对照申报通知进行岗位发布、材料收取、校内初选、候选名单公示、候选名单向产业教授选聘办公室报送,四部门聘请的专家对推送的候选人员进行遴选,遴选出的高职院校产业教授名单经公示后成为正式聘用名单。

从已开展的四批次（文中数据分析仅统计了 2017—2019 年 3 年，2020 年第四批未计入其中）高职院校产业教授遴选结果看，申报人在满足基本条件基础上，能否通过高职院校初选、初选后推荐到省级层面能否顺利当选产业教授，其申报材料的质量起到至关重要的作用。

尽管文件中对各高校推荐人数有一定要求，但不是推荐上来的申报人都能当选，2017—2019 年 3 年各年的通过率分别是 66.83％、61.65％和 56.18％。从这里看出，为确保高职院校产业教授的质量，通过率都在 70％以下，申报材料质量不过关通常会被否决。

一份好的申报材料主要体现在申报材料基本内容撰写的完整性、正确性和针对性三个方面。完整性，主要表现在对申报书中要求的内容应尽可能填写完整，缺项、空栏不能太多，有的人对于申报材料中的"申报人在创新创优、技术攻关、科技成果转化、授艺带徒、传统工艺传承等某一方面的突出贡献"栏目，由于是排在比较靠后的第七栏，往往不够重视，空在那里，如果这一栏填了自己的突出贡献，将给评委留下好印象，很有可能会被优先、破格当选；有些人的材料在最后送到省里评审时，所在单位没有签意见、盖章，由于这是必备环节，缺项当然就会被淘汰。正确性，是指在填写申报书之前一定要仔细阅读申报要求，根据要求去填写相关内容。比如在"技术技能方面取得的成绩"，应该填技术技能方面获得过的荣誉或解决过的一些较重大的企业问题，写得越实越好，不能笼统地说诸如"解决了许多工程问题""多次获得过各种荣誉"等。又比如在"申报人所在单位发展情况及愿景"，重点是了解企业的实力、主要技术侧重、对于产教融合校企合作的战略思考等，如果仅仅只是把企业的介绍填上去，就不一定能给专家传递所需的信息。针对性，是指填写的资料、信息应该是回答文件中的要求，不能答非所问。比如在"申报人所在单位与所聘高校以往的产学研合作基础"栏，这一项对于高职院校产业教授申报成功非常重要，这是高职类产业教授选聘区别于本科院校研究生产业教授选聘的关键所在，通过这部分内容体现高职院校产业教授特色，校企间的合作基础不仅可以为后续校企双方关系的密切创造条件，而且就产业教授而言，如果其所在企业本来就与学校有很好的合作关系，同时申报人也曾参与过这个合作项目，这将为其当选后很好地履职打下了基础。再比如对于"承担的主要科研项目""科技、社科奖励""发明专利、出版论著"等栏目，新的申报书有最多填报 5 项的要求，所以不一定要填很多，应实事求是，关键是所填内容要与自己所申报任职产业教授的院系专业吻合。

多数申报人与所在学校均在同一个城市，申报人与所在学校的院系要加强沟通，让学校提供诸如以往产学研合作情况与成效、学校对口专业所属行业领域与申报人所在单位专业领域、发展前景高度契合等佐证材料，使申报材料真实、丰满。有些申报人的职务、级别、科研能力非常强，硬件条件很好，但最后未被评上，主要是申报材料不能反映其过去参与院校工作基础和自己企业的规划愿景是否有校企合作的打算，专家会对这类高级管理人才当选后能否真实地完成产业教授相关的工作任务指标产生怀疑。

项目团队对 2017—2019 年 3 年的 741 分申报材料进行了梳理分析，总结了准备较充分、最终被遴选成功的申报材料的主要优点，同时罗列了准备不充分、最后落选的申报材料存在的问题。

以江苏经贸职业技术学院为例,2018年学校推荐了7名申报人申报产业教授,最后3名申报人获评产业教授。从当选产业教授董某的申报材料看(具体见附件4.1),有以下几个方面的特点:一是申报表格资料填写完整、准确,必须填写的信息都填报完整;二是申报人在投资行业领域内深耕多年,具有丰富的实战经验和能力,在企业担任业务高管,与其申报的院校专业十分匹配;三是公司发展情况分析、主营业务、发展愿景等内容与投资行业领域发展趋势吻合,与应聘院校的专业关联度高,在公司愿景中含有关于校企合作的内容;四是在申报之前,申报人与江苏经贸职业技术学院一直保持良好的合作关系,在专业建设、人才培养、技术研发、社会培训等方面开展了卓有成效的合作,取得了较好的经济和社会效益,如与院校共同申报《江苏建筑业"营改增"中的博弈:资质管理、业态变迁、增值税持续完善》课题及课题的结题,给专家留下申报人已深度参与申报院校产教融合、校企合作工作的印象。

申报书的填写一定要精准地回答问题,而不能是素材的堆砌,否则,即使申报人有较好的申报内容,如果没有认真针对性的填写,那也是很容易被刷下来。因为省级评审是集中进行,通常分2~3个小组,每组5位左右的专家,组长一般处理疑难问题不参加具体材料审阅,即使是每份材料只要求2位专家评审,每个人也得审阅40份以上,每份材料的阅读时间一般不到5分钟,所以,针对性不强的材料很容易被埋没。

从落选的申报人申报材料来看,都存在各种各样的问题,主要表现在以下几个方面:一是申报材料填写的不够完整,针对性不强;二是申报人存在明显的不足,如职称(技术等级)不满足要求且不符合破格条件,与申报学校在不同城市造成实际工作难以开展等;三是申报人与所在学校前期开展合作成效不明显或尚未开展合作;四是申报人职位很高,日常工作很忙,申报书不能排除专家对后期工作开展的担忧等。落选的申报人申报书中都会存在上述问题中的一点或几点。同样以2018年江苏经贸职业技术学院落选的申报人李某为例,虽然李滨本人作为旅游领域的资深工作者,有着较为丰富的实践经验,但是当年的申报材料中关于所在单位与所聘高校以往产学研合作情况缺失,也就是未开展任何专业建设、人才培养、社会培训等方面的合作,而这块内容往往是评审专家关注的重点。

综上所述,申报材料填写的好坏对于各高职院校推荐的申报人获评产业教授会起到重要作用,好的申报材料可以提升学校获评产业教授的概率。

当然,各高职院校应当与更多的企业开展既有广度又有深度的产学研合作,让企业工程技术人员参与校企间的专业建设、人才培养、技术研发、社会培训、实践教学、项目合作等,这样才能发现、培养出更多的服务于高职院校人才培养的行业技术专家、能工巧匠,使院校在产业教授选聘时有人可选、有内容可写;在此基础上,严格推选申报人、认真撰写申报材料,不仅会提高本校产业教授的申报当选比例,而且会提升江苏高职院校产业教授选聘工作的整体质量和社会影响力,在促进高职院校兼职教师队伍建设的同时,提高人才培养质量。

2. 产业教授遴选情况总体分析

(1) 3年总体遴选情况。2017—2019年,江苏连续3年面向企业产业开展了高职院校产业教授遴选评定工作,共选聘了453名产业教授,具体遴选数据见表4.10。其中,

2017年,全省共有55所高职院校推荐了208名申报人申报产业教授,当选139人,当选比例为66.83%;2018年,全省共有63所高职院校推荐了266名申报人申报产业教授,当选164人,当选比例为61.65%;2019年,全省共有66所高职院校推荐了267名申报人申报产业教授,当选150人,当选比例为56.18%。参与推荐的高职院校数和被推荐的申报人数均呈增长趋势。

表4.10 各年度申报人数和当选人数统计

年度	申报院校数	申报人数	当选人数	当选比例
2017	55	208	139	66.83%
2018	63	266	164	61.65%
2019	66	267	150	56.18%

(2)各地区各院校情况。从3年数据来看,申报产业教授当选的总体比例为60%左右,应该说,淘汰比例较高。细化到省内各地区、各高职院校,当选的数量和比例存在一些差异。虽然各高职院校按照文件通知要求的人数申报,但各地区、各院校最终申报人数、当选人数和当选比例存在较大的差异,这也体现了各学校在产教融合、校企合作方面的基础和成效,反映学校间对产业教授遴选工作的重视程度和申报人申报材料撰写等方面的差别。项目组对2017—2019年3年中全省各高职院校申报情况和当选情况,按照苏南、苏中、苏北分地区进行了梳理统计,具体见表4.11。

从表4.11可以看出,申报人数和当选人数最多的是苏南地区高职院校,其次是苏北地区高职院校,最后是苏中地区高职院校。

苏南地区共有高职院校55所。2017年,共有36所院校合计136人申报,当选86名,当选比例为63.24%;2018年,共有43所院校合计申报181人,当选109名,当选比例为60.22,%;2019年,共有44所院校合计申报171人,当选99名,当选比例为57.89%。苏南地区申报院校数逐年增加,当选比例连续两年超过60%,第三年接近60%,3年当选比例与全省的入选比例基本一致。

苏北地区共有高职院校20所。2017年,12所院校合计申报了42人,当选34名,当选比例为80.95%;2018年,10所院校合计申报了43人,当选30名,当选比例为69.77%;2019年,14所院校合计申报了59人,当选31名,当选比例为52.54%。苏北地区申报院校数有波动,但总体增加;苏北地区在2017年当选比例非常高,达到了80.95%,2018年当选比例降至69.77%,但仍然是当年3个地区最高的,2019年降为52.54%,究其原因,可能是一些符合条件的人选已经选聘,由于缺乏人才梯队和培养机制,满足条件的人相对减少。

苏中地区共有高职院校14所。2017年,7所院校合计申报了30人,当选19名,当选比例为63.33%;2018年,10所院校合计申报了42人,当选25名,当选比例为59.52,%;2019年,8所院校合计申报了37人,当选20名,当选比例为54.05%。苏中地区申报院校数呈波动状态,2017年当选比例为65.38%,2018年和2019年两年的当选比例均低于60%,3年的当选比例略低于全省平均水平。

从具体各高职院校来看,2017—2019年3年中,共有72所高职院校参与了产业教授申报工作,占全省89所高职高专院校(含南京工业职业技术大学,不含江苏联合职业技术学院)的80.90%;3年都申报并有申报人员当选产业教授的高职院校有44所,有2年都申报并有申报人员当选产业教授的高职院校有13所;3年中只有1年申报并有申报人员当选产业教授的高职院校有13所。我省至少有1位产业教授的高职院校数是70所,占到全省89所职业院校的78.65%。还有19所高职高专院校因为从没申报或申报过没有被选上,至今没有产业教授,这些学校包括：钟山职业技术学院、应天职业技术学院、正德职业技术学院、南京视觉艺术职业学院、无锡南洋职业技术学院、太湖创意职业技术学院、建东职业技术学院、苏州幼儿师范高等专科学校、苏州百年职业技术学院、苏州托普信息职业技术学院、南通师范专科学校、扬州环境资源职业技术学院、扬州中瑞酒店职业学院、徐州生物工程职业技术学院、徐州幼儿师范专科学校、明达职业技术学院、江苏财会职业技术学院、宿迁职业技术学院、宿迁泽达职业技术学院等;除扬州环境资源职业技术学院因与扬州职大合并不需申报外,其余18所学校中有13所民办学校、5所公办学校(3所师范专科),说明民办院校、师范类院校和办学时间短的学校对产业教授选聘工作重视不够。高职院校产业教授遴选工作应加大宣传力度,强化政策引导,让所有院校提高对产业教授遴选工作重要性的认识,积极加入这一兼职教师队伍建设的创新项目中。

在2017—2019年3年的高职类产业教授申报中,连续3年申报人数、当选人数均比较多的学校有无锡工艺职业技术学院、南京信息职业技术学院、常州信息职业技术学院、南京旅游职业技术学院、江苏海事职业技术学院、常州纺织服装职业技术学院、苏州工艺美术职业技术学院、江苏工程职业技术学院、扬州工业职业技术学院、泰州职业技术学院、江苏建筑职业技术学院、江苏医药职业技术学院、江苏食品药品职业技术学院等。这从侧面反映了上述院校在产教融合、校企合作方面具有良好的基础和成效,学校重视产业教授选聘,申报积极性高,重视当选产业教授在推动产教融合、校企合作中的作用发挥,形成了良性循环。还有一类是院校产教融合、校企合作基础较好,院校对产业教授选聘工作非常重视,申报积极性高,申报人数较多,这类院校有南京工业职业技术大学(原为南京工业职业技术学院)、江苏经贸职业技术学院、南京铁道职业技术学院、南京科技职业技术学院、常州机电职业技术学院、无锡职业技术学院、苏州工业职业技术学院、江苏农林职业技术学院、无锡商业职业技术学院、南通科技职业技术学院、南通职业大学、江苏财经职业技术学院、江苏护理职业技术学院、盐城工业职业技术学院等。

值得一提的是,无锡工艺职业技术学院连续3年申报且当选比例为100%,连云港师范高等专科学校申报了2年,当选比例也为100%。他们均不是"双高校""高水平学校",说明只要产教融合、校企合作基础好,对申报工作认真负责,所有院校在产业教授申报时都有可能取得很好的结果。

表 4.11 2017—2019 年各地区、各院校产业教授申报与当选情况统计

序号	地区	院校	2017 年			2018 年			2019 年		
			申报人数	当选人数	当选比例	申报人数	当选人数	当选比例	申报人数	当选人数	当选比例
1		南京城市职业技术学院	1	1	100.00%	3	2	66.67%	3	2	66.67%
2		南京信息职业技术学院	4	4	100.00%	6	4	66.67%	7	5	71.43%
3		江苏海事职业技术学院	4	4	100.00%	6	4	66.67%	6	3	50.00%
4		南京科技职业技术学院	6	3	50.00%	4	3	75.00%	4	2	50.00%
5		江苏经贸职业技术学院	3	2	66.67%	7	3	42.86%	6	3	50.00%
6		南京工业职业技术学院	4	2	50.00%	8	4	50.00%	6	5	83.33%
7		南京铁道职业技术学院	4	4	100.00%	6	6	100.00%	6	4	66.67%
8		南京交通职业技术学院	4	3	75.00%	6	5	83.33%	6	3	50.00%
9		江苏卫生健康职业学院	1	1	100.00%	3	3	100.00%	2	1	50.00%
10		南京旅游职业学院	5	3	60.00%	4	2	50.00%	3	3	100.00%
11		江苏城市职业学院	3	3	100.00%	3	1	33.33%	2	0	
12		南京机电职业技术学院							5	2	40.00%
13		金肯职业技术学院	2		0.00%	2	2	100.00%	4	2	50.00%
14		南京视觉艺术职业学院				1	0				
15		无锡职业技术学院	7	4	57.14%	8	6	75.00%	6	5	83.33%
16	苏南	江苏信息职业技术学院	4	3	75.00%	5	3	60.00%	4	2	50.00%
17		无锡工艺职业技术学院	4	4	100.00%	4	4	100.00%	1	1	100.00%
18		无锡商业职业技术学院	4	4	100.00%	6	3	50.00%	6	4	66.67%
19		无锡城市职业技术学院				4	1	25.00%			
20		江阴职业技术学院	2	1	50.00%	1	1	100.00%	2	0	
21		无锡科技职业学院	4	1	25.00%				2	1	50.00%
22		江南影视职业学院							2	2	100.00%
23		无锡南洋职业技术学院							2	0	
24		常州信息职业技术学院	4	4	100.00%	6	3	50.00%	3	2	66.67%
25		常州机电职业技术学院	4	2	50.00%	6	6	100.00%	6	4	66.67%
26		常州工程职业技术学院	4	4	100.00%	7	3	42.86%	7	4	57.14%
27		江苏城乡建设职业学院	3	1	33.33%	3	1	33.33%	1	1	100.00%
28		常州纺织服装职业技术学院	6	3	50.00%	4	3	75.00%	4	3	75.00%
29		常州工业职业技术学院	4	4	100.00%	4	2	50.00%	4	3	75.00%
30		苏州经贸职业技术学院	2	1	50.00%	4	1	25.00%	4	1	25.00%
31		苏州工业园区职业技术学院	4	3	75.00%	3	1	33.33%	4	2	50.00%
32		苏州健雄职业技术学院	5	1	20.00%	4	4	100.00%	4	2	50.00%

(续表)

序号	地区	院校	2017年			2018年			2019年		
			申报人数	当选人数	当选比例	申报人数	当选人数	当选比例	申报人数	当选人数	当选比例
33	苏南	苏州市职业大学	4	2	50.00%	4	4	100.00%	4	2	50.00%
34		苏州工业职业技术学院	3	3	100.00%	7	4	57.14%	6	3	50.00%
35		沙洲职业工学院	5	1	20.00%	3	2	66.67%	1		
36		苏州工业园区服务外包职业学院	4	1	25.00%	2	2	100.00%	2	2	100.00%
37		苏州信息职业技术学院	3	1	33.33%	4	2	50.00%	4	2	50.00%
38		苏州卫生职业技术学院				4	3	75.00%	3	2	66.67%
39		苏州工艺美术职业技术学院	5	3	60.00%	4	2	50.00%	7	4	57.14%
40		苏州农业职业技术学院	3	2	66.67%	5	2	40.00%	6	3	50.00%
41		硅湖职业技术学院	2	2	100.00%	2	2	100.00%	3	0	
42		苏州高博软件技术职业学院							1	1	100.00%
43		昆山登云科技职业学院	5	1	20.00%	2	0				
44		江苏农林职业技术学院				9	2	22.22%	6	4	66.67%
45		江苏航空职业技术学院				4	3	75.00%	1	1	100.00%
46		金山职业技术学院				2	0		1	1	100.00%
47		镇江市高等专科学校				1	0		4	2	50.00%
	小计		136	86	63.24%	181	109	60.22%	171	99	57.89%
48	苏中	南通科技职业学院	4	2	50.00%	4	3	75.00%	3	1	33.33%
49		南通航运职业技术学院	4	2	50.00%	6	4	66.67%	6	4	66.67%
50		江苏商贸职业学院				1	1	100.00%			
51		南通职业大学	5	3	60.00%	8	2	25.00%	5	2	40.00%
52		江苏工程职业技术学院	4	4	100.00%	4	2	50.00%	6	4	66.67%
53		泰州职业技术学院	3	3	100.00%	4	4	100.00%	4	2	50.00%
54		江苏农牧科技职业学院	4	2	50.00%				8	4	50.00%
55		扬州工业职业技术学院	6	3	50.00%	6	4	66.67%	4	3	75.00%
56		扬州市职业大学				4	2	50.00%			
57		江苏旅游职业学院				4	2	50.00%			
58		江海职业技术学院				1	1	100.00%	1	0	
	小计		30	19	63.33%	42	25	59.52%	37	20	54.05%

(续表)

序号	地区	院校	2017年			2018年			2019年		
			申报人数	当选人数	当选比例	申报人数	当选人数	当选比例	申报人数	当选人数	当选比例
59	苏北	连云港职业技术学院	4	2	50.00%				4	2	50.00%
60		连云港师范高等专科学校	2	2	100.00%				3	3	100.00%
61		江苏电子信息职业学院	4	3	75.00%	4	2	50.00%	5	2	40.00%
62		江苏食品药品职业技术学院	5	4	80.00%	6	4	66.67%	6	3	50.00%
63		炎黄职业技术学院				3	1	33.33%	2	0	
64		徐州工业职业技术学院	4	4	100.00%	6	5	83.33%	6	3	50.00%
65		江苏建筑职业技术学院	4	4	100.00%	6	6	100.00%	7	4	57.14%
66		江苏安全技术职业学院	3	2	66.67%	3	2	66.67%	3	2	66.67%
67		江苏医药职业学院	4	2	50.00%	4	3	75.00%	3	3	100.00%
68		江苏护理职业学院	3	3	100.00%	3	3	100.00%	3	1	33.33%
69		江苏财经职业技术学院	4	4	100.00%	4	2	50.00%	4	1	25.00%
70		盐城工业职业技术学院	4	3	75.00%	4	2	50.00%	5	3	60.00%
71		九州职业技术学院	1	1	100.00%				4	2	50.00%
72		盐城幼儿师范高等专科学校							4	2	50.00%
	小计		42	34	80.95%	43	30	69.77%	59	31	52.54%
	总计		208	139	66.83%	266	164	61.65%	267	150	56.18%

附件 4.1

江苏省第六批产业教授申报书

（高职院校类）

申报人姓名：_____

所在单位名称：_____

所在单位地址：南京市玄武区珠江路 333 号

所在县（市、区）：　　玄武区

申报高校名称：江苏经贸职业技术学院

申报岗位名称：　　投资分析

2018 年 8 月制

一、申报人基本情况

姓名		性别	男	国籍	中国	民族	汉	出生年月	
身份证/护照号码						政治面貌		群众	
现任专业技术职务及任职时间	正高级经济师　2017年11月								
所在单位及职务									
最终学位、取得时间及授予国家或地区、学校和专业	硕士学位　2009年10月　东南大学　工商管理								
从事专业及研究方向	投资分析								
获得的技术技能或人才工程等方面的荣誉或称号	南通市226人才工程第二层次								
参加何种学术团体、任何职	常州仲裁委员会　民商事仲裁员								
通信地址及邮政编码	南京江宁区龙眠大道180号					手机			
固定电话			传真		52712607	电子邮箱			
学习经历（从大学起）	何年何月至何年何月			在何地、何校、何部门学习					
	1992.9—1995.6			南京审计学院金融系					
	2005.9—2009.10			东南大学经济管理学院					
工作经历	何年何月至何年何月			在何地、何单位、何部门工作，任何职务					
	2005.5—2012.1			江苏启安集团　　管理部经理					
	2012.1—2015.11			江苏南润集团　　投资部经理					
	2015.11至今			南京新爱杰科技公司　副总经理					

批注：
- 专业与申报院校专业吻合，项目填写完整。
- 申报人经历丰富且与申报专业吻合。

二、申报人所在单位发展情况及愿景

（一）发展情况

1. 总体概况

公司成立于1999年,经过二十年的发展,公司从经营计算机外设开始,发展到经营网络设备,逐步向网络金融领域发展,并和知名企业合作,共同从事证券投资分析软件的开发、销售和推广。公司坚持经济效益和社会效益并重,成为一家依托信息技术和网络技术,在网络金融和证券投资领域取得不俗业绩的高科技型企业。 〔公司业务与院校专业吻合。〕

2. 主要业务介绍

（1）公司从最近十年来电子商务迅猛发展的大环境中,发现了互联网金融发展的商机,公司从经营POS机开始,逐步向电子支付等领域发展,为连锁企业提供电子支付和供应链金融解决方案,为企业提供完善的财务管理后台,实现了信息流和资金流的完整匹配,在互联网金融领域取得了良好的经济、社会效益。

（2）公司根据市场对投资分析的需求,与多家软件商合作,从事证券投资分析软件研发、销售、服务及股票知识培训等业务,开发出在证券投资技术分析方面有较高实用价值的软件。软件的设计思路源自"道氏理论"这一公认的揭示市场运动的最深刻理论,紧紧抓住选股和择时两个方面,强化软件功能。为了更适合普通投资者操作,在软件设计上也力求操作简单、方便、实用。在图形分析中,拥有较强的分析功能,包括傻瓜信号集、趋势研判通道集、等比K线画线分析、百变指标自由组合、黑箱提示等众多较为优秀的分析工具,供投资者自由选择。充分考虑了不同投资者水平的差异,设计也是由简单到复杂,以满足不同层次投资者的需要。公司还为股民提供投资分析培训,帮助投资者树立投资信心,建立正确的投资理念,掌握经典的投资方法,客观理性地使用投资工具,帮助他们在理性投资的基础上获得投资收益。

（二）公司愿景 〔公司愿景涵盖校企合作内容。〕

公司时刻牢记企业的社会责任,坚持诚信经营,客户至上。在培养员工方面,为员工提供优厚的福利待遇,员工发展实行内部晋升机制。在与江苏经贸职业技术学院合作的过程中,利用经贸学院在管理人才培养方面的经验,为上岗员工提供系统全面的技能培训,涌现了大批年轻的优秀管理人才,他们如今正奋斗在公司各个重要岗位,为企业的建设和发展奠定了基础。

今后,公司将继续秉承"制造互联、融合创新"的理念,抓住大数据、金融云等信息技术革命的机遇,通过互联网推动产业经济的升级。公司将进一步在信息技术和互联网技术的基础之上,为"长尾客户"服务,为大众服务,充分满足消费者的个性化需求,使公司进一步发展壮大,为发展普惠金融事业做出贡献。公司也将利用技术、项目的优势,积极参与经贸学院的人才培养工作,实现互惠共赢。

三、申报人及所在单位与所聘高校以往产学研合作情况

（以往合作情况主要包括联合开展专业建设、人才培养、技术研发、社会培训以及产学研合作平台建设等情况，限800字以内）

申报人及所在单位与江苏经贸职业技术学院一直保持着良好的合作关系，校企之间主要在以下几个方面开展产学研合作：

（一）专业建设

校企双方在互联网金融和证券投资领域，保持了密切的协作，双方人员联合开展证券、期货等相关领域的研究、攻关，在理论和实务方面互相取长补短，联合申报国家和省级科研项目，提高教学和证券投资实战能力，共同促进专业水平的提高。申报人固定参与学校金融专业类教研活动，举办讲座，和师生交流对政策与市场的研究体会。申报人结合自己对建筑房地产业投资的研究，和学校合作申报了《江苏建筑业"营改增"中的博弈：资质管理、业态变迁、增值税持续完善》，项目已立项并且即将结题，大大强化了研究能力，为证券投资中的产业基本面研究搭建了良好的平台。

（批注：参与院校工作较多且实。）

（二）人才培养

公司依托在金融实务工作方面的经验，积极参与经贸学院金融专业类人才培养方案的制定，承担人才培养数字化资源建设工作，搭建产教融合建设项目平台，进行校企合作的现代学徒制人才培养试点，指导学生在证券投资、互联网金融方面进行实习、就业。申报人为经贸学院学生讲授"互联网金融""证券投资分析"等课程，既为学生传授了实务操作经验，也促进了自身理论水平的提升。

（三）技术研发

校企双方在合作过程中，公司在IT行业中的优势和经贸学院在证券投资研究方面的优势有机地结合起来，进一步优化、完善证券投资分析软件的功能，更好地为广大投资者服务。

（四）社会培训

校企双方发挥经贸学院的师资资源优势，共同为企业上岗员工提供系统全面的技能培训，收到了很好的效果。同时为做好为投资者的咨询和培训服务工作，举办了一定规模面向顾客的投资分析社会培训班，产生辐射效应，取得了较好社会效益。

四、申报人近五年承担的主要科研项目

序号	项目名称	项目性质及来源	项目经费	起始年度	终止年度	排序
	江苏建筑业"营改增"中的博弈：资质管理、业态变迁、增值税持续完善	省社科基金	2万元	2016.12	2018.12	主持

五、申报人近五年获得省部级以上科技、社科奖励情况

序号	获奖项目名称	奖励名称	奖励等级	授奖单位及国别	奖励年度	本人排名

六、申报人近五年授权发明专利、出版论著情况

序号	成果类型（发明专利、著作、论文）	成果名称	专利号或出版单位	授权公告日或出版年度	本人排序	备注
	论文	《消费型增值税与企业技术创新能力关系的研究》	江苏科技信息杂志社	2015.10	第一	

七、申报人在创新创优、技术攻关、科技成果转化、授艺带徒、传统工艺传承等某一方面的突出贡献（限500字）

　　申报人有长期的财务管理、投资分析的工作经验，对一些产业的投资也有一定的研究，有较强的创新意识，在校企合作、授艺带徒方面有一定的经验。

　　目前通过与学校在教学科研方面的协作，在证券投资的基本面分析和技术面分析方面，取得了一定的成果，尤其是申报人主持的省级课题《江苏建筑业"营改增"中的博弈：资质管理、业态变迁、增值税持续完善》立项和即将结题，大大促进了投资分析水平的提高。申报人在参与常州、南通等地投资纠纷案件的仲裁中，为当事人公平处理了巨额的资产纠纷，社会效益显著。

> 前后内容关联度高。

八、所在单位推荐意见

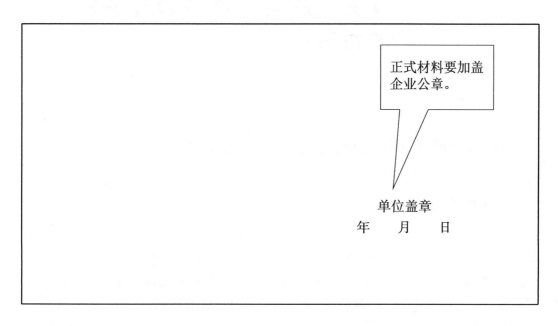

九、高校意见

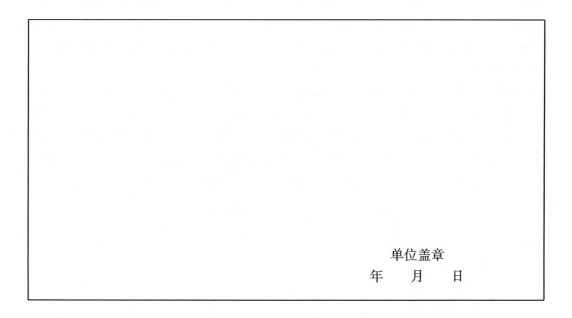

第五部分 江苏高职院校产业教授选聘工作调查分析

一、高职院校产业教授选聘工作调查说明

(一) 背景与目的

2010年以来,江苏省在本科院校实施产业教授评聘工作,2017年扩展到了高职院校,截至2021年9月,江苏省高职院校已评聘了607名产业教授。湖北、山东也先后启动了产业教授选聘工作。产业教授在促进产教融合、校企合作工作中发挥了越来越大的作用,受到高校的广泛欢迎,但高职院校产业教授选聘、考核、激励等尚无系统的政策文件。为更好地促进产业教授选聘工作创新发展,同时为行政部门制定体系完整、富有操作性的制度文件提供实践支撑,弥补高职院校产业教授制度短板,本课题组分别设计了《产业教授选聘工作调查问卷(产业教授卷)》(见附件5.1)、《产业教授选聘工作调查问卷(院校卷)》(见附件5.2)、《产业教授选聘工作调查问卷(企业卷)》(见附件5.3),采取线上线下相结合的模式开展调研。经江苏省教育厅职业教育处同意,在江苏现代职业教育研究院(江苏职业教育智库)支持下,成立了苏北、苏中、苏南三个工作组,于2020年7—9月,课题组进行了针对江苏2017、2018、2019年三批次453名高职院校产业教授选聘工作情况的调研,重点走访了国家"双高"校、省优质校、民办校等不同规模和类型的26所高职院校,涵盖产业教授选聘工作做得好的院校,也有尚未开展此项工作的院校。课题组访谈了院校领导、责任部门负责人和产业教授代表,通过现场座谈、调研问卷和利用问卷星系统的问卷调查等形式,收集到了来自院校、企业和产业教授个人的真实信息。26所高职院校现场调研具体安排见表5.1。

表5.1 26所高职(专科)院校现场调研安排

组别	学 校	时 间	备注
第一组	江苏农林职业技术学院	7.24 10:00—12:00	组长:王兆明 组员:周志刚 蔡爱丽 王宏海 刘博文
	扬州工业职业技术学院	7.24 14:00—16:30	
	扬州中瑞酒店职业学院	7.25 9:00—11:30	
	泰州职业技术学院	7.25 14:00—16:30	
	江苏农牧科技职业学院	7.26 9:00—11:30	
	江苏工程职业技术学院	7.26 14:00—16:30	
	南通职业大学	7.27 9:00—11:30	
	江苏海事职业技术学院	7.30 9:00—12:00	
	南京科技职业学院		

(续表)

组别	学　校	时　间	备注
第二组	常州信息职业技术学院	7.24　10：00—12：00	组长：张旭翔 成员：王红梅　徐建俊 　　　葛伟丽
	常州机电职业技术学院	7.24　14：00—16：30	
	常州工程职业技术学院	7.25　9：00—11：30	
	无锡职业技术学院	7.25　15：00—17：30	
	无锡商业职业技术学院	7.26　9：00—11：30	
	苏州农业职业技术学院	7.26　15：00—17：30	
	苏州托普信息职业技术学院	7.27　9：00—11：30	
	苏州健雄职业技术学院	7.27　15：00—17：30	
	南京信息职业技术学院	7.30　9：00—12：00	
第三组	江苏电子信息职业技术学院	7.24　10：00—12：00	组长：钟名湖 成员：胡　斌　李漫江 　　　朱海静　姚　炜
	炎黄职业技术学院	7.24　14：00—16：30	
	江苏建筑职业技术学院	7.25　10：00—12：00	
	徐州工业职业技术学院	7.25　14：00—16：30	
	九州职业技术学院	7.26　9：00—11：30	
	连云港职业技术学院	7.27　9：00—11：30	
	连云港师范高等专科学校	7.27　14：00—16：30	
	江苏经贸职业技术学院	7.22　10：00—12：00	

（二）调查数据分析

1. 数据收集与样本特征

本次调查对象为高职院校聘任的产业教授、相关高职院校、行业企业人士等。调查采取现场问卷调查和网络问卷调查两种方式，共发放问卷216份，有效问卷216份，其中产业教授卷90份、院校卷57份、行业企业卷69份，问卷回收率为100％，问卷有效率为100％。

2. 问卷项目分析

问卷分为产业教授卷（29题）、院校卷（24题）、企业卷（18题）3种，根据不同的调查对象，对问卷中的问题类型、数量等做了针对性设计。

二、高职院校产业教授选聘工作调查结果分析

（一）产业教授选聘工作调查结果分析（产业教授卷）

第1题　您所在地区是（　　）　　　［单选题］

选项	小计	比例	
A. 山东	0		0
B. 湖北	0		0
C. 江苏	90		100%
本题有效填写人次	90		

这次被调研的 90 位产业教授全部来自江苏企业，这与产业教授选聘办法退出机制中"调离江苏工作或因身体原因不能继续履职的需要退出"的要求有关，院校在选聘产业教授时，考虑到工作的方便，尽可能地选择在苏且离学校较近的人员。

第 2 题 您的单位类型是（ ） ［单选题］

选项	小计	比例	
A. 国有企业	21		23.33%
B. 国有控股企业	9		10.00%
C. 外资企业	1		1.11%
D. 合资企业	3		3.33%
E. 私营企业	50		55.56%
F. 事业单位	6		6.67%
G. 行政机关	0		0
本题有效填写人次	90		

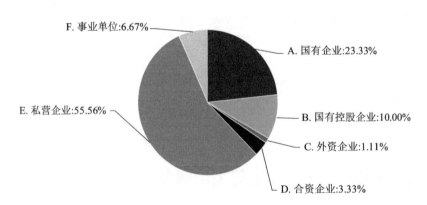

从结果来看，高职院校产业教授中超过 55％的人来自私营企业，这与本科院校博士、硕士研究生的产业教授来源有所不同，高职院校产业教授更重视实践技能而非理论传授，一些能工巧匠和技能大师、非遗传承人不一定在大型国企、外企，这也为政府制定产业教授选聘办法提供了一个范围指向：应该更多面向私营企业。

第3题　您的工作岗位是（　　）　　　［单选题］

选项	小计	比例
A. 高层管理人员	65	72.22%
B. 中层管理人员	13	14.44%
C. 工程技术人员	10	11.11%
D. 一般工作人员	2	2.22%
本题有效填写人次	90	

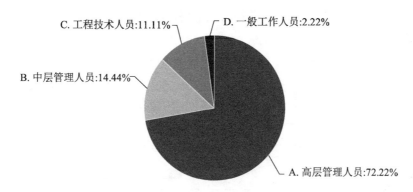

调查结果显示，有高达72%的产业教授来自"高层管理人员"，这一方面说明高职院校产业教授选聘要求较高，是企业兼职教师中的高端人才；另一方面反映企业高层管理者对支持职业教育改革发展很重视。选聘有职务又有专长的企业人员担任产业教授，不仅可以传道授业，而且对推进产教融合、校企合作工作有更大的帮助。

第4题　您的专业技术职务是（　　）　　　［单选题］

选项	小计	比例
A. 正高级	40	44.44%
B. 高级	47	52.22%
C. 中级	1	1.11%
D. 初级	1	1.11%
E. 无	1	1.11%
本题有效填写人次	90	

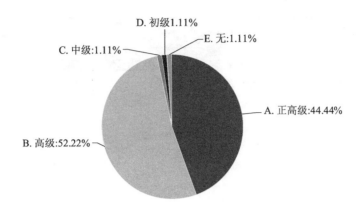

调查结果显示,有高级职称的比例超过96%,在受调研的90位产业教授中,中级、初级和无职称的均只有1名,这3位产业教授均具备非遗传承人等破格条件。

第5题 您的职业技能等级是( ) [单选题]

选项	小计	比例
A. 高级技师	36	40.00%
B. 技师	3	3.33%
C. 高级工	9	10.00%
D. 无	42	46.67%
本题有效填写人次	90	

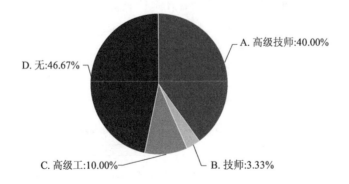

在《关于开展江苏省第五批产业教授(兼职)选聘工作的通知》(苏教研〔2017〕8号)中,其任职条件中的第三条为"具有副高及以上职称、高级技师技能等级"。调查结果显示,有40%的产业教授的职业技能等级是高级技师,这说明高职院校产业教授对于技术技能的重视。

第6题 您获得过的荣誉有（ ） ［多选题］

选项	小计	比例
A. 国家级"非物质文化遗产传承人""技能大师""工匠""首席技师""'五一'创新能手""有突出贡献技师""技能大师工作室领衔人"等	7	7.78%
B. 省、市级"非物质文化遗产传承人""乡土人才""技能大师""工匠""首席技师""'五一'创新能手""有突出贡献技师""技能大师工作室领衔人"等	18	20.00%
C. 省"333工程""六大人才高峰"高层次人才、省"双创计划"专家、省有突出贡献中青年专家等	27	30.00%
D. 世界技能大赛前三名、全国一类职业技能竞赛第一名	2	2.22%
E. 其他（请填写： ）	33	36.67%
F. 无	17	18.89%
本题有效填写人次	90	

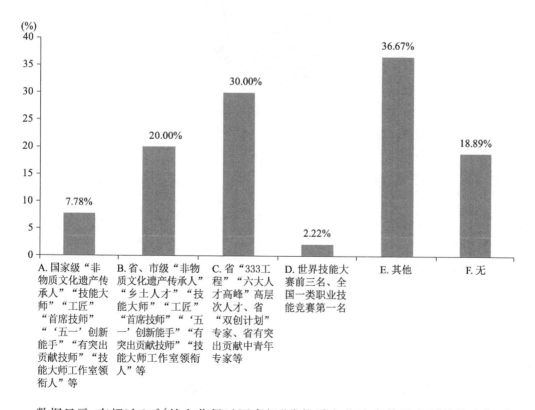

数据显示，有超过80%的人获得过国家级"非物质文化遗产传承人""技能大师""工匠""首席技师""'五一'创新能手""有突出贡献技师""技能大师工作室领衔人"，省级

"333 工程""六大人才高峰"高层次人才、"双创计划"专家、有突出贡献中青年专家等荣誉称号,还有2人获得过"世界技能大赛前三名、全国一类职业技能竞赛第一名",说明所选聘的产业教授契合高职院校产业教授选聘要求。

第7题 您在成为产业教授之前参与院校间校企合作的工作情况是(　　) [单选题]

选项	小计	比例
A. 经常参加	59	65.56%
B. 有时参加	28	31.11%
C. 基本没有参加	3	3.33%
本题有效填写人次	90	

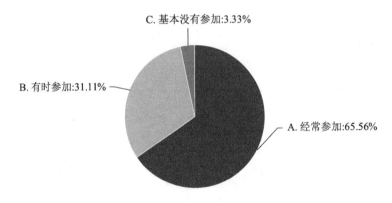

调查结果显示,有近97%的人有过产教融合、校企合作经历,其中65.56%的人经常参与学校活动,说明前三批次选聘的产业教授主要来自高职院校有合作基础的企业,且这些产业教授大多数与学校有过接触,对学校比较熟悉。

第8题 您成为产业教授的原因是(　　)　　[多选题]

选项	小计	比例
A. 单位与院校有合作关系被单位推荐	63	70.00%
B. 受院校的邀请	74	82.22%
C. 将自己的技术技能传授给学生,为培养高素质技能型应用人才贡献自己的力量	64	71.11%
D. 借学校这个平台将实践与理论结合,提升自身专业能力和研发能力	46	51.11%
E. 借此作为继续学习、积累专业资质的渠道	23	25.56%
F. 借此实现自己教书育人的梦想	26	28.89%

(续表)

选项	小计	比例
G. 塑造自己参与职业教育的良好社会形象	21	23.33%
H. 改善自己的经济状况	2	2.22%
本题有效填写人次	90	

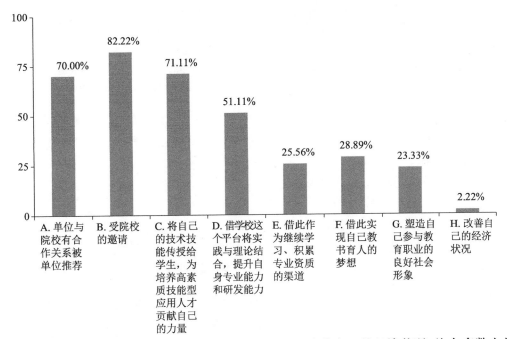

数据显示,只有2.22%的人担任产业教授是为了改善自己的经济状况,绝大多数人是出于"受院校的邀请"(82.2%)、"将自己的技术技能传授给学生,为培养高素质技能型应用人才贡献自己的力量"(71.11%)、"单位与院校有合作关系被单位推荐"(70.00%)、"借学校这个平台将实践与理论结合,提升自身专业能力和研发能力"(51.11%)等,说明许多产业教授到校任职不是出于待遇、津贴等,而更多的是出于工作责任和社会责任。

第9题 您认为做产业教授需要参加的培训有( ) [多选题]

选项	小计	比例
A. 教学理论	53	58.89%
B. 教学方法	69	76.67%
C. 有关职业教育政策	58	64.44%
D. 不需要培训	5	5.56%
本题有效填写人次	90	

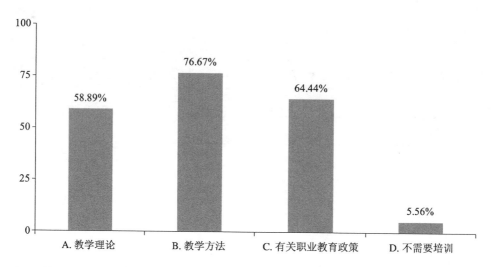

调查结果显示,绝大多数产业教授认为自己应该参加教学方法、职业教育政策和教学理论培训,说明未来在高职院校产业教授培养过程中,要加强教学方法、教学理论和职业教育政策的培训。

第10题　您认为产业教授对学校人才培养工作发挥的作用如何?(　　)　　[单选题]

选项	小计	比例
A. 非常大	40	44.44%
B. 大	33	36.67%
C. 比较大	15	16.67%
D. 一般	2	2.22%
E. 基本没作用	0	0
本题有效填写人次	90	

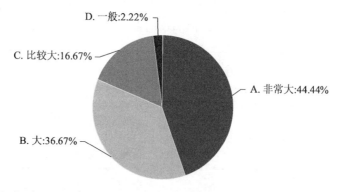

调查结果显示,有81.1%的人认为自己对学校人才培养工作发挥的作用"非常大"或者"大",说明产业教授对自己在人才培养工作方面发挥的作用持肯定态度。

第 11 题　您参与院校专业建设工作的主要形式是(　　)　　[多选题]

选项	小计	比例
A. 作为专家偶尔参加专业建设研讨和人才培养方案的制定(参与次数较少)	53	58.89%
B. 作为外聘教师参加有关专业建设和人才培养方案的制定(参与次数较多)	56	62.22%
C. 作为某个专业带头人主持有关专业建设和人才培养方案的制定	39	43.33%
D. 其他(请填形式：　　　　　)	6	6.67%
本题有效填写人次	90	

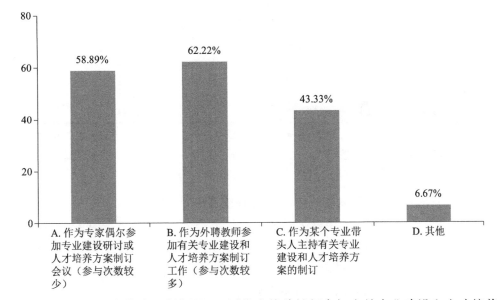

调查结果显示,多数产业教授是通过"作为外聘教师参加有关专业建设和人才培养方案制定工作"(62.22%)或"作为专家偶尔参加专业建设研讨或人才培养方案制定会议"(58.89%)方式参与专业建设工作的,其中还有43.33%的产业教授作为高职院校的专业带头人主持专业建设。这种产业教授较深层次参与院校工作的形式值得后续推广。

第 12 题　您参与院校理论教学工作的形式是(　　)　　[多选题]

选项	小计	比例
A. 定期或不定期给学生做学术讲座	80	88.89%
B. 承担某些课程(每学期不少于4个半天或16学时)	29	32.22%
C. 指导学生的专业实训(含毕业实训)	62	68.89%

(续表)

选项	小计	比例
D. 指导学生毕业设计	34	37.78%
E. 指导青年教师	35	38.89%
F. 其他（请填写： ）	2	2.22%
本题有效填写人次	90	

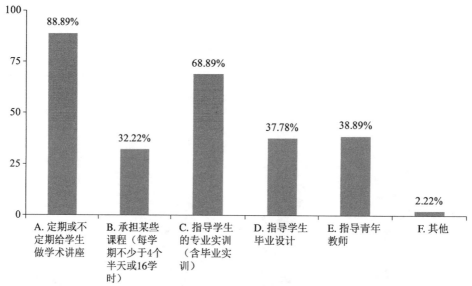

调查结果显示，有88.89%的产业教授"定期或不定期给学生做学术讲座"，有68.89%的人"指导学生的专业实训（含毕业实训）"，有37.78%的人"指导学生毕业设计"，有32.22%的人"承担某些课程（每学期不少于4个半天或16学时）"，还有38.89%的人"指导青年教师"。产业教授参与青年教师指导，对提高青年教师的实践动手能力非常有益。

第13题 您参与院校就业创业工作的形式是（   ） ［多选题］

选项	小计	比例
A. 指导学校创业创新团队	46	51.11%
B. 推荐毕业生到所在单位就业	64	71.11%
C. 安排学生到所在单位开展专业实训和跟岗实习	74	82.22%
D. 为毕业生推荐其他企业的就业岗位	38	42.22%
E. 未参加	1	1.11%
F. 其他（请填写： ）	1	1.11%
本题有效填写人次	90	

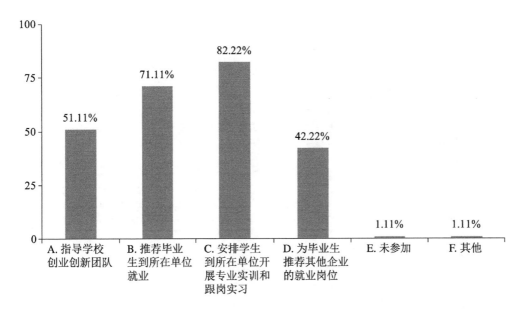

调查结果显示,有 82.22% 的产业教授安排学生到自己所在单位进行专业实训和跟岗实习,分别有超过 70%、40% 的产业教授会推荐毕业生到自己所在单位或自己熟悉的单位就业,有 51.11% 的人参与指导学校创业创新团队。这些工作的开展,拓展了产业教授的工作内涵。

第14题　您参与院校科技服务与项目申报的工作有(　　)　　[多选题]

选项	小计	比例
A. 指导学校年轻教师开展科研工作	46	51.11%
B. 与学校一道申报纵向科研项目或课题	54	60.00%
C. 与学校一道开展横向科研项目或课题工作(非所在单位)	50	55.56%
D. 与学校师生成功申请了专利(含发明、实用新型和软件著作权等)	24	26.67%
E. 共同开发了教材、讲义或实训指导书	32	35.56%
F. 未参加	2	2.22%
G. 其他(请填写:　　　　　　　)	2	2.22%
本题有效填写人次	90	

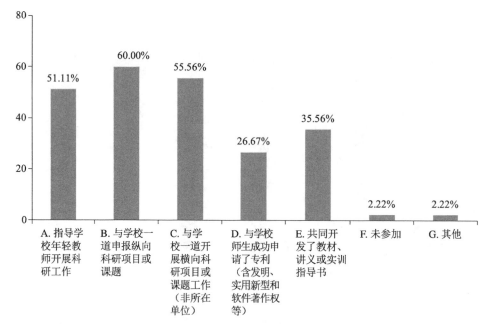

调查结果显示,分别有超过 60%、55%的产业教授与学校合作申报了纵向课题、横向课题项目;有 51.11%的人指导了学校年轻教师开展科研工作,26.67%的人与学校师生申请了专利,35.56%的人共同开发了教材。作为"三教"改革之一的教材肩负着反映生产一线新方法、新技术、新材料、新工艺的任务,而产业教授能够很好地提供这些新内容。因此,产业教授参与"教材、讲义或实训指导书"等教学资源开发工作十分重要。

第 15 题　您在推进校企合作工作中做过的工作有(　　)　　[多选题]

选项	小计	比例
A. 推动所在单位与院校间合作开展科技研发项目	67	74.44%
B. 推进企业员工到学校参加学历教育或技术培训	53	58.89%
C. 引荐更多的工程技术和管理人员到学校参与育人工作	37	41.11%
D. 推荐院校教师到企业挂职、兼职	40	44.44%
E. 推动校企间建设实习、实训基地	62	68.89%
F. 未参加	1	1.11%
G. 其他(请填形式:　　　　　　　)	2	2.22%
本题有效填写人次	90	

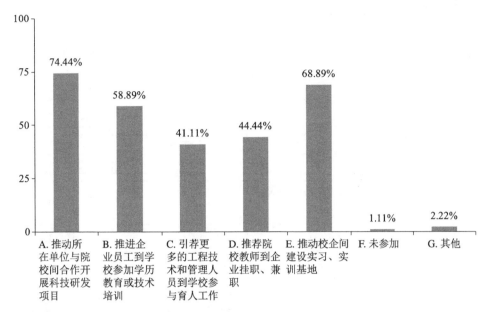

调查结果显示,几乎所有的产业教授都参与了推进校企合作工作,其中"推动所在单位与院校间合作开展科技研发项目"和"推动校企间建设实习、实训基地"这两项工作参与最多。

第 16 题 您所在单位产业教授报批工作的负责部门是(   )   ［单选题］

选项	小计	比例
A. 单位人力资源部门	53	58.89%
B. 单位办公室	19	21.11%
C. 单位校企合作部门	10	11.11%
D. 单位技术研发管理部门	5	5.56%
E. 其他部门	3	3.33%
本题有效填写人次	90	

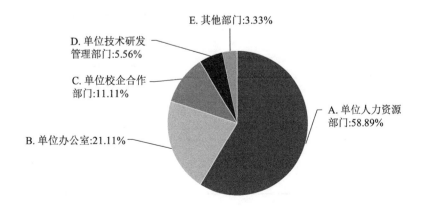

调查结果显示,目前企业负责产业教授工作的主要是人力资源部门,其次是办公室,少量由校企合作部门或技术研发部门对接。

第17题　您所在单位对产业教授申报工作的态度是(　　)　[单选题]

选项	小计	比例
A. 支持,积极性很高	61	67.78%
B. 比较支持,积极性较高	22	24.44%
C. 不支持也不反对,无所谓	2	2.22%
D. 看院校与单位的关系,关系好则支持,否则就不同意	4	4.44%
E. 基本没人管,没人主动过问此事	1	1.11%
本题有效填写人次	90	

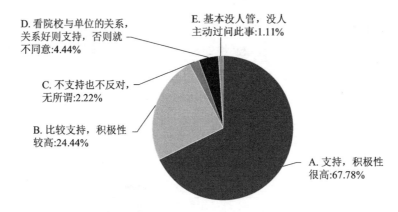

从了解的数据看出,绝大多数企业支持或比较支持产业教授申报工作,基本没人管的只有一个。

第18题　您所兼职院校产业教授工作日常管理考核部门是(　　)　[单选题]

选项	小计	比例
A. 二级院系	59	65.56%
B. 学校人事部门	21	23.33%
C. 学校办公室	2	2.22%
D. 教务处	2	2.22%
E. 学校校企合作部门	5	5.56%
F. 其他部门(请填写：　　　　)	1	1.11%
本题有效填写人次	90	

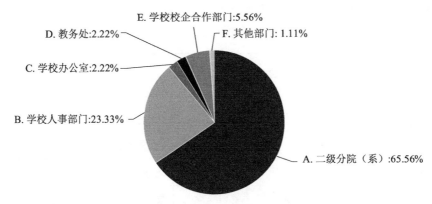

调查结果显示,目前超过 65% 的高职院校产业教授日常管理工作由二级院系负责,21% 的由人事部门负责。从座谈的情况看,二级院系对产业教授熟悉,而且工作就在院系,开展日常管理比较方便。但是,由于产业教授是一个省级项目,对管理的规范性要求更高,二级院系管理,势必带来学校内部不同院系间的不平衡、学校与学校间的不平衡,应探索更为科学的管理模式。

第 19 题　您和院校间的契约关系是(　　)　　[单选题]

选项	小计	比例
A. 签订了作为学校兼职教师的正式聘用合同	9	10.00%
B. 签订了产业教授的聘用合同	51	56.67%
C. 只发了产业教授聘用文件	19	21.11%
D. 只发了专业建设指导委员会委员或专家聘书	6	6.67%
E. 没有任何契约,有事通知	5	5.56%
本题有效填写人次	90	

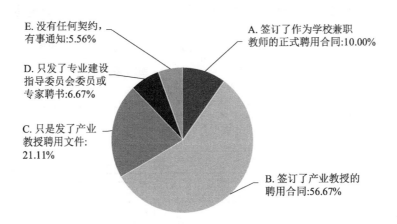

根据苏教研〔2017〕8 号文的要求,高校应与产业教授签订聘用协议。但从调查的情况看,只有 66.67% 的产业教授与学校签订了"作为学校兼职教师的正式聘用合同"或"产

业教授的聘用合同",说明有些院校对于产业教授的规范性管理工作还有待加强。

第20题　您作为产业教授在院校的报酬形式是（　　）　　［单选题］

选项	小计	比例
A. 按月发放定额产业教授津贴	7	7.78%
B. 按年发放产业教授补贴	24	26.67%
C. 按实际工作量发放劳务报酬	37	41.11%
D. 没有报酬	16	17.78%
E. 其他（请填写：　　　　）	6	6.67%
本题有效填写人次	90	

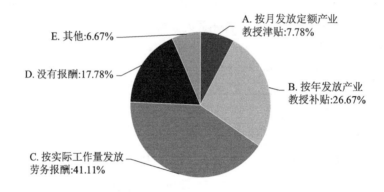

苏教研〔2017〕8号文关于产业教授的薪酬未作表述,苏教职〔2020〕19号也未明确薪酬标准与支付方式,但作为兼职教师的一种,国家、省有文件明确是可以取酬的。从调查数据看出,各院校对产业教授的薪酬支付形式多样,以按照实际工作量发放的比例最高(41.11%)。

第21题　院校对产业教授工作的考核评价形式是（　　）　　［单选题］

选项	小计	比例
A. 定期或不定期进行定性考评,有考核办法	45	50.00%
B. 定期或不定期进行定性考评,无考核办法	8	8.89%
C. 每年底或学期末进行定量考核,有考核办法	22	24.44%
D. 每年底或学期末进行定量考核,无考核办法	1	1.11%
E. 只按负责的项目考核	10	11.11%
F. 基本不考核	4	4.44%
本题有效填写人次	90	

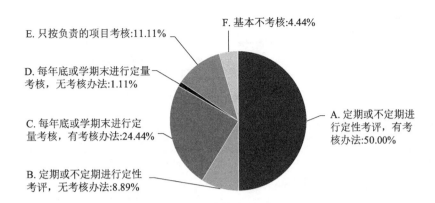

通过调查数据看出,多数学校对产业教授工作有考核,但模式较多,其中以定期或不定期的定性考核最为普遍(50.00%)。对产业教授的规范、科学考核是重要的制度保证,高校在聘用合同内明确产业教授的工作职责,在实施过程中对照考核检查十分必要。

第 22 题　院校在教师队伍统计时,对产业教授(　　)　　　[单选题]

选项	小计	比例
A. 从不统计在内	3	3.33%
B. 统计在兼职教师内	56	62.22%
C. 统计在学校的教师名单内	5	5.56%
D. 根据情况定	7	7.78%
E. 不清楚	19	21.11%
本题有效填写人次	90	

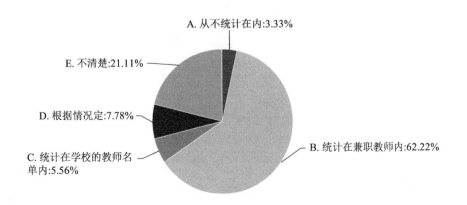

调查结果显示,多数院校将产业教授统计在兼职教师之列,符合国家关于兼职教师队伍建设要求。有 21.11% 的产业教授不清楚自己在学校教师队伍中的定位,说明此工作应进一步加强,要让产业教授在学校有位置、有作为。

第 23 题　您希望院校在产业教授工作中应该（　　）　　[多选题]

选项	小计	比例
A. 组织教学培训	50	55.56%
B. 配备相应的办公条件	28	31.11%
C. 适当增加待遇	27	30.00%
D. 建立与学校及校内教师间的沟通交流机制	68	75.56%
E. 配备校内教学助理	27	30.00%
F. 增加校情学情介绍	20	22.22%
G. 明确产业教授的工作职责	44	48.89%
H. 加强与所在单位沟通	45	50.00%
I. 其他（请填写：　　　　）	1	1.11%
本题有效填写人次	90	

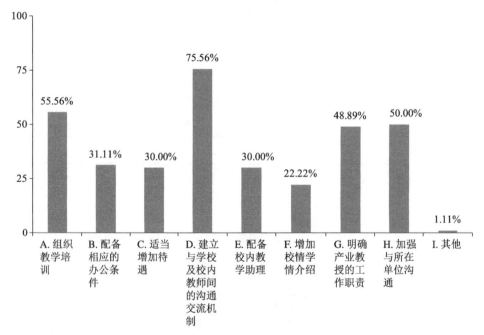

调查结果显示，产业教授们希望院校在产业教授工作中应做的前三项工作是："建立与学校及校内教师间的沟通交流机制""组织教学培训""加强与所在单位沟通"。这说明产业教授希望通过学校强化与校内教师的沟通交流，一方面可以让自己更快地了解学校、学生，向校内专职教师学习教学方法，同时也可以通过与校内专职教师合作，更好地履行职责。产业教授希望学校能加强与所在单位的信息沟通，争取单位对产业教授工作给予更多的支持。

第24题　您对担任产业教授的态度是（　　）　　［单选题］

选项	小计	比例
A. 很感兴趣，努力把工作做好	80	88.89%
B. 受人之托，尽力把工作做好	9	10%
C. 被安排的，本身工作太忙，难于做太多工作	1	1.11%
D. 只是个名分，没啥工作要做	0	0
E. 其他（请填写：　　　　　　　）	0	0
本题有效填写人次	90	

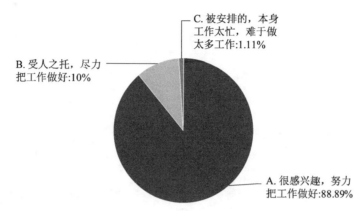

调查结果显示，有88.89%的人对产业教授工作的态度是"很感兴趣，努力把工作做好"，说明许多产业教授当选者，十分重视、珍惜这份荣誉。

第25题　您认为产业教授应该承担的职责是（　　）　　［多选题］

选项	小计	比例
A. 参与院校的新专业开发和人才培养方案制定等宏观指导	74	82.22%
B. 讲专业课程或举行新技术讲座	68	75.56%
C. 参与教材、实验实训指导书编写	44	48.89%
D. 指导新教师和学生进行科研及创新创业活动	64	71.11%
E. 指导、管理到企业实习实训学生	50	55.56%
F. 推荐毕业生就业	45	50.00%
G. 参与学校的纵、横向项目申报	46	51.11%
H. 推荐企业员工到学校参加培训	34	37.78%
I. 作为企业与学校产教融合、校企合作的联系人	49	54.44%

(续表)

选项	小计	比例
J. 其他（请填写：　　　　）	1	1.11%
本题有效填写人次	90	

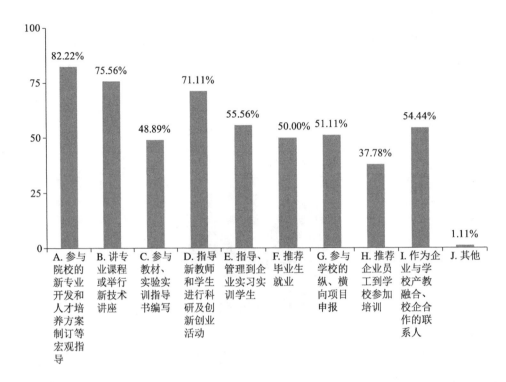

调查结果显示，以上选项超过50%的有"参与院校的新专业开发和人才培养方案制定等宏观指导""讲专业课程或举行新技术讲座""指导新教师和学生进行科研及创新创业活动""指导、管理到企业实习实训学生""作为企业与学校产教融合、校企合作的联系人""参与学校的纵、横向项目申报""推荐毕业生就业"等7项，说明产业教授对参与高职院校人才培养的工作兴趣高、内容广。

第26题　您对自己的产业教授工作的评价是（　　）　　[单选题]

选项	小计	比例
A. 很满意	28	31.11%
B. 比较满意	48	53.33%
C. 一般	11	12.22%
D. 不满意	3	3.33%
本题有效填写人次	90	

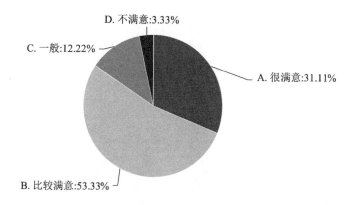

调查结果显示,有近85%的人对自己的工作很满意或比较满意,但还有15%的产业教授认为自己工作一般或不满意。院校要分析那些对自己工作认可度不高的产业教授问题产生的原因,帮助其提高教育教学能力,加强校内专职教师与产业教授的互动,提升产业教授的工作胜任能力和工作自信。

第27题　您认为目前产业教授工作存在的问题是(　　)　　　[多选题]

选项	小计	比例
A. 政府对产业教授工作无明确选聘、管理、考核与激励制度	40	44.44%
B. 学校重视不够,无职能部门与企业对接并进行服务管理	11	12.22%
C. 企业对产业教授工作不够支持,认为教育不是企业的事情	10	11.11%
D. 产业教授本身工作很忙,难于安排太多时间到学校工作	49	54.44%
E. 新的财务制度、税收政策和廉政要求使产业教授很难获得相应的酬金	20	22.22%
F. 学校对产业教授无具体考核、评价与奖励办法,平时情况也不对企业反馈	6	6.67%
G. 产业教授在校企科技研发、毕业生就业、员工培训等方面的桥梁作用发挥得不够充分	35	38.89%
H. 其他(请填写:　　　　　　　　　)	2	2.22%
本题有效填写人次	90	

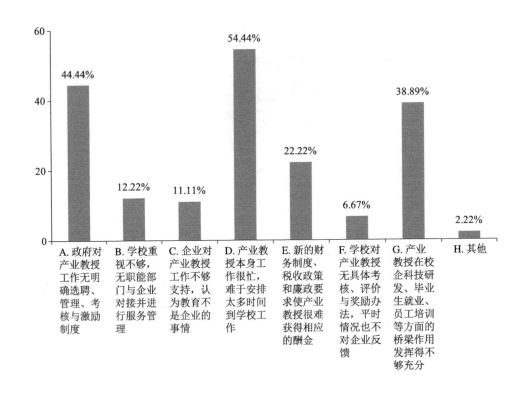

对于目前产业教授工作存在的问题,有54.44%选择了"产业教授本身工作很忙,难于安排太多时间到学校工作",排第二位的是"政府对产业教授工作无明确选聘、管理、考核与激励制度"(44.44%),第三位是"产业教授在校企科技研发、毕业生就业、员工培训等方面的桥梁作用发挥得不够充分"(38.89%),说明如何兼顾本职工作与兼职工作是产业教授面临的最大困难,院校应该合理安排产业教授到校开展工作的时间,不能简单地把产业教授当成某一门课程的主讲教师,而应该发挥他们在产业方向引领、技术技能传授、企业资源整合等方面的作用,这也正好能缓解"桥梁作用发挥得不够充分"的问题。政府制定出台系统、可操作的政策,既是产业教授的期盼,也是本课题组的重要工作。

(二)产业教授选聘工作调查结果分析(院校卷)

1.您所在地区是( ) [单选题]

选项	小计	比例
A. 山东	0	0
B. 湖北	1	1.75%
C. 江苏	56	98.25%
本题有效填写人次	57	

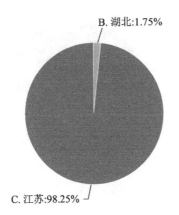

本次研究课题主要是江苏产业教授评聘,调查对象主要集中在江苏。

2. 您的学校类型是(　　)［单选题］

选项	小计	比例
A. 本科	0	0
B. 高职	57	100%
C. 中职	0	0
本题有效填写人次	57	

本次涉及的院校均为专科层次的高等职业技术学院,南京工业职业技术大学当时正处于升格时期,未纳入调研对象。

3. 您的工作岗位是(　　)［单选题］

选项	小计	比例
A. 一般教师	15	26.32%
B. 产业教授项目负责人	9	15.79%
C. 院系领导	19	33.33%
D. 职能部门负责人	12	21.05%
E. 校级领导	2	3.51%
本题有效填写人次	57	

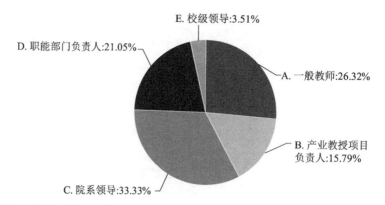

为兼顾调研的广泛性,在院校参与的人选中,既有具体负责产业教授聘请工作的二级院系领导,也有学校牵头部门负责人、职能部门负责人和院系教师。

4.您认为产业教授与兼职教师、外聘教师的关系是(　　)　[单选题]

选项	小计	比例
A. 三者是一个概念	1	1.75%
B. 产业教授与兼职教师是一个概念,与外聘教师不同	5	8.77%
C. 产业教授与外聘教师是一个概念,与兼职教师不同	0	0
D. 兼职教师与外聘教师是一个概念,与产业教授不同	5	8.77%
E. 三者概念都不同	46	80.7%
本题有效填写人次	57	

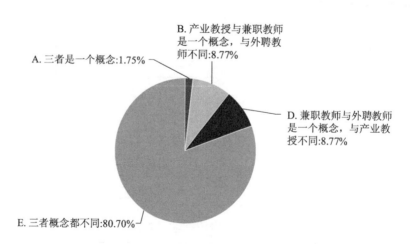

调查结果显示,有 80.70% 的调查对象认为产业教授与兼职教师、外聘教师是三个不同的概念,只有 8.77% 的人认为"产业教授与兼职教师是一个概念,与外聘教师不同",还

有 8.77% 的人认为"兼职教师与外聘教师是一个概念，与产业教授不同"，说明即使是院校人员，还不能清晰地认识到产业教授实际是兼职教师的一种，是兼职教师的高级形式。由此可见，加大对产业教授工作的宣传很有必要。

5. 您认为产业教授对学校人才培养工作发挥的作用如何？（　　）［单选题］

选项	小计	比例
A. 非常大	15	26.32%
B. 大	22	38.60%
C. 比较大	16	28.07%
D. 一般	3	5.26%
E. 基本没作用	1	1.75%
本题有效填写人次	57	

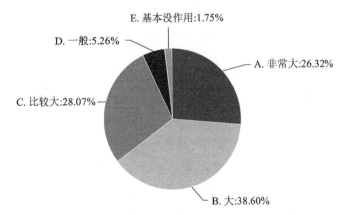

调查结果显示，高校认为产业教授对学校人才培养工作发挥的作用比较大、大和很大的比例达 93%，说明高校对产业教授参与人才培养工作发挥的作用是高度肯定的。

6. 您校聘请产业教授的原因是（　　）［多选题］

选项	小计	比例
A. 改善教师队伍结构	39	68.42%
B. 强化与企业的合作关系	56	98.25%
C. 为了评估和检查的需要	5	8.77%
D. 增加学生对新知识、新技术的学习机会	42	73.68%
E. 强化学校的科研能力	35	61.40%
F. 缺外聘教师	1	1.75%
G. 应付上面的要求	1	1.75%
H. 其他（请填写：　　　　）	2	3.51%
本题有效填写人次	57	

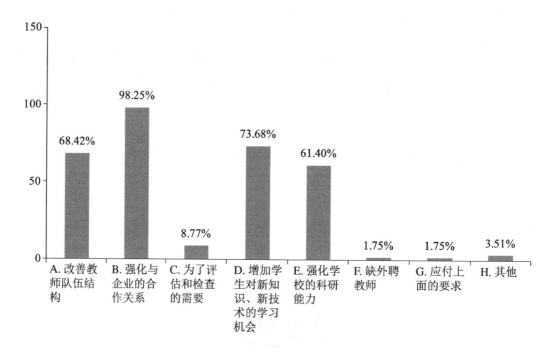

调查结果显示,有98.25%的人认为聘请产业教授的原因是"强化与企业的合作关系",73.68%的人认为是"增加学生对新知识、新技术的学习机会",68.42%的人认为是"改善教师队伍结构",还有61.40%的人选择了"强化学校的科研能力"。国家的政策文件强调从企业、社会聘请兼职教师改善高职院校师资结构,而在职业院校的观念中,几乎所有受访对象都认为聘请产业教授是为了强化校企关系,改善师资结构只排在第三位。这里既有职业院校对"双师型"师资队伍在办好高等职业教育中的作用、地位认识不足,有待进一步提高,还存在许多人对"双师型"师资队伍理解上的差异,简单地把既有教师资格证、又有技能等级证或非教师系列职称就是"双师型",没有把"双师型"的含义上升到职业教育学生实践能力培养的高度,更多地停留在"双证""双职称"等形式上。2019年教育部等四部委联合印发的《深化新时代职业教育"双师型"教师队伍建设改革实施方案》指出,"双师型"教师是指"同时具备理论教学和实践教学能力"的教师,改变了过去对"双师型"教师的认定维度,由专业技术职称或职业资格证书维度变成了能力维度,同时提出"双师型"是对职业教育教师个体和教学团队能力结构的共性要求。因此,"双师型"对职业院校教师个体而言,应该"同时具备理论教学和实践教学能力"的"双师"素质;对教学团队而言,其成员构成应"同时具备理论教学和实践教学能力"的"双师"结构。因此,加强对职业院校师资队伍特别是兼职教师队伍建设工作的研究,提高人们对兼职教师在改善高职院校"双师型"教师队伍结构、提高人才培养质量方面重要性的认识十分必要。可喜的是,只有非常少的人认为产业教授的选聘是"为了评估和检查的需要""应付上面的要求",说明绝大多数高职院校产业教授的选聘工作不是权宜之计,而是一项长期性工作。

7. 您认为选聘产业教授最重要的条件是（　　）［多选题］

选项	小计	比例
A. 业界技术、技能影响力	56	98.25%
B. 学历、职称、职务	15	26.32%
C. 获得过的荣誉	13	22.81%
D. 发表过的论文、著作和科研成果	18	31.58%
E. 与学校已有的合作基础	42	73.68%
F. 所在企业的影响力	50	87.72%
G. 其他（请填写：　　　　）	1	1.75%
本题有效填写人次	57	

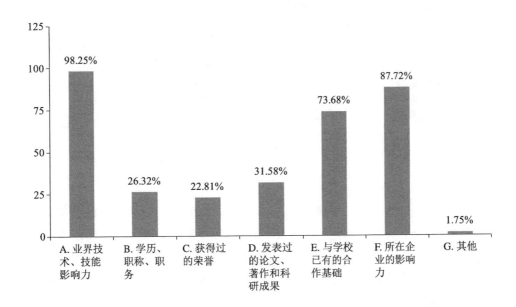

在产业教授选聘时，看重"业界技术、技能影响力"的有98.25%，说明院校十分希望能聘请到业界技术、技能高手到校任教，而并不十分在意其"学历、职称、职务"（26.32%）、"获得过的荣誉"（22.81%）及"发表过的论文、著作和科研成果"（31.58%），体现高职院校在人才选聘时的务实精神。调查结果显示，分别有87.72%和73.68%选择了"所在企业的影响力"和"与学校已有的合作基础"，表明院校希望通过与业界有影响力的龙头企业合作，从而提升专业设置、人才培养方案的先进性，增强人才的普适性。

8. 贵校产业教授参与专业建设工作的主要形式有（　　）［多选题］

选项	小计	比例
A. 作为专家偶尔参加专业建设研讨和人才培养方案的制定(总的参与次数较少)	43	75.44%
B. 作为外聘教师参加有关专业建设和人才培养方案的制定(参与次数较多)	38	66.67%
C. 作为某个专业带头人主持有关专业建设和人才培养方案的制定	25	43.86%
D. 其他(请填形式：　　　　　　　)	3	5.26%
本题有效填写人次	57	

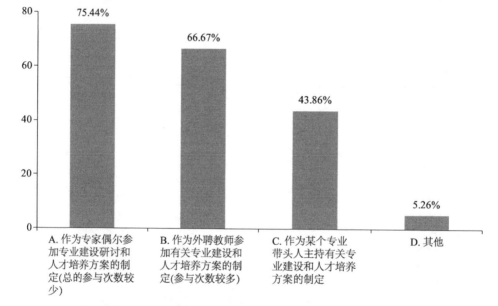

与产业教授的问卷调查结果基本相近，多数产业教授是通过"作为外聘教师参加有关专业建设和人才培养方案的制定"(66.67%)或"作为专家偶尔参加专业建设研讨和人才培养方案的制定"(75.44%)参与专业建设工作的，其中43.86%的产业教授作为高职院校的专业带头人主持专业建设，与产业教授的问卷结果高度一致，说明本次调查对象所反映的情况真实可靠。

9. 贵校产业教授参与教学工作的形式是（　　）［多选题］

选项	小计	比例
A. 定期或不定期给学生做学术讲座	52	91.23%
B. 承担某些课程(每学期不少于4个半天或16学时)	29	50.88%

（续表）

选项	小计	比例
C. 指导学生的专业实训（含毕业实训）	37	64.91%
D. 指导学生毕业设计	30	52.63%
E. 指导青年教师	36	63.16%
F. 其他（请填写： ）	3	5.26%
本题有效填写人次	57	

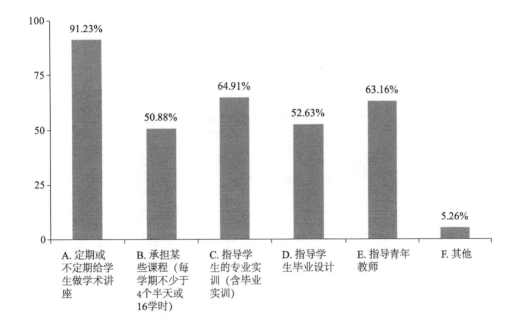

调查结果显示，前5个选项比例均超过50%，说明产业教授的实际教学工作内容较广泛。如果将产业教授的工作职责集中在规定的几条，产业教授既难以完成任务，也不利于产业教授个性化职能发挥。因此，新颁布的《江苏省产业教授（高职类）选聘办法》（苏教职〔2020〕19号），在产业教授职责中，考虑到产业教授个人实际及在高职院校担任的角色差异，明确6项职责中只需要完成3项，使得产业教授履职与考核更具操作性。

10. 贵校产业教授参与科技服务的工作有（ ） ［多选题］

选项	小计	比例
A. 指导学校年轻教师开展科研工作	40	70.18%
B. 与学校一道申报纵向科研项目或课题	46	80.70%
C. 与学校一道开展横向科研项目或课题工作（非所在单位）	46	80.70%

(续表)

选项	小计	比例
D. 与学校师生成功申请了专利(含发明、实用新型和软件著作权等)	22	38.6%
E. 与学校共同开发了教材、讲义或实训指导书	45	78.95%
F. 其他(请填写：)	1	1.75%
本题有效填写人次	57	

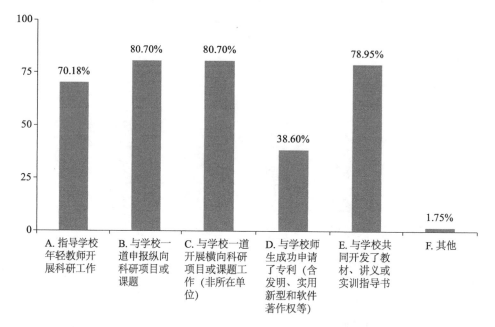

调查结果显示,在6个选项中有4项比例超过70%,说明产业教授参与科技服务工作形式较多;有78.95%的人认为产业教授"与学校共同开发了教材、讲义或实训指导书",而在对产业教授的调研时,选择此项的比例只有35.56%。一方面可能是双方对于共同开发教学资源的理解不同;另一方面,院校在组织"教材、讲义或实训指导书"编写时,应更加规范,仪式感应该更强。

11. 贵校产业教授参与就业创业工作形式是( ) [多选题]

选项	小计	比例
A. 指导学校创业创新团队	32	56.14%
B. 推荐毕业生到所在单位就业	49	85.96%
C. 安排学生到所在单位开展专业实训和跟岗实习	51	89.47%
D. 为毕业生推荐其他企业的就业岗位	31	54.39%

(续表)

选项	小计	比例
E. 其他(请填写：)	0	0
本题有效填写人次	57	

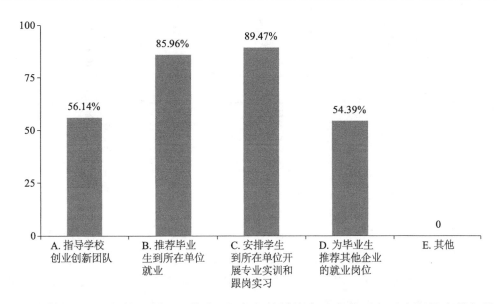

调查结果显示，在就业创业工作方面，产业教授较多地参与了实习实训的安排与就业推介，有超过半数的产业教授参与了学校创业创新指导和向其他单位推荐毕业生就业。

12. 您认为产业教授最主要的职责是(   ) ［多选题］

选项	小计	比例
A. 参与院校的新专业开发和人才培养方案制定等宏观指导	54	94.74%
B. 讲专业课程或举行新技术讲座	44	77.19%
C. 参与教材、实验实训指导书编写	29	50.88%
D. 指导新教师和学生进行科研及创新创业活动	42	73.68%
E. 指导、管理到企业实习实训学生	28	49.12%
F. 推荐毕业生就业	25	43.86%
G. 参与学校的纵、横向科研项目申报	43	75.44%
H. 推荐企业员工到学校参加培训	19	33.33%
I. 作为企业与学校产教融合、校企合作的联系人	42	73.68%
J. 其他(请填写：)	1	1.75%
本题有效填写人次	57	

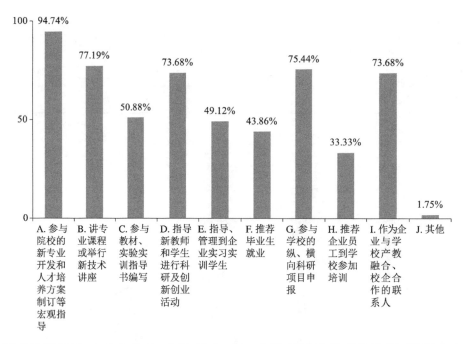

调查结果显示，在给出的10个选项中，有9个选项被比较多的选择，说明在人才培养、科技研发、就业创业等方面，高职院校对产业教授寄予厚望，特别是在新专业的开发（94.74％）、新课程的讲授（77.19％）、纵、横向科研项目申报（75.44％）、新教师的培养（73.68％）等方面，希望产业教授更多地参与其中。

13. 贵校产业教授申报工作牵头部门是（　　）　［单选题］

选项	小计	比例
A. 学校人事处	49	85.96％
B. 学校教务处	5	8.77％
C. 学校校企合作部门	3	5.26％
D. 学校办公室	0	0
E. 其他部门	0	0
本题有效填写人次	57	

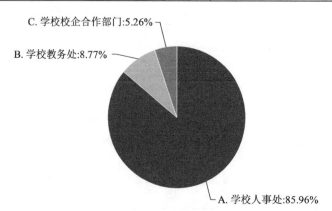

调查结果显示,目前多数院校的产业教授申报作为学校师资队伍建设的内容归口人事处(85.96%),对于从学校层面宏观规划管理很有好处。座谈时也发现,由于人事部门对专业建设和实际教学需求不十分熟悉,选聘后的过程管理与中期、终期考核不够规范,因此,有必要建立产业教授(或兼职教师)队伍建设工作组,职能部门、二级院系参与其中,既负责制定学校兼职教师队伍建设规划,也负责兼职教授使用过程中的考核、评价。

14. 贵校二级院系每年在产业教授申报时(　　)　[单选题]

选项	小计	比例
A. 积极性很高	24	42.11%
B. 积极性较高	29	50.88%
C. 无所谓	2	3.51%
D. 基本没人主动申报	2	3.51%
本题有效填写人次	57	

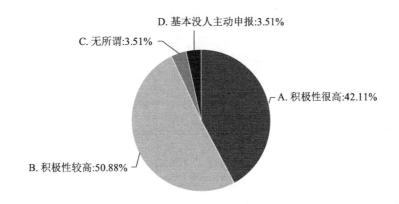

调查结果显示,有 93% 的人选择了前两项,说明高职院校的二级院系对聘请产业教授表现出较高的积极性。

15. 贵校与产业教授间的契约关系是(　　)　[单选题]

选项	小计	比例
A. 签订了作为学校兼职教师的正式聘用合同	9	15.79%
B. 签订了产业教授的聘用合同	39	68.42%
C. 只发了产业教授聘用文件	6	10.53%
D. 只发了专业建设指导委员会委员或专家聘书	3	5.26%
E. 没有任何契约,有事通知就行	0	0
本题有效填写人次	57	

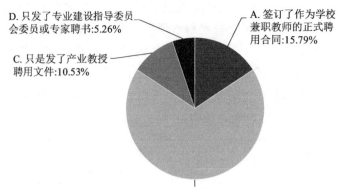

调查结果显示,有84.21%的院校与产业教授签订了"作为学校兼职教师的正式聘用合同"或"产业教授的聘用合同",还有约15%的学校只发了聘用文件、专业建设指导委员会聘书,说明院校对产业教授的规范化管理还有待加强。在同类问题对产业教授的问卷中,有5.56%的产业教授选择了"没有任何契约,有事通知",更加印证了院校加强规范管理的必要。

16. 贵校产业教授报酬形式是(　　) ［单选题］

选项	小计	比例
A. 按月发放定额产业教授津贴	7	12.28%
B. 按年发放产业教授补贴	30	52.63%
C. 按实际工作量发放劳务报酬,来一次给一次专家费	17	29.82%
D. 没有报酬	1	1.75%
E. 其他(请填写:　　　　　　)	2	3.51%
本题有效填写人次	57	

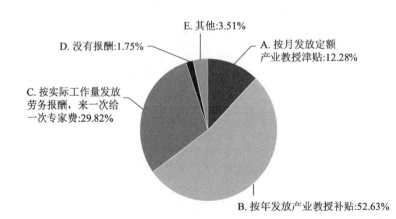

虽然苏教研〔2017〕8号文关于产业教授的薪酬未作表述,但产业教授作为兼职教师的一种,国家、省有文件明确可以取酬的。从调查数据看出,各院校对产业教授的薪酬支付形式多样,主要是以"按年发放产业教授补贴"(52.63%)和"按实际工作量发放"(29.82%)。《江苏省产业教授(高职类)选聘办法》(苏教职〔2020〕19号)的职业院校职责中有"发放产业教授岗位津贴"要求,但由于此费用尚无财政专项,使得院校对产业教授费用支付形式、标准都有差异,所以,应尽快落实高职院校产业教授财政专项,进一步调动产业教授、高职院校的工作积极性。

17. 贵校产业教授日常管理部门、考核评价部门是(　　)　[单选题]

选项	小计	比例
A. 二级院系	32	56.14%
B. 人事部门	23	40.35%
C. 学校办公室	0	0
D. 教务处	2	3.51%
E. 校企合作部门	0	0
F. 其他部门(请填写:　　　　)	0	0
本题有效填写人次	57	

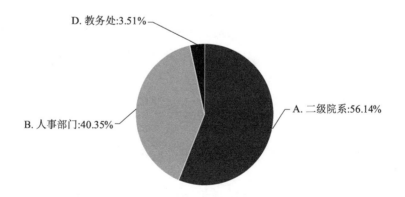

从调查结果看,多数院校产业教授的日常管理主要由二级院系(56.14%)或人事部门(40.35%)负责,如果人事部门没有安排专门的人员负责此工作(多数情况不可能有专人),很难全面了解产业教授的工作情况,也做不好对产业教授的服务、支持工作;二级院系对产业教授工作熟悉,开展日常管理比较方便。但是,由于各二级院系管理存在差异,势必带来学校内部不同院系间、学校与学校间的不平衡,应探索更为科学的管理模式。在座谈会上,有的院校介绍的人事处牵头组织申报与津贴发放、二级院系具体聘用与日常管理、教务(督导)处与质控部门负责检查考核的分工负责模式效果较好。

18. 贵校产业教授工作的考核评价形式是（　　）［单选题］

选项	小计	比例
A. 定期或不定期进行定性考评，有考核办法	21	36.84%
B. 定期或不定期进行定性考评，无考核办法	6	10.53%
C. 每年底或学期末进行定量考核，有考核办法	25	43.86%
D. 每年底或学期末进行定量考核，无考核办法	5	8.77%
本题有效填写人次	57	

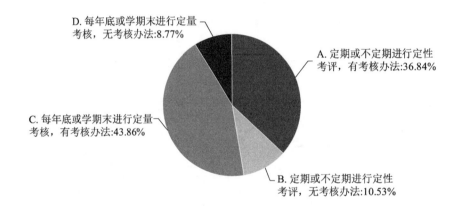

调查结果显示，绝大多数院校已经制定了产业教授的考核管理办法，能进行定期或不定期考核，由于考核形式与管理模式相关，解决管理模式的规范化，对改善产业教授的服务质量、提高产业教授的工作绩效十分必要。

19. 贵校产业教授在教师队伍统计时（　　）［单选题］

选项	小计	比例
A. 从不统计在内	1	1.75%
B. 统计在兼职教师内	40	70.18%
C. 统计在学校的教师名单内	3	5.26%
D. 根据情况定	6	10.53%
E. 不清楚	7	12.28%
本题有效填写人次	57	

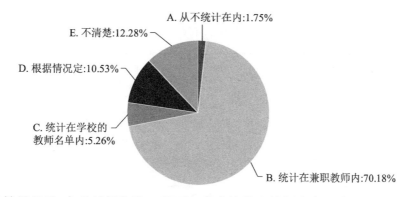

调查结果显示,产业教授作为一种更高形式的兼职教师在高职院校已基本形成共识。

20. 您认为产业教授需要获得教师资格证书吗?(　　)［单选题］

选项	小计	比例
A. 需要,应持证上岗	4	7.02%
B. 需要,但可以一边兼职一边考证	11	19.30%
C. 无所谓,有证更好,关键是会教书就行	22	38.60%
D. 不需要	20	35.09%
本题有效填写人次	57	

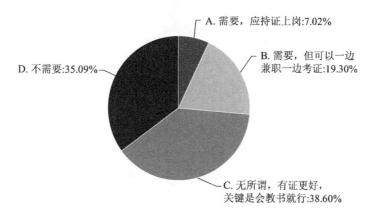

对于产业教授是否需要获得教师资格证书,有38.6%、35.09%的人选择了"无所谓,有证更好,关键是会教书就行"和"不需要",说明院校对产业教授是否具有教师资格证不是很在意,这或许与不少院校产业教授的工作内容主要是专业建设、新技术讲座、新教师实践能力指导及企业资源整合等非课堂教学有关。许多国家在兼职教师聘用时要求具有教师执业资质,国家关于兼职教师文件尽管没有明确规定必须具备教师资格,但却有提高教学能力的要求,并鼓励兼职教师参加教师资格考试。因此,从专业化、职业化的角度来看,学校应该重视产业教授教学能力培训和有关职业教育理论的介绍,帮助产业教授提升教学水平,提高教学效果,增强产业教授从教的职业成就感,这一点在产业教授的调查中

也有所反映。

21. 您认为作为产业教授需要参加的培训有（   ）［多选题］

选项	小计	比例
A. 教学理论	28	49.12%
B. 教学方法	33	57.89%
C. 有关职业教育政策	53	92.98%
D. 校情校史	22	38.60%
E. 不需要培训	3	5.26%
本题有效填写人次	57	

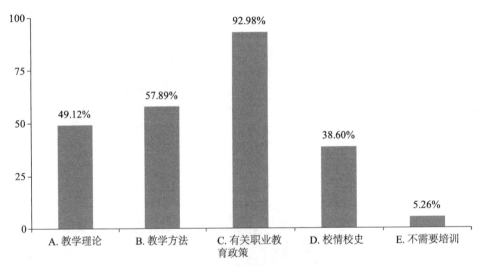

调查结果显示，有92.98%的受访者认为需要对产业教授培训"有关职业教育政策"，说明来自企业的产业教授对于国家有关职业教育的政策、要求不够清楚。选择需要培训"教学方法""教学理论""校情校史"也较多。因此，对于新任产业教授（包括其他兼职教师），应进行岗前职业教育政策、教学方法、教学理论、校情校史等培训。

22. 您认为学校在产业教授工作中应改进的是（   ）［多选题］

选项	小计	比例
A. 组织产业教授教学培训	24	42.11%
B. 配备相应的办公条件	22	38.60%
C. 适当增加待遇	28	49.12%
D. 建立与学校及校内教师间的沟通交流机制	43	75.44%
E. 为其配备校内教学助理	27	47.37%

(续表)

选项	小计	比例
F. 增加校情学情介绍	15	26.32%
G. 明确产业教授工作职责	36	63.16%
H. 加强与产业教授所在单位沟通	33	57.89%
I. 其他(请填写：)	1	1.75%
本题有效填写人次	57	

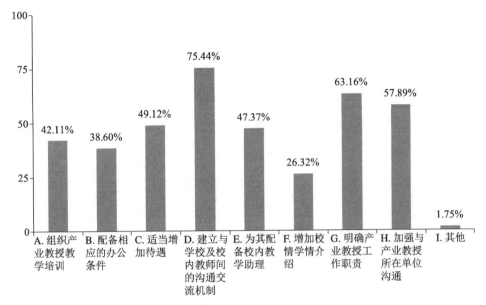

调查结果显示,"建立与学校及校内教师间的沟通交流机制"在所有选项中以75.44%位居第一,这与对产业教授的调查结果完全吻合(那里是75.56%),说明不论是院校还是产业教授自身,都希望能建立产业教授与校内专任教师的沟通交流,这对于双方优势互补、共同提高很有帮助。政府的政策应强化对这一内容的要求,院校应积极主动搭建交流互动平台,使产业教授和校内教师在交流互动中共同成长。"明确产业教授工作职责""加强与所在单位沟通"等选项比例也较高。

23. 您对目前学校的产业教授工作状况的总体评价是( ) ［单选题］

选项	小计	比例
A. 很满意	10	17.54%
B. 满意	36	63.16%
C. 一般	10	17.54%
D. 较差	1	1.75%
本题有效填写人次	57	

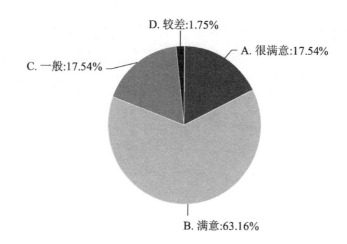

调查结果显示,有超过80%的院校受访人员对高职院校产业教授选聘工作持满意或很满意态度,说明江苏高职院校产业教授选聘工作得到了绝大多数院校的认可。

24. 您认为产业教授工作存在的问题是(　　)　[多选题]

选项	小计	比例
A. 政府对产业教授工作无明确选聘、管理、考核与激励制度	24	42.11%
B. 学校重视不够,无职能部门与企业对接并进行服务管理	10	17.54%
C. 企业重视不够,认为教育不是企业的事情	24	42.11%
D. 产业教授本身工作很忙,难于安排太多时间到学校工作	42	73.68%
E. 新的财务制度、税收政策和廉政要求使产业教授很难获得相应的酬金	22	38.60%
F. 学校对产业教授无具体考核、评价与奖励办法,平时情况也不对企业反馈	13	22.81%
G. 产业教授在企校之间科技研发、毕业生就业、员工培训等方面的桥梁作用发挥得不够充分	22	38.60%
H. 其他(请填写:　　　　　　　)	0	0
本题有效填写人次	57	

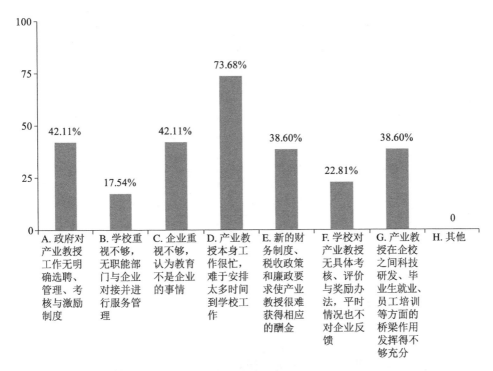

调查结果显示,有 73.68% 的人认为"产业教授本身工作很忙,难于安排太多时间到学校工作"是目前产业教授工作存在的主要问题,这与对产业教授调查的结果一致。这说明如何合理安排产业教授在校工作,协调好其自身本职工作与兼职工作关系,对发挥好产业教授的作用十分重要。"政府对产业教授工作无明确选聘、管理、考核与激励制度"与"企业重视不够,认为教育不是企业的事情"以 42.11% 并列第二,反映出院校期待政府能制定更加系统、方便操作的政策,在推进工作的同时,激励企业参与职业教育。

(三) 产业教授选聘工作调查结果分析(企业卷)

第 1 题 您所在地区是(   )   [单选题]

选项	小计	比例
C. 江苏	69	100%
本题有效填写人次	69	

所有受访企业均为在苏企业。

第 2 题 您的单位类型是(   )   [单选题]

选项	小计	比例
A. 国有企业	17	24.64%
B. 国有控股企业	10	14.49%

(续表)

选项	小计	比例
C. 外资企业	3	4.35%
D. 合资企业	0	0
E. 私营企业	36	52.17%
F. 事业单位	3	4.35%
G. 行政机关	0	0
H. 行业协会	0	0
本题有效填写人次	69	

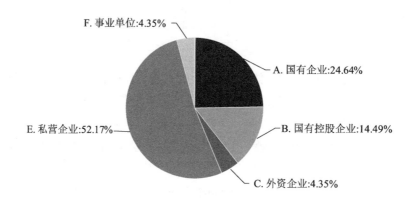

调查结果显示，产业教授主要来自私营企业（52.17%）和国有企业（24.64%），这与对产业教授的调查一致。

第3题　您的工作岗位是（　　）　　[单选题]

选项	小计	比例
A. 高层管理人员	41	59.42%
B. 中层管理人员	24	34.78%
C. 工程技术人员	4	5.80%
D. 一般工作人员	0	0
本题有效填写人次	69	

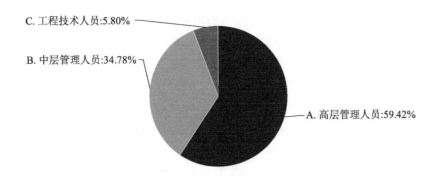

本次企业受访对象主要是对产业教授工作有所了解的高、中层管理人员。

第 4 题　您单位推荐产业教授(如果有,否则跳过)的原因是(　　)　[多选题]

选项	小计	比例
A. 响应政府校企合作号召	43	62.32%
B. 与院校有合作关系	54	78.26%
C. 产业教授本人受学校邀请且个人较积极	42	60.87%
D. 提升企业的社会影响力	27	39.13%
E. 吸引学生到企业就业	25	36.23%
F. 解决企业员工到学校培训	8	11.59%
G. 其他(请填写:　　　)	5	7.25%
本题有效填写人次	69	

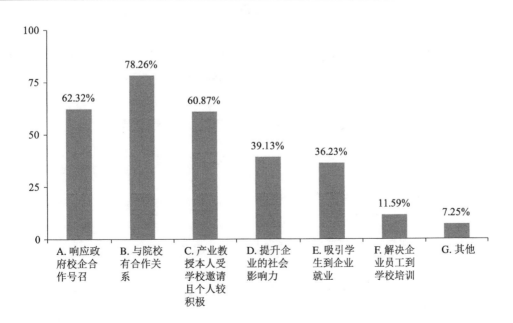

调查结果显示,78.26%的企业推荐产业教授是因为"与院校有合作关系",说明前期的合作基础是做好产业教授选聘工作最关键的因素;有62.32%和60.87%选择了"响应政府校企合作号召""产业教授本人受学校邀请且个人较积极",反映不少企业已形成参与职业教育的社会责任意识,同时,产业教授选聘工作能够强化企业的社会责任意识。

第5题　您认为产业教授对高职院校人才培养工作发挥的作用如何?(　　)　[单选题]

选项	小计	比例
A. 非常大	32	46.38%
B. 大	22	31.88%
C. 比较大	13	18.84%
D. 一般	2	2.9%
E. 基本没作用	0	0
本题有效填写人次	69	

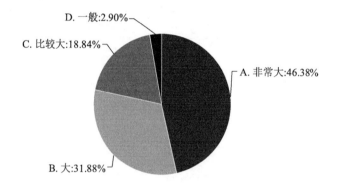

调查结果显示,有97%的人认为产业教授对学校人才培养工作发挥的作用"非常大""大"或者"比较大",说明企业对产业教授在高职院校人才培养工作方面发挥的作用是肯定的。

第6题　您认为产业教授参与院校专业建设工作的主要形式是(　　)　[多选题]

选项	小计	比例
A. 作为专家偶尔参加专业建设研讨和人才培养方案的制定(总的参与次数较少)	39	56.52%
B. 作为外聘教师参加有关专业建设和人才培养方案的制定(参与次数较多)	45	65.22%
C. 作为某个专业带头人主持有关专业建设和人才培养方案的制定	26	37.68%

(续表)

选项	小计	比例
D. 其他（请填写： ）	5	7.25%
本题有效填写人次	69	

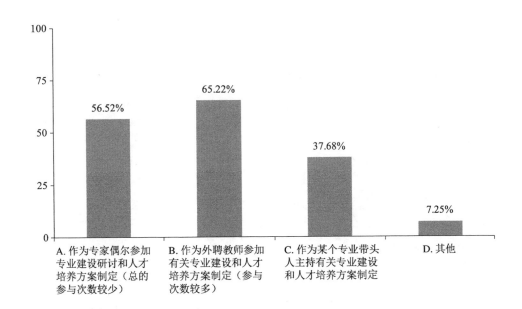

调查结果显示，多数企业认为产业教授是通过"作为外聘教师参加有关专业建设和人才培养方案制定"（65.22%）或"作为专家偶尔参加专业建设研讨和人才培养方案制定"（56.52%）参与专业建设工作的，还有37.68%的企业认为产业教授"作为某个专业带头人主持有关专业建设和人才培养方案制定"，这一结果与产业教授的调研结果一致。

第7题 您认为产业教授参与院校教学工作形式是（   ）   ［多选题］

选项	小计	比例
A. 定期或不定期给学生做学术讲座	65	94.2%
B. 承担某些课程（每学期不少于4个半天或16学时）	29	42.03%
C. 指导学生的专业实训(含毕业实训)	55	79.71%
D. 指导学生毕业设计	30	43.48%
E. 指导青年教师	38	55.07%

(续表)

选项	小计	比例
F. 其他（请填写： ）	1	1.45%
本题有效填写人次	69	

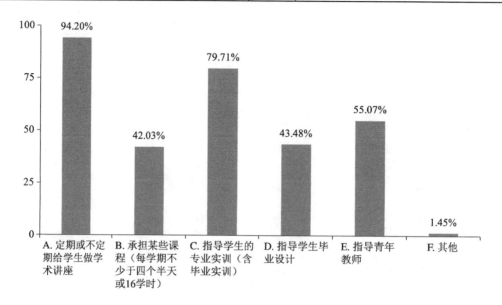

调查结果显示，有94.20％的受访者认为产业教授参与院校教学工作形式是"定期或不定期给学生做学术讲座"，有79.71％的人选择了"指导学生的专业实训（含毕业实训）"，有43.48％的人选择了"指导学生毕业设计"，只有42.03％的人选了"承担某些课程（每学期不少于4个半天或16学时）"。这说明从企业来说，希望产业教授在校主要负责新技术、新方法、新材料及实践技能的介绍、指导，而不应该是理论方面的课堂教学。

第8题 您认为产业教授参与院校就业创业工作的形式是（ ） ［多选题］

选项	小计	比例
A. 指导学校创业创新团队	51	73.91％
B. 推荐毕业生到所在单位就业	53	76.81％
C. 安排学生到所在单位开展专业实训和跟岗实习	59	85.51％
D. 为毕业生推荐其他单位的就业岗位	29	42.03％
E. 其他（请填写： ）	1	1.45％
本题有效填写人次	69	

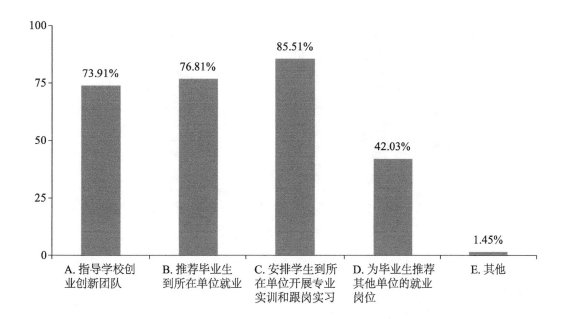

调查结果显示,被调研的企业人员认为,产业教授"安排学生到自己所在单位进行专业实训和跟岗实习""推荐毕业生到自己所在单位就业"和"指导学校创业创新团队"都是其参与就业创业工作的重要形式。

第9题　您认为产业教授参与院校科技服务的工作有（　　　）　　［多选题］

选项	小计	比例
A. 指导学校年轻教师开展科研工作	50	72.46%
B. 与学校一道申报纵向科研项目或课题	54	78.26%
C. 与学校一道开展横向科研项目或课题工作（非所在单位）	44	63.77%
D. 与学校师生共同申请专利（含发明、实用新型和软件著作权等）	38	55.07%
E. 与学校共同开发教材、讲义或实训指导书	44	63.77%
F. 其他（请填写：　　　　　　　）	1	1.45%
本题有效填写人次	69	

调查结果显示,在前5个选项中,被调研对象的选择比例均超过50%,说明企业认为,产业教授参与院校科技服务与项目申报的工作一方面有优势,很适合；另一方面,方式很多,参与的范围广。

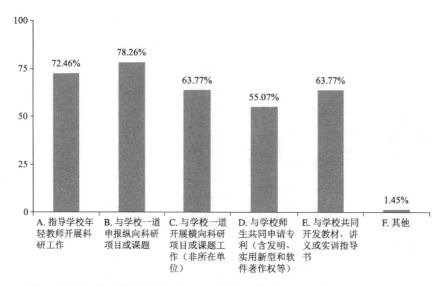

第10题 您认为产业教授在推进校企合作工作中应做的工作是（　　）[多选题]

选项	小计	比例
A. 推动所在单位与院校间合作开展科技研发项目	63	91.30%
B. 推进企业员工到学校参加学历教育或技术培训	49	71.01%
C. 引荐更多的工程技术和管理人员到学校参与育人工作	37	53.62%
D. 推荐院校教师到企业挂职、兼职	36	52.17%
E. 推动校企间建设实习、实训基地	58	84.06%
F. 其他（请填写：　　　　）	1	1.45%
本题有效填写人次	69	

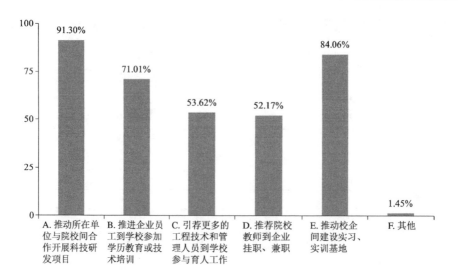

调查结果显示,对于推进校企合作工作,分别有 91.30%、84.06%的人选择了"推动所在单位与院校间合作开展科技研发项目""推动校企间建设实习、实训基地",说明企业十分希望产业教授能成为企校间合作开展科研、基地建设的桥梁。

第 11 题　您所在单位产业教授(如有,否则跳过)报批工作的负责部门是(　　)[单选题]

选项	小计	比例
A. 人力资源部门	44	63.77%
B. 办公室	11	15.94%
C. 校企合作部门	6	8.70%
D. 技术研发管理部门	3	4.35%
E. 其他部门	2	2.90%
F. 无固定部门	3	4.35%
本题有效填写人次	69	

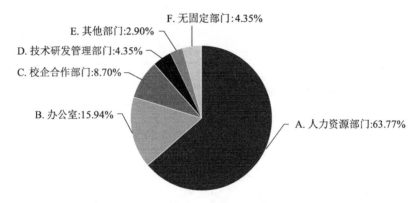

此选项与产业教授的调研结果一致,多数企业由人力资源部门负责产业教授申报工作。

第 12 题　您认为产业教授和院校间的契约关系是(　　)　　[单选题]

选项	小计	比例
A. 签订作为学校兼职教师的正式聘用合同	10	14.49%
B. 签订产业教授的聘用合同	41	59.42%
C. 只需要发产业教授聘用文件	10	14.49%
D. 只需要发专业建设指导委员会委员或专家聘书	5	7.25%
E. 不用任何契约,有事通知就行	3	4.35%
本题有效填写人次	69	

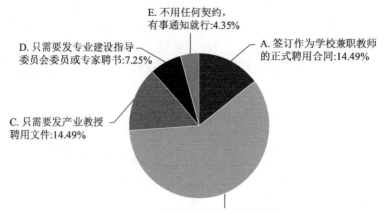

在企业看来,产业教授应该与学校间存在契约关系,近六成的受访对象认为应该"签订产业教授的聘用合同",这一结果与产业教授反映的情况相近,但低于院校实际情况(院校签合同比例达 68.42%),说明院校与产业教授间的合约签订应更加规范、更具仪式感。

第 13 题　您认为产业教授在院校的报酬形式是(　　)　　　［单选题］

选项	小计	比例
A. 按月发放定额产业教授津贴	10	14.49%
B. 按年发放产业教授补贴	30	43.48%
C. 按实际工作量发放劳务报酬,去一次给一次专家费	24	34.78%
D. 不应有报酬	4	5.80%
E. 其他(请填写:　　　　)	1	1.45%
本题有效填写人次	69	

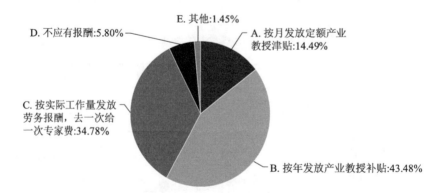

调查结果显示,多数企业受访者认为产业教授应该有按实际工作量或者按月、按年发放的津贴、补贴;但也有少数人(5.80%)认为不应该取酬,这可能与产业教授属于企业委派、其兼职的工作任务已经计入其企业的工作量有关。

第14题 您认为对产业教授工作的考核评价形式是（ ）　　[单选题]

选项	小计	比例
A. 定期或不定期进行定性考评，应有考核办法	33	47.83%
B. 定期或不定期进行定性考评，不一定要有考核办法	9	13.04%
C. 每年底或学期末进行定量考核，应有考核办法	13	18.84%
D. 每年底或学期末进行定量考核，不一定要有考核办法	2	2.90%
E. 只需要按其负责的项目考核	10	14.49%
F. 不用考核	2	2.90%
本题有效填写人次	69	

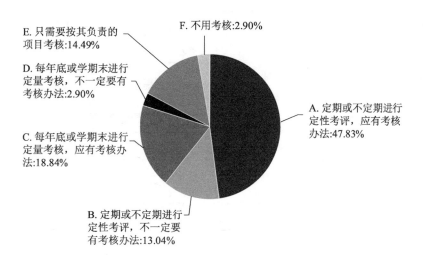

企业受访者认为对产业教授工作应该有考核，只有不足3%的人认为可以不考核。

第15题 您所在单位对产业教授申报工作的态度是（ ）　　[单选题]

选项	小计	比例
A. 积极支持	50	72.46%
B. 比较支持	14	20.29%
C. 不支持也不反对，无所谓	2	2.90%
D. 看情况，对于合作关系较好的院校支持，否则不支持	2	2.90%
E. 基本没人管	1	1.45%
本题有效填写人次	69	

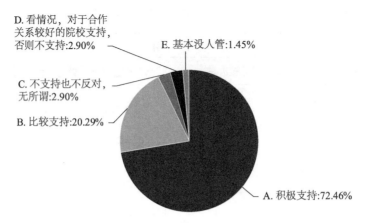

调查结果显示,有接近93%的受访者积极支持或比较支持产业教授申报工作,说明企业对于高职院校产业教授的选聘态度积极,企业参与职业教育的意识越来越强。

第16题 您单位对产业教授院校工作业绩的认定是(　　)　　　[单选题]

选项	小计	比例
A. 不认定,是自己个人私事	8	11.59%
B. 看情况,有些认定,如在单位指导学生实习实训	21	30.43%
C. 是单位同意安排的,所以都认定	36	52.17%
D. 在计发报酬时不认定,但在职称评定等方面认可	2	2.90%
E. 其他(请填写：　　　　)	2	2.90%
本题有效填写人次	69	

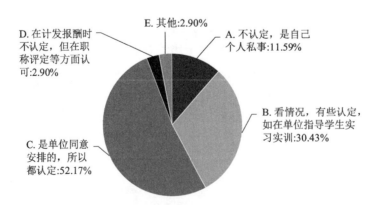

调查结果显示,有52.17%的企业受访者认为产业教授工作是单位同意的,所以认定这部分业绩;也有30.43%的单位是区分对待,有些工作认定业绩;只有11.59%认为这是个人私事,单位不认定这部分业绩。由于产业教授本身是产教融合、校企合作的重要内容,政府应该有更清晰的文件出台,支持、鼓励企业参与产业教授选聘;院校应强化与企业

的合作,在产业教授选聘、使用、考核等环节,多争取企业参与,避免产业教授工作变成个人的"私活",而应该成为企业参与职业教育人才培养的行为和社会责任。

第17题　您认为院校在教师队伍统计时,对产业教授(　　)　　[单选题]

选项	小计	比例
A. 不应统计在内	3	4.35%
B. 应统计在兼职教师内	45	65.22%
C. 应统计在学校的教师名单内	12	17.39%
D. 根据情况定	8	11.59%
E. 无所谓	1	1.45%
本题有效填写人次	69	

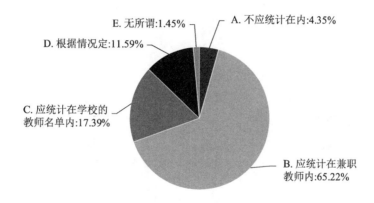

调查结果显示,多数人认为产业教授属于学校的兼职教师,这一结果与产业教授、院校的调研结果一致。

第18题　您认为目前产业教授工作存在的问题是(　　)　　[多选题]

选项	小计	比例
A. 政府对产业教授无明确选聘、管理、考核与激励制度	29	42.03%
B. 学校重视不够,无职能部门与企业对接并进行服务管理	10	14.49%
C. 企业重视不够,认为教育工作与企业关系不大	18	26.09%
D. 产业教授本身工作很忙,安排太多时间到学校影响其自身工作	37	53.62%
E. 新的财务制度、税收政策和廉政要求使产业教授很难获得相应的酬金	23	33.33%

(续表)

选项	小计	比例
F. 学校对产业教授无具体考核、评价与奖励办法,平时情况也不对企业反馈	7	10.14%
G. 产业教授在校企之间科技研发、毕业生就业、员工培训等方面的桥梁作用发挥得不够充分	38	55.07%
H. 其他(请填写:)	3	4.35%
本题有效填写人次	69	

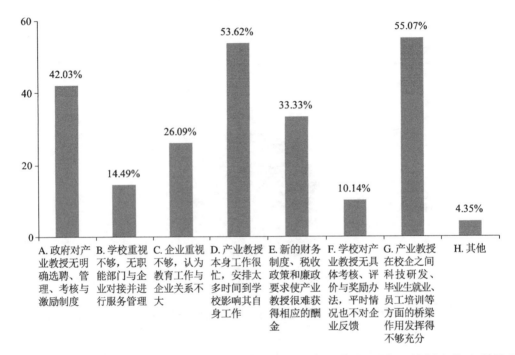

对于产业教授工作存在的问题,企业受访者排在第一位的是"产业教授在校企科技研发、毕业生就业、员工培训等方面的桥梁作用发挥得不够充分"(55.07%),第二位的是"产业教授本身工作很忙,安排太多时间到学校影响其自身工作"(53.62%),第三位的是"政府对产业教授工作无明确选聘、管理、考核与激励制度"(42.03%)。与产业教授调查的结果相比,前三位的项目一样,但位次发生了变化,"产业教授在企校科技研发、毕业生就业、员工培训等方面的桥梁作用发挥得不够充分"在产业教授调研时只排第三,而且选择比例只有38.89%,说明在企业看来,更希望产业教授能更好地发挥校企合作的桥梁、纽带作用,这一点与前面的结果一致。与院校调查的结果相比,排前三位的项目、位次均有变化,"产业教授在企校科技研发、毕业生就业、员工培训等方面的桥梁作用发挥得不够充分"排在第四,选择比例只有38.60%。一方面说明在企业更希望产业教授能更好地发挥校企合作的桥梁、纽带作用;另一方面也反映院校对企业关于产业教授的定位、期待把握不准,应通过强化与企业的沟通交流,解决好产业教授工作中的问题,使产业教授在高技能人才培

养中发挥更大的作用。

附件5.1　产业教授选聘工作调查问卷(产业教授卷)

您好：我们是江苏省教育规划重点课题"产教融合背景下产业教授制度供给研究"课题组。江苏从2010年起在本科院校实施产业教授评聘工作，2017年扩展到了高职院校，至今高职院校已评聘了400多名产业教授，湖北、山东也先后启动了产业教授选聘工作。产业教授在促进产教融合、校企合作工作中发挥了越来越大的作用，受到院校的广泛欢迎，但高职院校产业教授选聘、考核、激励等尚无系统的政策文件。为此，本课题组希望通过您的帮助，就产业教授的选拔、聘用、管理、考核、激励等开展研究，为政府制定体系完整、富有操作性的制度文件提供理论和实践支撑，弥补高职类院校产业教授制度的短板。

为感谢您的参与，届时我们也将把研究报告分享给您。

完成整个问卷大概需要30分钟。

1. 您所在地区是(　　)
   A. 山东　　　　　　B. 湖北　　　　　　C. 江苏
2. 您的单位类型是(　　)
   A. 国有企业　　　　B. 国有控股企业　　C. 外资企业　　　　D. 合资企业
   E. 私营企业　　　　F. 事业单位　　　　G. 行政机关
3. 您的工作岗位是(　　)
   A. 高层管理人员　　　　　　　　　　　B. 中层管理人员
   C. 工程技术人员　　　　　　　　　　　D. 一般工作人员
4. 您的专业技术职务是(　　)
   A. 正高级　　　　　B. 高级　　　　　　C. 中级　　　　　　D. 初级
   E. 无
5. 您的职业技能等级是(　　)
   A. 高级技师　　　　B. 技师　　　　　　C. 高级工　　　　　D. 无
6. 您获得过的荣誉有(　　)(可多选)
   A. 国家级"非物质文化遗产传承人""技能大师""工匠""首席技师""'五一'创新能手""有突出贡献技师""技能大师工作室领衔人"等
   B. 省、市级"非物质文化遗产传承人""乡土人才""技能大师""工匠""首席技师""'五一'创新能手""有突出贡献技师""技能大师工作室领衔人"等
   C. 省"333工程""六大人才高峰"高层次人才、省"双创计划"专家、省有突出贡献中青年专家等
   D. 世界技能大赛前三名、全国一类职业技能竞赛第一名
   E. 其他(请填写：　　　　　　　　)
   F. 无
7. 您在成为产业教授之前参与院校间校企合作的工作情况是(　　)
   A. 经常参加　　　　B. 有时参加　　　　C. 基本没有参加

8. 您成为产业教授的原因是（　　）（可多选）

   A. 单位与院校有合作关系被单位推荐

   B. 受院校的邀请

   C. 将自己的技术技能传授给学生，为培养高素质技能型应用人才贡献自己的力量

   D. 借学校这个平台将实践与理论结合，提升自身专业能力和研发能力

   E. 借此作为继续学习、积累专业资质的渠道

   F. 借此实现自己教书育人的梦想

   G. 塑造自己参与教育职业的良好社会形象

   H. 改善自己的经济状况

9. 您认为做产业教授需要参加的培训有（　　）（可多选）

   A. 教学理论　　　　　　　　　B. 教学方法

   C. 有关职业教育政策　　　　　D. 不需要培训

10. 您认为产业教授对学校人才培养工作发挥的作用如何？（　　）

    A. 非常大　　　B. 大　　　C. 比较大　　　D. 一般

    E. 基本没作用

11. 您参与院校专业建设工作的主要形式是（　　）（可多选）

    A. 作为专家偶尔参加专业建设研讨和人才培养方案的制定（参与次数较少）

    B. 作为外聘教师参加有关专业建设和人才培养方案的制定（参与次数较多）

    C. 作为某个专业带头人主持有关专业建设和人才培养方案的制定

    D. 其他（请填形式：　　　　　　　　　　　　　　　　）

12. 您参与院校理论教学工作的形式是（　　）（可多选）

    A. 定期或不定期给学生做学术讲座

    B. 承担某些课程（每学期不少于4个半天或16学时）

    C. 指导学生的专业实训（含毕业实训）

    D. 指导学生毕业设计

    E. 指导青年教师

    F. 其他（请填写：　　　　　　　　　　　　）

13. 您参与院校就业创业工作的形式是（　　）（可多选）

    A. 指导学校创业创新团队

    B. 推荐毕业生到所在单位就业

    C. 安排学生到所在单位开展专业实训和跟岗实习

    D. 为毕业生推荐其他企业的就业岗位

    E. 未参加

    F. 其他（请填写：　　　　　　　　　　　　　　）

14. 您参与院校科技服务与项目申报的工作有（　　）（可多选）

    A. 指导学校年轻教师开展科研工作

    B. 与学校一道申报纵向科研项目或课题

C. 与学校一道开展横向科研项目或课题工作（非所在单位）

D. 与学校师生成功申请了专利（含发明、实用新型和软件著作权等）

E. 共同开发了教材、讲义或实训指导书

F. 未参加

G. 其他（请填写：   ）

15. 您在推进校企合作工作中做过的工作是（   ）（可多选）

　　A. 推动所在单位与院校间合作开展科技研发项目

　　B. 推进企业员工到学校参加学历教育或技术培训

　　C. 引荐更多的工程技术和管理人员到学校参与育人工作

　　D. 推荐院校教师到企业挂职、兼职

　　E. 推动校企间建设实习、实训基地

　　F. 未参加

　　G. 其他（请填写：   ）

16. 您所在单位产业教授报批工作的负责部门是（   ）

　　A. 单位人力资源部门　　　　　　B. 单位办公室

　　C. 单位校企合作部门　　　　　　D. 单位技术研发管理部门

　　E. 其他部门

17. 您所在单位对产业教授申报工作的态度是（   ）

　　A. 支持，积极性很高

　　B. 比较支持，积极性较高

　　C. 不支持也不反对，无所谓

　　D. 看院校与单位的关系，关系好则支持，否则就不同意

　　E. 基本没人管，没人主动过问此事

18. 您所兼职院校产业教授工作日常管理考核部门是（   ）

　　A. 二级院系　　　　　　　　　　B. 学校人事部门

　　C. 学校办公室　　　　　　　　　D. 教务处

　　E. 学校校企合作部门

　　F. 其他部门（请填写：   ）

19. 您和院校间的契约关系是（   ）

　　A. 签订了作为学校兼职教师的正式聘用合同

　　B. 签订了产业教授的聘用合同

　　C. 只发了产业教授聘用文件

　　D. 只发了专业建设指导委员会委员或专家聘书

　　E. 没有任何契约，有事通知

20. 您作为产业教授在院校的报酬形式是（   ）

　　A. 按月发放定额产业教授津贴

　　B. 按年发放产业教授补贴

C. 按实际工作量发放劳务报酬

D. 没有报酬

E. 其他(请填写：)

21. 院校对产业教授工作的考核评价形式是( )

   A. 定期或不定期进行定性考评,有考核办法

   B. 定期或不定期进行定性考评,无考核办法

   C. 每年底或学期末进行定量考核,有考核办法

   D. 每年底或学期末进行定量考核,无考核办法

   E. 只按负责的项目考核

   F. 基本不考核

22. 院校在教师队伍统计时,对产业教授( )

   A. 从不统计在内　　　　　　　B. 统计在兼职教师内

   C. 统计在学校的教师名单内　　D. 根据情况定

   E. 不清楚

23. 您希望院校在产业教授工作中应该( )(可多选)

   A. 组织教学培训

   B. 配备相应的办公条件

   C. 适当增加待遇

   D. 建立与学校及校内教师间的沟通交流机制

   E. 配备校内教学助理

   F. 增加校情学情介绍

   G. 明确产业教授的工作职责

   H. 加强与所在单位沟通

   I. 其他(请填写：)

24. 您对担任产业教授的态度是( )

   A. 很感兴趣,努力把工作做好

   B. 受人之托,尽力把工作做好

   C. 被安排的,本身工作太忙,难于做太多工作

   D. 只是个名分,没啥工作要做

   E. 其他(请填写：)

25. 您认为产业教授应该承担的职责是( )(可多选)

   A. 参与院校的新专业开发和人才培养方案制定等宏观指导

   B. 讲专业课程或举行新技术讲座

   C. 参与教材、实验实训指导书编写

   D. 指导新教师和学生进行科研及创新创业活动

   E. 指导、管理到企业实习实训学生

   F. 推荐毕业生就业

G. 参与学校的纵、横向项目申报
H. 推荐企业员工到学校参加培训
I. 作为企业与学校产教融合、校企合作的联系人
J. 其他(请填写:)

26. 您对自己的产业教授工作的评价是( )
   A. 很满意　　　B. 比较满意　　　C. 一般　　　D. 不满意

27. 您认为目前产业教授工作存在的问题是( )(可多选)
   A. 政府对产业教授工作无明确选聘、管理、考核与激励制度
   B. 学校重视不够,无职能部门与企业对接并进行服务管理
   C. 企业对产业教授工作不够支持,认为教育不是企业的事情
   D. 产业教授本身工作很忙,难于安排太多时间到学校工作
   E. 新的财务制度、税收政策和廉政要求使产业教授很难获得相应的酬金
   F. 学校对产业教授无具体考核、评价与奖励办法,平时情况也不对企业反馈
   G. 产业教授在校企科技研发、毕业生就业、员工培训等方面的桥梁作用发挥得不够充分
   H. 其他(请填写:)

本问卷到此结束,再次感谢您的合作!

附件5.2　产业教授选聘工作调查问卷(院校卷)

您好:我们是江苏省教育规划重点课题"产教融合背景下产业教授制度供给研究"课题组。江苏从2010年起在本科院校实施产业教授评聘工作,2017年扩展到了高职院校,至今高职院校已评聘了400多名产业教授,湖北、山东也先后启动了产业教授选聘工作。产业教授在促进产教融合、校企合作工作中发挥了越来越大的作用,受到院校的广泛欢迎。但高职院校产业教授选聘、考核、激励等尚无系统的政策文件。为此,本课题组希望通过您的帮助,就产业教授的选拔、聘用、管理、考核、激励等开展研究,为政府制定体系完整、富有操作性的制度文件提供理论和实践支撑,弥补高职类院校产业教授制度短板。

为感谢您的参与,届时我们也将把研究报告分享给您。

完成整个问卷大约需要20分钟。

1. 您所在地区是( )
   A. 山东　　　B. 湖北　　　C. 江苏
2. 您的学校类型是( )
   A. 本科　　　B. 高职　　　C. 中职
3. 您的工作岗位是( )
   A. 一般教师　　　　　　　B. 产业教授项目负责人
   C. 院系领导　　　　　　　D. 职能部门负责人

E. 校级领导

4. 您认为产业教授与兼职教师、外聘教师的关系是（　　）

   A. 三者是一个概念

   B. 产业教授与兼职教师是一个概念，与外聘教师不同

   C. 产业教授与外聘教师是一个概念，与兼职教师不同

   D. 兼职教师与外聘教师是一个概念，与产业教授不同

   E. 三者概念都不同

5. 您认为产业教授对学校人才培养工作发挥的作用如何？（　　）

   A. 非常大　　　B. 大　　　C. 比较大　　　D. 一般

   E. 基本没作用

6. 您校聘请产业教授的原因是（　　）（可多选）

   A. 改善教师队伍结构

   B. 强化与企业的合作关系

   C. 为了评估和检查的需要

   D. 增加学生对新知识、新技术的学习机会

   E. 强化学校的科研能力

   F. 缺外聘教师

   G. 应付上面的要求

   H. 其他（请填写：　　　　　　　　　　　　　）

7. 您认为选聘产业教授最重要的条件是（　　）（可多选）

   A. 业界技术、技能影响力

   B. 学历、职称、职务

   C. 获得过的荣誉

   D. 发表过的论文、著作和科研成果

   E. 与学校已有的合作基础

   F. 所在企业的影响力

   G. 其他（请填写：　　　　　　　　　　　　　）

8. 贵校产业教授参与专业建设工作的主要形式有（　　）（可多选）

   A. 作为专家偶尔参加专业建设研讨和人才培养方案的制定（总的参与次数较少）

   B. 作为外聘教师参加有关专业建设和人才培养方案的制定（参与次数较多）

   C. 作为某个专业带头人主持有关专业建设和人才培养方案的制定

   D. 其他（请填写：　　　　　　　　　　　　　）

9. 贵校产业教授参与教学工作的形式是（　　）（可多选）

   A. 定期或不定期给学生做学术讲座

   B. 承担某些课程（每学期不少于四个半天或16学时）

   C. 指导学生的专业实训（含毕业实训）

   D. 指导学生毕业设计

E. 指导青年教师

F. 其他(请填写：   )

10. 贵校产业教授参与科技服务的工作有(   )(可多选)

    A. 指导学校年轻教师开展科研工作

    B. 与学校一道申报纵向科研项目或课题

    C. 与学校一道开展横向科研项目或课题工作(非所在单位)

    D. 与学校师生成功申请了专利(含发明、实用新型和软件著作权等)

    E. 与学校共同开发了教材、讲义或实训指导书

    F. 其他(请填写：   )

11. 贵校产业教授参与就业创业工作形式是(   )(可多选)

    A. 指导学校创业创新团队

    B. 推荐毕业生到所在单位就业

    C. 安排学生到所在单位开展专业实训和跟岗实习

    D. 为毕业生推荐其他企业的就业岗位

    E. 其他(请填写：   )

12. 您认为产业教授最主要的职责是(   )(可多选)

    A. 参与院校的新专业开发和人才培养方案制定等宏观指导

    B. 讲专业课程或举行新技术讲座

    C. 参与教材、实验实训指导书编写

    D. 指导新教师和学生进行科研及创新创业活动

    E. 指导、管理到企业实习实训学生

    F. 推荐毕业生就业

    G. 参与学校的纵、横向科研项目申报

    H. 推荐企业员工到学校参加培训

    I. 作为企业与学校产教融合、校企合作的联系人

    J. 其他(请填写：   )

13. 贵校产业教授申报工作牵头部门是(   )

    A. 学校人事处   B. 学校教务处

    C. 学校校企合作部门   D. 学校办公室

    E. 其他部门

14. 贵校二级院系每年在产业教授申报时(   )

    A. 积极性很高   B. 积极性较高

    C. 无所谓   D. 基本没人主动申报

15. 贵校与产业教授间的契约关系是(   )

    A. 签订了作为学校兼职教师的正式聘用合同

    B. 签订了产业教授的聘用合同

    C. 只发了产业教授聘用文件

D. 只发了专业建设指导委员会委员或专家聘书

E. 没有任何契约,有事通知就行

16. 贵校产业教授报酬形式是( )

    A. 按月发放定额产业教授津贴

    B. 按年发放产业教授补贴

    C. 按实际工作量发放劳务报酬,来一次给一次专家费

    D. 没有报酬

    E. 其他(请填写：)

17. 贵校产业教授日常管理部门是( ),考核评价部门( )

    A. 二级院系   B. 人事部门   C. 学校办公室   D. 教务处

    E. 校企合作部门

    F. 其他部门(请填写：)

18. 贵校产业教授工作的考核评价形式是( )

    A. 定期或不定期进行定性考评,有考核办法

    B. 定期或不定期进行定性考评,无考核办法

    C. 每年底或学期末进行定量考核,有考核办法

    D. 每年底或学期末进行定量考核,无考核办法

    E. 只按负责的项目考核

    F. 基本不考核

19. 贵校产业教授在教师队伍统计时( )

    A. 从不统计在内

    B. 统计在兼职教师内

    C. 统计在学校的教师名单内

    D. 根据情况定

    E. 不清楚

20. 您认为产业教授需要获得教师资格证书吗?( )

    A. 需要,应持证上岗

    B. 需要,但可以一边兼职一边考证

    C. 无所谓,有证更好,关键是会教书就行

    D. 不需要

21. 您认为作为产业教授需要参加的培训有( )(可多选)

    A. 教学理论   B. 教学方法

    C. 有关职业教育政策   D. 校情校史

    E. 不需要培训

22. 您认为学校在产业教授工作中应改进的是( )(可多选)

    A. 组织产业教授教学培训

    B. 配备相应的办公条件

C. 适当增加待遇

D. 建立与学校及校内教师间的沟通交流机制

E. 为其配备校内教学助理

F. 增加校情学情介绍

G. 明确产业教授工作职责

H. 加强与产业教授所在单位沟通

I. 其他(请填写：   )

23. 您对目前学校的产业教授工作状况的总体评价是(   )

   A. 很满意   B. 满意   C. 一般   D. 较差

24. 您认为产业教授工作存在的问题是(   )(可多选)

   A. 政府对产业教授工作无明确选聘、管理、考核与激励制度

   B. 学校重视不够,无职能部门与企业对接并进行服务管理

   C. 企业重视不够,认为教育不是企业的事情

   D. 产业教授本身工作很忙,难于安排太多时间到学校工作

   E. 新的财务制度、税收政策和廉政要求使产业教授很难获得相应的酬金

   F. 学校对产业教授无具体考核、评价与奖励办法,平时情况也不对企业反馈

   G. 产业教授在企校之间科技研发、毕业生就业、员工培训等方面的桥梁作用发挥得不够充分；

   H. 其他(请填写：   )

本问卷到此结束,再次感谢您的合作！

附件5.3 产业教授选聘工作调查问卷(企业卷)

您好：我们是江苏省教育规划重点课题"产教融合背景下产业教授制度供给研究"课题组。江苏从2010年起在本科院校实施产业教授评聘工作,2017年扩展到了高职院校,至今高职院校已评聘了400多名产业教授,湖北、山东也先后启动了产业教授选聘工作。产业教授在促进产教融合、校企合作工作中发挥了越来越大的作用,受到院校的广泛欢迎,但高职院校产业教授选聘、考核、激励等尚无系统的政策文件。为此,本课题组希望通过您的帮助,就产业教授的选拔、聘用、管理、考核、激励等开展研究,为政府制定体系完整、富有操作性的制度文件提供理论和实践支撑,弥补高职院校类产业教授制度短板。

为感谢您的参与,届时我们也将把研究报告分享给您。

完成整个问卷大概需要15分钟。

1. 您所在地区是(   )

   A. 山东   B. 湖北   C. 江苏

2. 您的单位类型是(   )

A. 国有企业　　　　B. 国有控股企业　　C. 外资企业　　　　D. 合资企业
   E. 私营企业　　　　F. 事业单位　　　　G. 行政机关　　　　H. 行业协会
3. 您的工作岗位是(　　)
   A. 高层管理人员　　　　　　　　　　B. 中层管理人员
   C. 工程技术人员　　　　　　　　　　D. 一般工作人员
4. 您单位推荐产业教授(如果有,否则跳过)的原因是(　　)(可多选)
   A. 响应政府校企合作号召
   B. 与院校有合作关系
   C. 产业教授本人受学校邀请且个人较积极
   D. 提升企业的社会影响力
   E. 吸引学生到企业就业
   F. 解决企业员工到学校培训
   G. 其他(请填写:　　　　　　　　　　　　　　　　　　)
5. 您认为产业教授对高职院校人才培养工作发挥的作用如何?(　　)
   A. 非常大　　　　B. 大　　　　C. 比较大　　　　D. 一般
   E. 基本没作用
6. 您认为产业教授参与院校专业建设工作的主要形式是(　　)(可多选)
   A. 作为专家偶尔参加专业建设研讨和人才培养方案的制定(总的参与次数较少)
   B. 作为外聘教师参加有关专业建设和人才培养方案的制定(参与次数较多)
   C. 作为某个专业带头人主持有关专业建设和人才培养方案的制定
   D. 其他(请填写:　　　　　　　　　　　　　　　　　　)
7. 您认为产业教授参与院校教学工作形式是(　　)(可多选)
   A. 定期或不定期给学生做学术讲座
   B. 承担某些课程(每学期不少于4个半天或16学时)
   C. 指导学生的专业实训(含毕业实训)
   D. 指导学生毕业设计
   E. 指导青年教师
   F. 其他(请填写:　　　　　　　　　　　　　　　　　　)
8. 您认为产业教授参与院校就业创业工作的形式是(　　)(可多选)
   A. 指导学校创业创新团队
   B. 推荐毕业生到所在单位就业
   C. 安排学生到所在单位开展专业实训和跟岗实习
   D. 为毕业生推荐其他单位的就业岗位
   E. 其他(请填写:　　　　　　　　　　　　　　　　　　)
9. 您认为产业教授参与院校科技服务的工作有(　　)(可多选)
   A. 指导学校年轻教师开展科研工作
   B. 与学校一道申报纵向科研项目或课题

C. 与学校一道开展横向科研项目或课题工作(非所在单位)

D. 与学校师生共同申请专利(含发明、实用新型和软件著作权等)

E. 与学校共同开发教材、讲义或实训指导书

F. 其他(请填写：　　　　　　　　　　)

10. 您认为产业教授在推进校企合作工作中应做的工作是(　　)(可多选)

A. 推动所在单位与院校间合作开展科技研发项目

B. 推进企业员工到学校参加学历教育或技术培训

C. 引荐更多的工程技术和管理人员到学校参与育人工作

D. 推荐院校教师到企业挂职、兼职

E. 推动校企间建设实习、实训基地

F. 其他(请填写：　　　　　　　　　　)

11. 您所在单位产业教授(如有,否则跳过)报批工作的负责部门是(　　)

A. 人力资源部门

B. 办公室

C. 校企合作部门

D. 技术研发管理部门

E. 其他部门

F. 无固定部门

12. 您认为产业教授和院校间的契约关系是(　　)

A. 签订作为学校兼职教师的正式聘用合同

B. 签订产业教授的聘用合同

C. 只需要发产业教授聘用文件

D. 只需要发专业建设指导委员会委员或专家聘书

E. 不用任何契约,有事通知就行

13. 您认为产业教授在院校的报酬形式是(　　)

A. 按月发放定额产业教授津贴

B. 按年发放产业教授补贴

C. 按实际工作量发放劳务报酬,去一次给一次专家费

D. 不应有报酬

E. 其他(请填写：　　　　　　　　　　)

14. 您认为对产业教授工作的考核评价形式是(　　)

A. 定期或不定期进行定性考评,应有考核办法

B. 定期或不定期进行定性考评,不一定要有考核办法

C. 每年底或学期末进行定量考核,应有考核办法

D. 每年底或学期末进行定量考核,不一定要有考核办法

E. 只需要按其负责的项目考核

F. 不用考核

15. 您所在单位对产业教授申报工作的态度是（　　）

    A. 积极支持

    B. 比较支持

    C. 不支持也不反对,无所谓

    D. 看情况,对于合作关系较好的院校支持,否则不支持

    E. 基本没人管

16. 您单位对产业教授院校工作业绩的认定是（　　）

    A. 不认定,是自己个人私事

    B. 看情况,有些认定,如在单位指导学生实习实训

    C. 是单位同意安排的,所以都认定

    D. 在计发报酬时不认定,但在职称评定等方面认可

    E. 其他（请填写：　　　　　　　　　　）

17. 您认为院校在教师队伍统计时,对产业教授（　　）

    A. 不应统计在内

    B. 应统计在兼职教师内

    C. 应统计在学校的教师名单内

    D. 根据情况定

    E. 无所谓

18. 您认为目前产业教授工作存在的问题是（　　）（可多选）

    A. 政府对产业教授无明确选聘、管理、考核与激励制度

    B. 学校重视不够,无职能部门与企业对接并进行服务管理

    C. 企业重视不够,认为教育工作与企业关系不大

    D. 产业教授本身工作很忙,安排太多时间到学校影响其自身工作

    E. 新的财务制度、税收政策和廉政要求使产业教授很难获得相应的酬金

    F. 学校对产业教授无具体考核、评价与奖励办法,平时情况也不对企业反馈

    G. 产业教授在校企之间科技研发、毕业生就业、员工培训等方面的桥梁作用发挥得不够充分

    H. 其他（请填写：　　　　　　　　　　　　　　　）

本问卷到此结束,再次感谢您的合作！

第六部分
江苏高职院校产业教授选聘工作存在的问题及政策建议

一、江苏高职院校产业教授选聘工作存在的问题

江苏高职院校产业教授选聘的尝试在师资队伍结构改善、水平提升和"双师型"队伍建设方面有显著成效，较好地呼应了兼职教师招聘总体规划缺失、流程不明、责任不清、管理松散造成的教学水平参差不齐、教学效果不佳等问题。但由于实践先于理论的选聘行为，存在以下一些问题：①缺乏系统性的制度设计；②较少考虑产教融合生态建设；③对参聘者的科研成果、荣誉等要求过高，而对实际校企合作基础的要求不够具体；④对企业职责方面的要求不够明确，对院校为产业教授提供人文关怀的要求太少，对产业教授发挥个人优势和特长的要求不够突出；⑤政府的支持政策太笼统，难于落地，产业教授的岗位津贴无着落；⑥在产业教授上岗前未做持证或培训要求；⑦每年的选聘指标较少且覆盖面还不够广；等等。不妨将这些问题归纳为以下几个方面：

（一）无系统化的选拔、聘用、管理、考核、激励等操作性的制度安排

产业教授作为产教融合、校企合作背景下的一项制度创新，具有示范作用，承担着引领高职院校兼职教师聘用管理和"双师型"教师队伍建设工作的功能，一套系统化的涵盖选拔要求、聘用流程、管理内容、考核标准及激励办法的制度必不可少。目前，高职院校产业教授的选聘依据是《关于印发〈江苏省产业教授（高职类）选聘办法〉的通知》（苏教职〔2020〕19号）。该通知是在《关于开展江苏省第五批产业教授（兼职）选聘工作的通知》（苏教研〔2017〕8号）基础上，根据几年的运行实际，听取有关院校、企业及产业教授意见后制定的。新的选聘办法在上位文件依据、合作基础要求、优先选聘条件分类、破格条件设置、选聘流程规范、各方职责要求、产业教授权利和政策支持等方面都做了安排，但不少条目只是纲领性的规定，内容系统性不足，特别是与其他有关职业教育改革发展的制度文件衔接还不够紧密，可操作性不强。该办法要求院校"为产业教授提供必要的工作条件和经费支持；发放产业教授岗位津贴"，但未明确经费来源、标准，造成各院校发放酬金的标准、方式不一。产业教授在接受调研时，针对报酬津贴的发放问题，选择"按实际工作量发放劳务报酬""按年发放产业教授补贴""按月发放定额产业教授津贴"的比例分别占41.11%、26.67%和7.78%，还有17.78%的受访者选了"没有报酬"。面对"您认为目前产业教授工作存在的问题"的提问时，分别有44.44%的产业教授、42.11%的院校代表、42.03%的企业人员选择了"政府对产业教授工作无明确选聘、管理、考核与激励制度"；这

个选项在所列出的 8 个选项中排列前三,说明当前涉及产业教授选聘工作的产业教授、院校和企业三方,对进一步完善相关制度,都有较强烈的意愿。

(二) 产教融合生态建设涉及面较小,对企业的激励尚显不足

选聘产业教授的意义不但体现于产业教授个人参与院校的教育教学活动,而且体现于产业教授发挥其桥梁与纽带作用,推动企业以更加积极的姿态支持职业教育事业。现有的制度设计涉及"厚植企业承担职业教育责任的社会环境,推动职业院校和行业企业形成命运共同体"的内容不够多,没有利用产业教授选聘的契机,在制度层面形成校企协同育人的良性互动。虽然新的《江苏省产业教授(高职类)选聘办法》对有关院校职责"围绕产业教授所在单位技术难题,组织学校教师联合研究攻关,成果优先在产业教授所在单位进行转化;优先联合申报国家或省、市级科研项目;与产业教授所在单位推进产教深度融合平台建设;为产业教授所在单位员工提供技术培训和继续教育服务;推荐优秀毕业生到产业教授所在单位就业"等进行了表述,但未见政府对企业支持产业教授选聘工作的鼓励、激励性政策。虽然产业教授在申报时需要所在企业认可,但是多数企业依然处于被动的态势,或是碍于员工情面,或是难违院校领导之托而同意申报。有的企业对选聘成功的产业教授频繁参加院校兼职活动颇有微词。不少产业教授只能利用休息时间到校工作,在推进产教融合、校企合作方面难有作为。在调研中发现,在面对"您所在单位对产业教授申报工作的态度"的提问时,72.46%的企业和 67.78%的产业教授选择"积极支持"。这说明企业还做不到百分之百地支持产业教授选聘工作。同样,在面对"您认为目前产业教授工作存在的问题"提问时,54.44%的产业教授和 73.68%的院校把"产业教授本身工作很忙,难于安排太多时间到学校工作"列为 8 个选项之首,另外,53.62%的企业把"产业教授本身工作很忙,难于安排太多时间到学校工作"列为第二项。从这里看出,多数产业教授到校开展工作不是被企业委派,而是利用自己的业余时间、周末或节假日。如何发挥企业在产教融合、校企合作中的积极性,让产业教授工作从"私活"变为企业的"公务",还需要在制度设计时给予企业更多的引导和激励。

(三) 在层次设计与院校指标分配方面,仍需进一步优化

现有的产业教授选聘工作只存在于省级层面,指标分配时只考虑了一般院校和高水平院校的区别(规定每年"每所高职院校申报原则上不超过 4 人,省高水平高职院校最多 6 人"),省级遴选通过率控制在 70% 以下。指标分配未考虑办学类型、专业特色与产教融合基础,使得每年进行省级遴选时院校间申报情况差异明显,有的院校指标明显不够,有的院校却很难推选出合适的人选。文件规定将每年选聘的产业教授人数控制在 150 名左右,平均每所学校不足 2 人(全省共有高职高专院校 89 所),加上高水平院校的指标优势,导致最后入选的各院校间数量很不平衡。2017—2019 年前三批次的产业教授选聘结束后,至少有一位产业教授的院校只有 70 所。通过访谈得知,至今尚无产业教授院校认为指标少、条件高、竞争太激烈是造成这一结果的重要原因。从统计结果看,部分遴选失败的院校后来就不申报了。在产业教授选聘方案中没有市级、校级等层次的制度设计,缺少

培育机制,这些都使得高职类产业教授总数偏少,覆盖范围偏窄,示范作用发挥不够。在2018年的江苏两会期间,省人大代表针对产业教授选聘提出议案,建议着力推进层次建设、做好选聘分类指导、科学安排院校指标。

(四)任职条件较高,人选难找

高职类选聘方案脱胎于普通类高校硕士、博士培养中的产业教授项目,具有较重的普通高等教育痕迹。虽然苏教职〔2020〕19号文在任职条件中取消了"万人计划""百千万人才工程"等国家级人才项目的表述,但是仍然将省、市级人才荣誉列为优先选聘的条件。外企、私营企业参评这些荣誉的机会较少,即使是技术高手、能工巧匠,也很少有人获得这些荣誉。高职院校产业教授省级遴选要好中选优,通过率只有60%左右,有一些具有真才实学且有精力、有时间从事产业教授工作的外企、私企人选,即使被院校推荐,也可能会在较高的选聘条件下败下阵来,难于当选。调研结果反映:与本科院校博士、硕士研究生的产业教授主要来自国有企业、国有控股大型企业不同,前三批次高职院校产业教授有55.56%来自私营企业;即使在外向型经济相对发达的江苏,外企中符合产业教授选聘条件的人数也很少,在被调研的90名产业教授中,只有一名来自外资企业。一方面,符合较高选聘条件的拟推荐人选不一定愿意到高职院校兼职;另一方面,此类人才任职后由于自身工作繁忙,很难按要求完成高职类产业教授教育教学任务,导致实施效果不尽理想。院校在接受关于"您认为选聘产业教授最重要的条件"问题调研时,将"业界技术、技能影响力"(98.25%)、"所在企业的影响力"(87.72%)、"与学校已有的合作基础"(73.68%)列为前三位,说明院校十分希望聘请到业界技术、技能高手到校任教,并希望通过与业界有影响力的龙头企业合作,提升专业设置、人才培养方案的先进性和人才的普适性。而"学历、职称、职务"(26.32%)"获得过的荣誉"(22.81%)及"发表过的论文、著作和科研成果"(31.58%)远远低于前面三个选项,体现了高职院校在人才选聘时的务实精神。

(五)任职前岗位培训不够,对教师资质缺乏制度设计

大部分产业教授对于职业教育教学规律、教学方法、校情学情等不甚了解,教育教学能力需要加强。他们"即使有丰富的专业理论知识和职业实践经验,但如果缺乏合适的教学计划和教学方法,仍旧不能取得良好的教学效果"。通过对江苏2017—2019年选聘的453名产业教授的调研发现,面对"您认为做产业教授需要参加的培训"的提问,有76.67%的人认为应参加"教学方法"培训,有64.44%的人认为应参加"有关职业教育政策"培训,有58.89%的人认为应参加"教学理论"培训。在对院校调研时,面对同样的问题分别有92.98%、57.89%和49.12%的人选择了"有关职业教育政策""教学方法"和"教学理论"。尽管三个高比例选项顺序有所不同,然而学校与产业教授对是否需要培训均给予了肯定回答,特别是院校对"有关职业教育政策"培训的选项高达92.98%,反映出产业教授对于目前的职业教育政策、制度、要求了解甚少,加强对产业教授这一方面的培训非常必要。

在面对"您对自己的产业教授工作的评价"的问题时,12.22%的产业教授选择了"一般",3.33%的产业教授选择了"不满意";在面对"您对目前学校的产业教授工作状况的总体评价"的问题时,17.54%的院校选择了"一般",1.75%的院校选择了"较差"。"一般""不满意"和"较差",反映出产业教授工作还有短板,这将挫伤产业教授的工作成就感和积极性。不少院校表示,应对没有教学经历的产业教授进行系统化的专项培训,产业教授在获得相应的教师资质后才能上岗。而在现行的管理机制中,这些方面缺乏相应的制度性安排。

(六)产业教授的日常管理架构有待进一步规范,管理职责有待进一步细化

《江苏省产业教授(高职类)选聘办法》要求高职院校"明确人事或教务、产教合作等部门作为产业教授聘用的责任部门;制定产业教授选聘细则,明确产业教授岗位职责和权益,明确产业教授具体工作任务和工作量",但实际情况与之存在差异。调研结果显示,超过65%的产业教授认为高职院校负责日常管理工作的是二级院系,21%的产业教授认为是人事部门,说明日常与产业教授接触较多的是二级院系;院校对此类问题的回答是,负责日常管理的二级院系占56.14%、负责日常管理的人事部门占40.35%,同样反映在实施过程中多数院校产业教授日常管理在二级院系,只是申报组织、津补贴发放由人事部门负责。在座谈时不少人提出:行政处室人员不太熟悉专业建设和实际教学需求,难以做好对产业教授的服务、支持工作,如果人事(或教务、产教合作)部门不能安排专门的人员负责此工作(在多数情况不可能有专人),那么很难全面了解产业教授的工作情况;二级院系对产业教授工作比较熟悉,开展日常管理活动比较方便,但是各二级院系管理存在差异,势必带来学校内部不同院系间、学校与学校间的不平衡。另外,针对"学校与产业教授间的契约关系"问题,在院校调查的结果是,与产业教授签订了"产业教授的聘用合同"或"作为学校兼职教师的正式聘用合同"的各占68.42%和15.79%,有约16%的学校只发了聘用文件、专业建设指导委员会聘书;对产业教授的问卷调查结果显示,56.67%的产业教授签订了"产业教授的聘用合同",10%的产业教授签订了"作为学校兼职教师的正式聘用合同",另有5.56%产业教授选择了"没有任何契约,有事通知"。这充分说明,《江苏省产业教授(高职类)选聘办法》在管理架构、管理职责等方面还需要细化、完善,以便规范院校对产业教授的服务管理。

二、江苏高职院校产业教授选聘工作政策建议

制度供给是指为规范个体行为而采取的各种规范和规则的机制或过程。制度供给理论认为:个体行为的复杂性、不可预测性和随机性,决定了需要有一套有序的关系或规则,提升社会人与人之间的稳定性;一个有效的制度系统,可以形成良性资源分配,降低交易成本,并激励个人创新。根据制度供给理论,产业教授选聘的制度设计,关键在于形成良性的资源分配和各方内在动力的激发机制。

(一) 建立高职类产业教授选聘、管理、考核、激励全流程的制度体系

在政府统筹管理、行业企业和院校深度融合的背景下,构建教师队伍建设机制是目前职业院校教师队伍建设的关键。江苏高职类产业教授选聘,要建立涵盖标准要求、岗位设置、遴选聘任、专业发展、考核管理等方面的体系完整、可操作性强的制度体系。要对现有的办法、方案进行梳理完善,形成与已有国家、省职业教育改革发展政策相呼应的配套措施。在选聘要求方面,除了基本的技术技能外,还应突出校企间的合作基础及备选人产教融合工作经历;在岗位设置与专业发展方面,要着重引导院校结合专业特色和产业态势,按照专兼结合的形式构建双师结构与双师素质兼顾的专业教学团队,增强专业发展能力与人才培养质量;在聘用与考核管理方面,要促使高职院校内部构建行之有效的用人、育人、留人机制,为产业教授提供发展空间,发挥他们在育人与校企合作中的桥梁、纽带作用;在考核激励方面,要指导院校把产业教授视为重要的师资,通过对他们的考核评优,在促进他们提高工作能力的同时,把一批热爱、热心职业教育又有较强胜任能力的人才选拔出来进行续聘,或者直接引进为全职员工。江苏在《省政府关于加快推进职业教育现代化的若干意见》(苏政发〔2018〕68号)中提出,"依据职业院校实际缺编数量和教师平均工资标准,核定兼职教师经费补助额度并足额拨付到校,用于聘请行业企业专家和能工巧匠",明确了兼职教师的费用问题。目前,"产业教授"与"兼职教师"有关政策并未完全衔接,使得高层次"兼职教师"的示范项目并无明确的经费来源,在制度设计时要尽快解决这一难题。

(二) 深化产教融合、校企合作,构建良好的校企合作生态

产业教授选聘既是产教融合、校企合作的重要内容,也需要通过产教融合、校企合作的深化使院校与企业资源互补共享。制度的设计要体现"'金融+财政+土地+信用'的组合式激励,并按规定落实相关税收政策",要指导院校优化校企合作机制,遵循"互利共赢"合作理念,形成院校、企业协同创新的共赢模式,激发企业参与职业教育的主动性,构建良性互动的校企生态。落实"把指导学生顶岗实习的企业技术人员纳入兼职教师管理范围"要求,并通过委托产业教授对他们进行指导、管理,按照德技并修、工学结合的育人要求对实习实训指导人员进行考核评价,院校据此支付他们津贴,改变目前实习实训管理边缘化状况。通过产业教授在企校间搭建"共建、共引、共管"的合作平台,推进学生实习实训、员工培训、联合科研等项目开展,形成企业积极支持职业教育的大环境,使更多的高技能人才、能工巧匠、非物质文化遗产传承人等参与产业教授的选聘,使产业教授的"教书育人"工作从"私活"变成"公务",使任教情况成为产业教授业绩考核评价的重要内容。

(三) 科学规划选聘规模,构建产业教授层级选拔制度体系

德国双元制职业教育模式的一个重要特征是兼职教师所占比例高。德国斯图加特职业学院只有80名专任教师,而兼职教师达1600人(承担了学校60%以上的教学任务)。美国社区学院发展之初,兼职教师是师资主力军,占教职工总数的70%。教育部《现代职

业教育体系建设规划(2014—2020年)》提出:"到2020年,有实践经验的专兼职教师占专业教师总数的比例达到60%以上。"产业教授作为兼职教师队伍建设的高端、引领项目,只有达到一定规模后才能产生较好的示范效用。按照目前院校兼职教师队伍300人规模的5%~8%选聘产业教授,每校应有20名左右,全省89所高职院校选聘总数应达1800名,以两届6年作为一个周期,每年选聘的人数要从现在的150人增加到300人。同时,要将产业教授项目进一步细分为校级、市级和省级三个层面,加速师资队伍结构优化,促进国家级、省级、校级教师教学创新团队建设,形成省级产业教授专注于宏观、规划和资源统筹方面的事项,市、校级产业教授重点开展教育教学等具体工作的合理格局,并为省级产业教授选拔提供充足的后备力量。

(四)优化职责要求,力求取得实效

《江苏省产业教授(高职类)选聘办法》的出台,在有关"工作职责"部分增加了产业教授所在企业的职责,明确产业教授只需要完成6项职责中的3项,淡化了产业教授直接授课或科学研究方面的要求,强调让产业教授完成学校专职教师无法做、没能力做的工作(如传授实践技能、最新技术,发挥在专业教学创新团队中的作用),使得产业教授履职与考核更具可操作性。但是,该办法中的一些要求过于空泛,针对性不强,难于落地。比如,如何使企业支持产业教授到校开展工作并认可其取得的成绩,让他们在学校的工作从"私活"变为企业的"公务"等,相关方案不够明确。按照现在的表述,企业完全可以选择性执行。应该结合《国务院关于印发国家职业教育改革实施方案的通知》《深化新时代职业教育"双师型"教师队伍建设改革实施方案》和《江苏省职业教育校企合作促进条例》等,将要求具体化、刚性化。《江苏省产业教授(高职类)选聘办法》要求学校"为产业教授提供必要的工作条件和经费支持;发放产业教授岗位津贴"。这里既无标准也无考核,为便于操作应该制定出更加具体的要求。在院校调研时,对于"您校聘请产业教授的原因"的提问,98.25%的人认为是"强化与企业的合作关系",73.68%的人认是"增加学生对新知识、新技术的学习机会",68.42%的人认为是"改善教师队伍结构",还有61.4%的人选择了"强化学校的科研能力"。国家的政策文件强调从企业、社会聘请兼职教师改进高职院校师资结构,而职业院校的观念与此相悖。几乎被所有受访对象排在第一位的是"聘请产业教授是为了强化校企关系","改进师资结构"只排在第三位。这既反映了职业院校对改善、建立良好的校企关系的重视,也反映了职业院校对"双师型"师资队伍的作用、地位的认识不足。许多人在对"双师型"师资队伍的理解上存在差异,停留在"双证""双职称"等形式上,简单地认为既有教师资格证又有技能等级证(或非教师系列职称)就是"双师型",没有把"双师型"的含义上升到提高职业教育学生实践能力和人才培养质量的高度。2019年教育部等四部委联合印发的《深化新时代职业教育"双师型"教师队伍建设改革实施方案》,明确"双师型"教师是指"同时具备理论教学和实践教学能力"的教师,改变了过去对"双师型"教师的认定维度(由专业技术职称或职业资格证书维度变为了能力维度);同时提出"双师型"是对职业教育教师个体和教学团队能力结构的共性要求。因此,"双师型"对职业院校教师个体而言,提出"提高理论教学和实践教学能力"的"双师"素质要求;对教学团队而言,应形成"包含具备理论教学或实践教学能力"的"双师"结构。因此,政府出台政策,其目的是在满足院校、产业教授实际要求,充分发挥产业教授在密切校企关系方面的桥梁作用的同时,进一步明确产业教授在改善高职院校教学创新团队"双师型"结构、提高高职院校教师个人"双师型"素质方面的职责。

(五)强化立德树人,构建德技双修教育机制

教育部提出"充分发挥校园文化对职业精神养成的独特作用,推进优秀产业文化进教育、企业文化进校园、职业文化进课堂,将生态环保、绿色节能、循环经济等理念融入教育过程"。产业教授由于自身的专业水平和所在企业的影响力比较高,在传授知识技术的同时,负有传播优秀企业文化,传承企业家、劳模、工匠精神的职责,这对职业院校人才培养同样重要。在进行制度设计时,要进一步强化产业教授在立德树人方面的职责要求,使产业教授成为学生锤炼品格、学习知识、掌握技能、创新思维的引领人。通过鼓励产业教授分享自己的成长经历、企业的发展历史、劳模与工匠的感人事迹、生产中的环保绿色理念等,让产业文化、企业文化、职业文化、工匠精神、劳模精神进校园、进课堂,进入学生心灵;将生态环保、绿色节能、循环经济等理念融入教育过程,实现立德树人、德技双修的思想政治教育与技术技能培养融合统一。

(六)强化岗前培训,逐步实行产业教授从业资格制度

知识与技能的传授,要求产业教授依据学生特点、课程内容、授课环境等选择合适的教学方法,这对于无教师从业背景的产业教授而言存在一定的难度,使得他们在传授专业技术知识和实践技能时难有理想的效果。在德国,兼职教师只有通过师范教育培训获取教师资格证书才能申请在高职院校任职。美国社区学院同样要求兼职教师在获得国家相关资格后上岗,同时开展以促进兼职教师专业发展的培训活动,部分暂时没有教学资质的兼职教师一边任教一边参加培训并获得专门的从业资质,否则不能续岗。日本设立了专门进行职业院校师资培训的"职业能力开发综合大学",学校根据不同的培训对象安排不同的培训时间和培训内容,对想获取职业教育教师资格证的学员实施差异化培训,使一些具有丰富企业经验的技术技能专家不会由于培训内容烦琐、周期太长而放弃作为兼职教师的机会,既保证了教师的教学能力与教学质量,又不会花费太多精力与时间。瑞士的相关培训则较为宽松、灵活,主要培训内容有教育(职业教育)基础、教育心理学、教学方法、课程和教学计划的制定、教室和实验室管理、学生学业成绩评估、教育技术等。这种培训主要有两个特点:一是为了保持吸引力,为具有企业工作经验的学习者提供的培训时间较短;二是这种职业资格培训是安排在入职以后、上岗之前,对被录用却没有资格证书的人员,学校将安排带薪参加培训,获取证书后再上岗,也就是说,具有资格证不是应聘的必要条件,只是加分项,扩大了应聘人员的范围,确保了职业院校师资质量。《江苏省职业教育质量提升行动计划(2020—2022年)》要求"面向行业企业的优秀技术技能人才开展教育教学能力提升培训",因此,在对产业教授相关管理制度进行设计时,应明确其培养培训、资格准入要求,初期可将具有教师资质作为加分项,并逐步过渡到凭证上岗。同时,大

力构建岗前培训体系,作为一项福利,政府统一组织选聘的产业教授参加职业教育政策、教育学、心理学等通识课程的培训;校情校史、教学要求、教学资源运用等,由院校实施专项培训。应探索建立产业教授(兼职教师)任职资格考试制度,制定考试大纲,筹建兼顾企业人员特点和高职教育要求的试题库,定期组织以笔试加结构化面试的方式考试。对于在任的产业教授,考试成绩将作为其任期最终考核是否通过及下一轮是否续聘的条件;对于暂时不是产业教授(兼职教师)的参试合格人员,可将他们列入省级兼职教师师资库,优先向院校进行推荐。院校要建立教师发展中心,在服务专职教师的同时,将为产业教授(兼职教师)的服务列为重要内容,全面提升产业教授(兼职教师)的教育教学质量。

(七)重新设置管理架构,明确部门责任

作为一个省级层面的项目,应探索更为科学的管理模式。在省级层面,应将目前的产业教授选聘办公室转设为"兼职教师管理办公室",作为职业院校兼职教师综合管理常设机构,负责全省产业教授(兼职教师)选聘制度的制定、省级选聘组织、信息平台建设、培训项目的开发与运行、考核管理的实施等。职业院校现行的二级院系或人事处单独管理的模式,既不利于形成良性的资源分配,也无法激发各方内在动力,其结果必定影响产业教授作用的发挥。在对产业教授的调研中,针对"您希望院校在产业教授工作中应该做什么"这一提问,排在第一位的是"建立与学校及校内教师间的沟通交流机制",选择比例达75.56%,接下来依次是:"组织教学培训"(55.56%)、"加强与所在单位沟通"(50.00%)、"明确产业教授的工作职责"(48.89%)、"配备相应的办公条件"(31.11%)、"配备校内教学助理"(30.00%)、"适当增加待遇"(30.00%)。应该说,这些正是产业教授们最希望得到的院校帮助。学校应该给予产业教授更多的人文关怀,但是,上述要求涉及产业教授所在院系、人事、后勤、教务等多个部门,很难由某一个部门去满足。根据教育部、财政部、人力资源和社会保障部、国务院国有资产监督管理委员会等印发的《职业学校兼职教师管理办法》(教师〔2012〕14号)文件,要求"兼职教师为企事业单位在职人员,原所在单位和聘请兼职教师的职业学校应当分别为兼职教师缴纳工伤保险费"。在座谈会上,有的学校介绍的做法是:人事处牵头组织申报,负责人事档案管理与津贴发放;二级院系负责具体的聘用与日常管理工作,包括配备教学助理、组织校内教师与产业教授交流互动、为兼职教师创造良好的工作环境,鼓励、吸收兼职教师参加教学研究、专业建设和团队建设,支持兼职教师与专任教师联合进行企业技术攻关,协助有关部门开展对产业教授的考评活动等;教务(督导)与质控部门负责业务培训和检查考核;后勤部门负责改善办公条件、购买意外伤害保险、提供学校相关资源;校级领导牵头与产业教授所在单位沟通交流,并邀请企业参与对产业教授工作的考核评价。因此,有必要建立产业教授(或兼职教师)队伍建设工作组,分管院领导任组长,有关职能部门、二级院系参与其中,负责制定学校产业教授(兼职教师)队伍建设规划(包括选聘计划、组织实施、日常聘用管理与服务、履职过程监督、培训与关怀、中期与年度考核评价等),使产业教授选聘管理模式成为职业院校兼职教师队伍建设的范式。

附录1

关于开展江苏省第五批产业教授（兼职）选聘工作的通知

苏教研〔2017〕8号

(2017.9.8)

各设区市人才办、科技局、人社局，各有关高校：

为进一步深化政产学研合作，提高人才培养质量，经研究，今年继续开展江苏省第五批产业教授（兼职）（以下简称"产业教授"）选聘工作。现将有关事项通知如下。

一、选聘范围及条件

(一) 研究生导师类产业教授选聘范围及条件

从省内企业选聘一批科技型企业家（含文化、金融、服务业等领域）到我省具有博士、硕士学位授予权的普通高校担任第五批产业教授，聘期四年。

1. 选聘条件

(1) 贯彻落实党和国家教育方针，具有良好的思想政治素质和职业道德。

(2) 企业的国家"千人计划""万人计划""百千万人才工程"国家级人选，享受国务院特殊津贴人员，省"双创计划"专家，省"333工程"培养对象，省有突出贡献中青年专家，省市科技企业家，上市公司、国家高新技术企业主要负责人或技术负责人，省级以上工程技术研究中心、重点企业研发机构负责人、骨干科研服务机构负责人。

(3) 具有硕士及以上学位或高级职称。

(4) 年龄一般不超过56周岁（1961年1月1日以后出生）。

2. 具有下列条件之一的人选优先选聘

(1) 2012年以来，获得省部级以上科技奖、社科奖，或拥有授权发明专利，或主持省级以上重大科研项目的。

(2) 2012年以来，所在企业与高校有过实质性产学研合作的。

(3) 所在企业已建有院士工作站、博士后工作站、省博士后创新创业实践基地以及省研究生工作站的。

(4) 创业类国家"千人计划"专家。

(5) 近3年企业获得省重大科技成果转化资金项目支持。

(二)高职院校类产业教授选聘范围及条件

从省内企业选聘一批科技型企业家、技术能手(含文化、金融、服务业等领域),担任我省高职院校产业教授。产业教授实行聘任制,聘期四年。

1. 选聘条件

(1) 贯彻落实党和国家教育方针,具有良好的思想政治素质和职业道德。

(2) 获得以下称号之一者:"中华技能大奖";"全国技术能手";国家、省、市"技能大师""工匠";省、市企业首席技师;国家、省、市"技能大师工作室领衔人";省、市"有突出贡献技师(高级技师)"等优秀高技能人才;大中型外企推荐的高技能人才;国家或省级非物质文化遗产传承人。企业的国家"千人计划""万人计划""百千万人才工程"国家级人选;享受国务院特殊津贴人员;省"双创计划"专家;省"333工程"培养对象;省"六大人才高峰"高层次人才培养对象;省有突出贡献中青年专家。大中型企业、上市公司、国家高新技术企业主要负责人、生产运营或技术负责人;省级以上科研机构或企业研发机构负责人。

(3) 具有副高及以上职称、高级技师技能等级。

(4) 年龄一般不超过56周岁(1961年1月1日以后出生);对国家级人才且身体健康的,年龄可放宽到70周岁(1947年1月1日以后出生)。

2. 具有下列条件之一的人选优先选聘

(1) 近五年,获得省部级以上科技奖、社科奖,或拥有授权发明专利并被企业实际应用,或主持省级以上重大科研项目的。

(2) 近五年,参加过所在企业与高校实质性产学研合作的。

(3) 在创新创优方面,进行技术革新和技术改造,取得较显著的社会效益和经济效益;利用所掌握的技术技能,用于实际生产与经营,取得明显经济效益;开发研制或创作有价值的新产品、新作品、新工艺等。

(4) 在技术攻关方面,在科研、生产中攻克技术难题;对技术难题进行技术会诊,提出改进意见和措施,提高生产效率;在新材料、新设备、新工艺的引进和使用上取得突破。

(5) 在科技成果转化方面,对科学研究与技术开发所产生的科技成果进行后续试验、开发、应用、推广直至形成新产品、新工艺、新材料,发展新产业等,使科技发明、创新成果转化为现实生产力并有较高的实用价值。

(6) 在授艺带徒方面,举办有一定规模的培训班传授技艺、培养人才,产生辐射效应,取得明显成果;培养的徒弟技艺高超;主持校企合作的现代学徒制人才培养试点项目、产教融合平台建设项目等并取得一定成效。

(7) 积极发掘、传承和弘扬优秀传统工艺。

二、选聘程序

(一) 岗位发布。相关高校结合本校实际需要,提出产业教授岗位(含人文社科等领域),数量和要求,经省人才办、教育厅、科技厅、人社厅、财政厅审核,统一对社会发布。

(二)个人申报。根据岗位要求,各设区市人才、科技部门组织当地符合条件的人选申报。每人申报一所高校,申报前要与有关高校进行沟通对接,并经所在企业和设区市人才、科技部门审核同意。

(三)高校推荐。相关高校对申报人员进行遴选,向江苏省产业教授选聘办公室报送。

(四)遴选认定。省人才办、教育厅、科技厅、人社厅、财政厅对高校推荐人选进行遴选,确定人选,公示一周后发文公布,由省五部门联合颁发聘书,高校与产业教授签订聘用协议。

三、工作职责

(一)研究生导师类产业教授工作职责

1. 产业教授职责

(1)参与制定高校研究生培养方案;以导师身份联合指导研究生;每年至少为合作高校做2次讲座。

(2)推动所在企业与高校联合开展项目研究和科技攻关,联合申报国家和省级科研项目,转化高科技创新成果。

(3)推动所在企业为高校学生提供实践创新基地,与高校共建合作平台,共建研究生工作站。

2. 高校职责

(1)制定产业教授参与研究生培养工作的管理办法;明确1名学校导师与产业教授联合培养研究生(产业教授作为第二导师)。

(2)围绕企业技术难题,组织学校教师联合研究攻关,成果优先在企业转化。与产业教授所在企业联合申报国家或省市级科研项目。

(3)推进研究生工作站等校企合作平台建设。

(二)高职院校类产业教授工作职责

1. 产业教授职责

(1)参与制定高职院校人才培养方案;以导师身份指导高职院校年轻教师或学生生产实践、科技创新;每年至少参与合作院校教研活动4次,每年为合作院校做讲座不少于1次。

(2)推动所在企业与高职院校联合开展项目研究和科技攻关,联合申报国家和省级科研项目,转化高科技创新成果。

(3)推动所在企业为高职院校学生提供实践创新基地,实施现代学徒制等产教融合人才培养项目,与高职院校共建产学研合作平台。

2. 高职院校职责

制定产业教授参与人才培养工作的管理办法;明确学校专任教师与产业教授对接。

围绕企业技术难题,组织学校教师联合研究攻关,成果优先在企业转化;与产业教授所在企业联合申报国家或省市级科研项目。

与产业教授所在企业推进产教深度融合等校企合作平台建设。

四、支持政策

(一)优先支持产业教授所在企业申报江苏省研究生工作站(已建立的除外)。产业教授指导的研究生应优先安排到研究生工作站平台开展研究工作。

(二)省有关人才、科技、平台项目,特别是产学研前瞻性研究计划项目,对产业教授所在企业、高校,在同等条件下予以优先支持。

五、组织管理

(一)加强考核管理。产业教授期满考核为优秀且符合下批申报条件的,可直接续聘;考核为合格的,如需继续聘任,需重新申报;考核为不合格的,不得再申报。省产业教授选聘办公室将定期对高校进行考核,对未能履行职责的高校,不再列入下批产业教授选聘计划。省产业教授选聘办公室设在省教育厅研究生教育处,主要负责组织实施、工作协调、日常管理等工作。

(二)建立退出机制。有下列情形之一的,产业教授需提前退出:

(1)未能认真履行产业教授职责的。

(2)调离江苏工作或因身体原因不能继续履职的。

(3)有违法违规行为的。

(4)有其他特殊情形不能正常履职的。

(三)落实主体责任。高校是选聘和使用产业教授的责任主体。各相关高校要成立由校负责同志任组长,研究生部门(教务部门)牵头,人事、科技和产学研合作等相关部门参与的联合工作小组,明确职责,协同实施。

六、材料报送

(一)9月25日前,高校报送江苏省第五批产业教授岗位表(附件1、4)。10月10日前,省有关部门向社会统一发布第五批产业教授岗位。

(二)10月31日前,高校报送《江苏省第五批产业教授申报书》(附件2、5)和《江苏省第五批产业教授申报汇总表》(附件 3、6)。

1. 研究生导师类产业教授申报限额：每所博士学位授予高校申报产业教授数量原则上不超过 20 个；每所服务国家特殊需求博士人才培养项目试点高校申报产业教授数量原则上不超过 15 个；每所硕士学位授予高校申报产业教授数量原则上不超过 10 个；每所服务国家特殊需求硕士人才培养项目试点高校(含省立特需)申报产业教授数量原则上不超过 5 个。

2. 高职院校类产业教授申报限额：本轮申报每所高职院校原则上不超过 4 人。

样表从江苏人才工作网(www.jsrcgz.gov.cn)、江苏教育网(www.ec.js.edu.cn)、江苏科技网(www.jstd.gov.cn)均可下载。

(三)上述纸质材料一式 3 份、电子版 1 份,请各有关高校于指定时间集中报送(南京市北京西路 15 号江苏教育大厦)。

1. 研究生导师类产业教授材料报送至省教育厅研究生处,联系人：沈春；联系电话：025-83335660,电子邮箱：shench@ec.js.edu.cn。

2. 高职院校类产业教授材料报送至省教育厅高等教育处,联系人：刘振海；联系电话：025-83335158,电子邮箱：157677958@qq.com。

省人才办　省教育厅　省科技厅　省人社厅　省财政厅
2017 年 9 月 8 日

附录 2
2017 年江苏省高校产业教授（高职类）遴选工作评审办法

根据省人才办、省教育厅等五部门《关于开展江苏省第五批产业教授（兼职）选聘工作的通知》（苏教研〔2017〕8号），为做好 2017 年高职类产业教授（兼职）遴选评审工作，特制定本办法。

一、遴选原则

（一）择优选拔。严格按照通知公布的高职类产业教授选聘条件和岗位要求，坚持好中选优，不突破限额，每校 4 人。

（二）突出应用。产业教授重在应用，对已在高职院校实践教学工作中发挥积极作用者优先选聘，对个别非关键性条件略有欠缺者可破格选聘。

（三）统筹兼顾。同等条件下，适当兼顾学校行业、性质和区域分布。

二、遴选程序

（一）资质审核。评审工作组对照文件明确的条件审核申报人资质并逐一作备注说明。

（二）专家会评。评审专家委员会分组研究，集中评议，提出拟入选人员名单。

（三）社会公示。省教育厅公示拟入选人员名单。

（四）文件公布。省人才办、省教育厅等五部门审定入选人员名单，联合发文公布。

三、评委会组成

成立江苏省产业教授（高职类）评审专家委员会，下设评审工作组，负责接收和审核申报材料；设置 4 个评审专家组，每组含组长 1 名、组员 4 人，对申报材料具体评审。

评审专家委员会主任由省教育厅副厅长王成斌担任，省委组织部人才处、厅高教处、研究生处处长和评审组组长为成员。

评审组组长为本省应用型本科院校、高职院校资深院长（党委书记）。

评审专家为本省省级示范以上高职院校分管教学的院长。

四、专家分组

根据申报情况，按专业类别分为4个组。
第一组：机电、电气、计算机、信息、通信类。
第二组：交通运输、机械、制造类。
第三组：医药、农学、化工、建筑类。
第四组：艺术设计、经管、电子商务类。

五、评审程序

（一）专家培训。评审委员会专家集中学习领会文件，把握遴选原则、标准条件、评审程序和工作要求。

（二）分组评审。评审专家分组审阅申报材料，每份材料由组内5位专家分别审核，民主评议，提出建议名单提交评委会集中审议。

（三）评委会审议。评审委员会听取各评审组组长汇报，针对各组阙疑集体研究，确定入选名单。

六、评审纪律

（一）公正履责。所有参加评审的专家和工作人员应严格遵守评审纪律，树立全局观念，坚持标准，客观公正，确保评审工作的严肃性和权威性。专家受省教育厅聘请，代表教育厅履行评审职责，会评期间应畅所欲言，评议过程和结论要严格保密。

（二）加强监督。遴选规程和过程公开，营造风清气正、公平公开的评选环境。邀请驻省教育厅机关纪委加强监督，对违反纪律的专家、工作人员及申报学校（个人）予以严肃查处。

附录 3 关于印发《江苏省产业教授（高职类）选聘办法》的通知

苏教职〔2020〕19 号

各设区市人才办、教育局、科技局、人社局，各有关高职院校：

现将《江苏省产业教授（高职类）选聘办法》印发给你们，请遵照执行。

附件：江苏省产业教授（高职类）选聘办法

江苏省人才工作领导小组办公室　　江苏省教育厅
江苏省科学技术厅　　江苏省人力资源和社会保障厅
2020 年 11 月 13 日

附件

江苏省产业教授（高职类）选聘办法

第一章　总　则

第一条　为深入贯彻习近平新时代中国特色社会主义思想，认真落实《国务院关于印发〈国家职业教育改革实施方案〉的通知》（国发〔2019〕4 号）和《国务院办公厅关于深化产教融合的若干意见》（国办发〔2017〕95 号），促进教育链、人才链与产业链、创新链有机衔接，省人才办、省教育厅、省科技厅、省人力资源和社会保障厅（以下简称"省四部门"）联合在高职院校开展产业教授（高职类）选聘工作。

第二条　开展产业教授选聘工作宗旨在进一步深化产教融合、校企合作，鼓励企业人才参与职业教育人才培养工作，加强高职院校"双师型"师资队伍建设，推进技术研究和成果转化，促进现代职业教育改革发展，加速培养经济社会发展急需的各类高素质技术技能人才。

第三条　产业教授实行聘任制，按需设岗、公开选聘、择优聘任、合同管理。每年按需选聘，聘期四年。

第四条　产业教授参与高职院校人才培养工作，与校内教师享有同等权益。

第五条　省四部门对产业教授与聘任高职院校联合申报的项目、课题等，在同等条件下予以优先立项。对产业教授申报省"双创计划""333 工程""科技企业家培育工程"及各类技能、技术能手（大师）等相关人才项目，在同等条件下予以优先支持。

第二章 选聘条件

第六条 申报产业教授须具备以下条件：

（一）全面贯彻党的教育方针，具有良好的政治素质和职业道德，热心高等职业教育工作。

（二）原则上应具有副高及以上职称，或取得高级技师技能等级五年以上。

（三）本人或所在单位与推荐学校有产教合作基础。

（四）身体健康，初聘年龄一般不超过57周岁。国家级人才、省级非物质文化遗产传承人及期满考核优秀续聘者，可放宽至66周岁。

（五）具备以下资质之一者，予以优先选聘：

1. 省、市级"技能大师""大工匠""工匠"；省、市级企业首席技师；省技术能手；省"五一"创新能手；国家、省、市级"技能大师工作室领衔人"；省、市级"有突出贡献技师"；正高级、高级乡村振兴技艺师；省级乡土人才传承示范基地负责人；省级乡土人才大师示范工作室领办人；江苏省乡土人才"三带"名人、"三带"能手等优秀乡土人才；省级以上职业技能竞赛专家组组长。

2. 省、市级非物质文化遗产传承人。

3. 省"双创计划"专家；省"333工程"培养对象；省、市有突出贡献中青年专家等人才项目获得者。

4. 大中型企业、上市公司、国家高新技术企业高管，生产运营或技术负责人；省级以上科研机构负责人。

5. 与上述称号相当的人才。

第七条 具备以下条件之一者，可予以破格选聘：

（一）近五年，获得省部级以上科技奖、社科奖（排名前三），或拥有授权发明专利（排名第一）被企业实际应用并产生重大社会经济效益，或主持省级以上重大科研项目者。

（二）近五年，主持所在单位与高校开展产教合作项目，且成效显著者。

（三）在创新创优、技术攻关、授艺带徒、传统工艺传承、商业项目运营等方面成绩显著者。

（四）获国家级技术、技能大奖，入选国家级技术能手、大师、工匠等国家级人才项目者。

第三章 选聘程序

第八条 高职院校根据规定的名额，依据自身实际，自主确定产业教授岗位需求，报送江苏省产业教授（高职类）选聘办公室（以下简称"选聘办公室"）审核，选聘办公室设在省教育厅职业教育处，由选聘办公室每年定期对社会发布产业教授选聘计划。

第九条 产业教授申报者经所在单位同意，方可向相关高职院校提出申请（限申请1所学校）。相关高职院校对申报者进行评审，并在评审结果公示后，将相关申报材料报送至选聘办公室。

第十条 选聘办公室对高职院校上报的人选组织专家进行遴选,将结果进行公示、发布,并为入选者颁发江苏省产业教授聘书。

第十一条 相关高职院校在正式入选名单发布后两个月内与产业教授签订聘任合同,明确双方权责。

第四章 工 作 职 责

第十二条 产业教授职责:产业教授可根据个人专业背景和岗位特点,至少完成以下职责中的三条:

(一)参与制定高职院校人才培养方案,每年参与合作高职院校教研活动不少于4次。

(二)参与专业实践课程的教学改革、教材建设和教学质量诊断,基于企业技术技能发展现状,对相关教学内容提出改进建议,以导师身份指导高职院校至少1名年轻教师或至少4名学生生产实践、科技创新。

(三)每年为合作高职院校做学术讲座不少于3次或开设一门课时数不少于30学时的专业课程(含实训指导)。

(四)推动所在单位与高职院校联合开展项目研究和科技攻关,联合申报国家和省、市级科研项目,推进高科技创新成果转化。

(五)推动所在单位成为高职院校教学、实训基地,安排合作院校教师、学生到所在单位顶岗实训、毕业实习、毕业设计,积极推荐合作院校毕业生到所在单位就业。

(六)推动所在企业与高职院校共建产教融合平台,实施现代学徒制、创新创业教育等产教融合人才培养项目。

第十三条 高职院校职责:

(一)明确人事或教务、产教合作等部门作为产业教授聘用的责任部门;制定产业教授选聘细则,明确产业教授岗位职责和权益,明确产业教授具体工作任务和工作量。

(二)为产业教授提供必要的工作条件和经费支持;发放产业教授岗位津贴,其中涉及事业单位工作人员兼职取酬问题的,按国家和省有关规定执行。

(三)围绕产业教授所在单位技术难题,组织学校教师联合研究攻关,成果优先在产业教授所在单位进行转化;优先与产业教授所在单位联合申报国家或省、市级科研项目。

(四)与产业教授所在单位推进产教深度融合平台建设。

(五)为产业教授所在单位员工提供技术培训和继续教育服务。

(六)推荐优秀毕业生到产业教授所在单位就业。

第十四条 产业教授所在单位职责:

(一)强化社会责任,支持符合条件的人选申报产业教授;支持产业教授参与高职院校人才培养、科学研究,支持科技成果在本单位的转化;参与对产业教授的考核工作,支持企校间共建产教融合平台。

(二)为产业教授指导高职院校教师、学生提供实习实践平台和条件,创造条件吸纳合作院校优秀毕业生在本单位就业。

第五章 考核管理

第十五条 产业教授实施中期考核和期满考核。中期考核和期满考核分别于聘期满两年和聘期结束时进行。考核内容包括履职情况、工作成效等。中期考核分合格、不合格。期满考核分优秀、合格和不合格。

第十六条 中期考核由高职院校开展实施。高职院校制定考核管理办法,吸纳政府、行业、企业、研究机构等社会专业人士参与考核,考核结果报省产业教授选聘办公室备案。期满考核由选聘办公室组织实施。

第十七条 产业教授中期考核不合格者,由聘任高职院校对其进行约谈,并要求整改。整改半年后考核仍不合格者,由高职院校报选聘办公室审定后,予以解聘。

第十八条 期满考核优秀且符合申报条件的,经高职院校申请、选聘办公室批准,可直接续聘。期满考核不合格者,五年内不得申报。

第十九条 产业教授有下列情形之一,自动解除聘任关系:

(一)身体健康原因难以履职的。

(二)调离江苏或离开原工作单位等不能继续履职的。

(三)存在学术不端行为的。

(四)发生严重教学、科研、管理等方面事故的。

(五)发现其他严重影响聘任高职院校和所在单位声誉的。

第二十条 省产业教授选聘办公室定期对高职院校产业教授选聘工作进行督查。对履责不力的高职院校,视实际情况,减少下一年度产业教授选聘名额,或不列入下一年度产业教授选聘院校范围。

第二十一条 省教育厅对产业教授开展工作成效显著的高职院校在有关计划安排、项目申报等方面给予倾斜。对期满考核为优秀的产业教授,予以通报表扬。

第六章 附 则

第二十二条 各高职院校制定的产业教授选聘细则须报省选聘办公室备案。

第二十三条 本办法由选聘办公室负责解释。

第二十四条 本办法自发布之日起施行

参考文献

[1] 王红梅.从兼职教师到产业教授：江苏兼职教师产教融合工作的有益探索[J].职教论坛,2020,36(5)：106-109.

[2] 王红梅.高职院校产业教授选聘及制度供给的理路分析：以江苏为例[J].中国职业技术教育,2020(15)：77-81.

[3] 许宇飞,罗尧成,周蜜.高职院校兼职教师队伍研究现状及建设路径：基于文献计量分析视角[J].江苏高职教育,2021,21(1)：85-91.

[4] 张丹,朱德全.从单一到多元：新时代职业教育师资队伍建设的改革设想[J].职教论坛,2020,36(10)：80-89.

[5] 时会省,朱文军.产教深度融合的高职院校"双师型"教师队伍建设探究[J].教育教学论坛,2020(50)：354-356.

[6] 崔宇馨,石伟平.双高院校"双师型"教师队伍建设：逻辑、困境与路径[J].职教论坛,2020,36(10)：90-95.

[7] 王菊扬.基于双高建设的校企合作兼职教师队伍建设探索[J].现代商贸工业,2021,42(24)：53-55.

[8] 于真真,杨兴芳,王勤华,等.浅析高职院校兼职教师队伍建设[J].科技风,2020(17)：260.

[9] 彭友.职业院校"双师型"教师的内涵溯源与培养策略[J].江苏经贸职业技术学院学报,2021(4)：49-51.

[10] 袁华,向林峰.校企融合背景下高职院校"双师"队伍建设政府引导策略[J].智库时代,2020(16)：82-84.

[11] 丁慧琳.英国继续教育中的兼职教师队伍建设及启示[J].职业技术,2019,18(8)：37-40.

[12] 邵敏,王杜春.德日职业教育教师准入制度比较及对我国的启示[J].黑龙江教育(高教研究与评估),2018(2)：27-30.

[13] 钟真宜,姚伟卿,马承荣,等.现代职教体系下高职院校兼职教师资源开发与管理研究[J].职业技术教育,2017,38(19)：53-57.

[14] 刘博,李梦卿.产教融合背景下高职院校兼职教师队伍建设的效能、困惑与消解策略[J].教育与职业,2019(17)：66-73.

[15] 佛朝晖.职业学校兼职教师队伍管理政策执行研究：基于对中职校长和职教管理者的调查分析[J].职教论坛,2017(10)：42-46.

[16] 王鑫,刘鑫.高职院校"双师型"教师队伍培养机制研究：以辽宁省开设建筑工程技术

专业院校为例[J].职教论坛,2016(5):5-9.

[17] 贾文胜,梁宁森.归属感提升:高职院校兼职教师激励与培养路径探析[J].高等工程教育研究,2015(6):162-166.

[18] 孙兴民,吴燕,田崇峰.高职院校兼职教师队伍建设的可持续发展[J].教育与职业,2019(19):65-69.

[19] 姜大源.当代德国职业教育主流教学思想研究:理论、实践与创新[M].北京:清华大学出版社,2007.

[20] 刘洲东.制度供给理论视角下的商标授权确权制度探析[J].中华商标,2019(8):75-78.

[21] 胡祖辉,徐毅.江苏产业教授制度案例研究[J].中国高校科技,2017(3):38-40.

[22] 孙红艳.高职兼职教师功能厘定与支持系统构建策略:以杭州职业技术学院为例[J].职业技术教育,2016,37(8):50-53.

[23] 罗小秋.优化兼职教师队伍管理与服务机制[J].中国高等教育,2010(2):53-54.

[24] 姚作为,王国庆.制度供给理论述评:经典理论演变与国内研究进展[J].财经理论与实践,2005,26(1):3-8.

[25] 彭红玉.发达国家高职院校聘任兼职教师的国际比较[J].中国职业技术教育,2005(11):60-61.

[26] 蔡玲玲.发达国家兼职教师聘任制度对我国高职院校的启示[J].福建教育学院学报,2016,17(7):58-60.

[27] 张静.高职院校兼职教师队伍建设的困境与对策研究:基于马斯洛需求层次理论的视角[J].创新创业理论研究与实践,2019,2(22):93-94.

[28] 吕燕霖.基于成就动机理论的高职院校兼职教师队伍建设困境及对策探析[J].太原城市职业技术学院学报,2020(2):83-85.

[29] 刘传熙.广西高等职业院校兼职教师队伍建设探析[J].高教论坛,2019(6):94-97.

[30] 任武娟.浅析高职院校兼职教师队伍现状及发展途径研究:以陕西高职院校为例[J].价值工程,2018,37(24):289-291.

[31] 徐梅.苏州L职业学校兼职教师队伍管理研究[D].哈尔滨:哈尔滨工程大学,2018.

[32] 李梦卿,安培.日本高等职业教育教师入职资格研究[J].现代教育管理,2016(2):72-77.

[33] 查吉德.职业院校兼职教师队伍建设的四个问题[J].中国职业技术教育,2012(15):64-68.

[34] 李成建."双师"素质与"双师"结构之研究[J].商丘职业技术学院学报,2008,7(3):110-113.

[35] 廖钦初.高职院校兼职教师队伍建设探析[J].教育与职业,2009(20):70-71.

[36] 王丽华,邹吉权.高职院校兼职教师队伍建设路径与高效管理的探索[J].中国职业技术教育,2010(31):45-48.

[37] 徐冬梅,黄教珍.高职院校兼职教师队伍建设策略分析[J].职教论坛,2011(13):

66-68.

[38] 杨彩莲,蔡慧孟.基于校企合作的高职院校兼职教师队伍建设[J].职业教育研究,2011(8):64-65.

[39] 王娅,李晓梅.高职院校兼职教师队伍建设的实践与思考[J].教育与职业,2008(36):75-77.

[40] 巢新冬,刘桂林,陈海忠.群体动力理论视阈下高职兼职教师队伍建设研究[J].高等职业教育(天津职业大学学报),2013,22(3):17-21.

[41] 谢俊华.高职院校兼职教师队伍管理问题及对策研究:以上海市为例[D].上海:华东师范大学,2014.

[42] 叶青青.基于校企共同体的兼职教师队伍建设实践对策研究[J].职教论坛,2015(29):10-13.

[43] 张晶晶.江西高职院校兼职教师队伍建设研究[D].南昌:江西师范大学,2009.

后　　记

在近30年的职教生涯中,我先后做过教学秘书、电子商务专业教师、电子商务专业教研室主任,是教育部电商行指委跨境电商委员会委员、高职院校电子商务技能大赛评委,主讲过"国际贸易实务""管理学基础""电子商务概论"等课程,主持过多轮次电子商务专业人才培养方案的修订。无论是课堂教学、专业实训,还是教材编写、人才培养方案编制,我深深体会到自己所学、所教与时代、产业、行业、企业等技术进步、方法与流程变革存在差距,换言之,我了解的知识往往滞后于企业实际岗位的应用。即使是和刚毕业一两年的学生交流都能明显地感到他们提出的问题、谈到的一些应用是自己所不熟悉的。因此,我们在进行教学资料修订、新技术讲座时,凡是关于新技术、新工艺、新材料、新设备、新平台等内容,都由企业技术专家承担。

然而,由于校企合作关系的非契约化和外聘企业专家流程的非规范化,来自企业的工程技术人员一是不够稳定,变动很大;二是企业专家满足需求的差异较大(其个人专长与实际需求往往不吻合);三是他们来学校参与教育教学活动多数属于个人行为而非组织安排,时间难于保证。2017年教育厅首次推出了高职院校产业教授项目,学校安排各院系进行申报,作为教研室主任,我联系有关合作企业推荐了一位同志申报产业教授但未能入选。2018年该同志第二次申报并成功入选了省级产业教授,在教师节大会上,院长亲自为其颁发聘书,学生代表献上了鲜花,仪式之隆重十分少见。在接下来的时间里,这名产业教授深度参与了我们的专业建设、新技术讲座以及有关项目的合作申报,推动了校企之间合作关系的进一步深化。企业在学校共建了具有150个工位的客户服务实训中心,按照岗位承包的模式,开展A.O.史密斯等产品的真实客户服务,使学生不出校门就能带薪完成专业见习和半年的毕业实习。产业教授对产教融合、校企合作工作的推动,引发了我对这一兼职教师新类型的关注。

2018年,我开始收集有关产业教授的资料,了解兄弟院校产业教授选聘工作的实施情况,利用参与起草《江苏省产业教授(高职类)选聘办法》的机会,组成了由院校教师、企业专家和政府工作人员参加的调研团队。2019年成功申报了江苏省社会科学基金项目"产教融合背景下江苏高职院校产业教授选聘管理机制研究"。两年多来,项目组成员收集了国内外有关企业兼职教师的大量文选,召开了多次由企业代表、院校教师和政府相关部门人员参加的研讨会,系统分析了2017—2019年高职类产业教授全部741份申报材料。2020年暑期,在教育厅职教处的支持下,项目组对全省26所高职院校进行了实地调研,通过线上问卷和现场问答的方式,收集了90位产业教授、57名院校人员、69位企业管理者有关产业教授选聘工作的调查问卷。先后在《职教论坛》《中国职业技术教育》发表论文《从兼职教师到产业教授——江苏兼职教师产教融合工作的有益探索》《高职院校产业教授选聘及制度供给的理路分析——以江苏为例》，并完成了本书的编写。

　　新冠疫情突发给项目组工作开展特别是调研的实施带来了不少挑战，在学校科研处和数字商务学院的大力支持下，团队成员克服困难，充分利用疫情假期收集了大量资料，仔细分析了相关资料，得到了一些具有价值的信息。由于此研究涉及职业院校兼职教师队伍建设，是当前职业院校教师队伍建设遇到的共性问题，许多非项目组同志也十分乐意参与其中，江苏省工信厅石小鹏副厅长和庄栋岭处长，省教育厅徐庆处长、徐萍处长、张赟副处长等为项目研究提出了许多有益的建议，提供了多方面的支持；王兆明、张旭翔等老职教专家亲自参与了项目的调研；南京信息职业技术学院徐夏副处长、史美鹏老师，江苏经贸职业技术学院双创学院谢鑫建院长和黄蕾、范全越老师参与了项目相关资料的整理；江苏经贸职业技术学院学报编辑部赵龙祥主编等审阅了本书的全部书稿。他们的支持与付出给予了项目组团队极大的鼓励，并为今天成果的取得起了十分重要的作用，在此，代表项目组一并致谢！同时也要感谢项目组的各位同仁两年多来的一路前行！但愿本书付梓，能对我省产业教授这一创新实践拾遗补漏，对江苏乃至全国职业院校兼职教师队伍建设起到抛砖引玉之效。

王红梅

2021 年秋